高技能人才培训基地建设一体化教材

汽车电工电子技术

何异彬 主 编
王 蔚 主 审

科 学 出 版 社
北 京

内 容 简 介

本书以汽车运用与维修专业后续理论课程与实践环节所需电工、电子知识为依托，编写内容以“实用、够用”为度，侧重于基本理论知识的讲解，主要内容包括电工基础知识、电磁感应、正弦交流电路、三相异步电动机、直流电动机、电工测量仪器仪表、二极管电路、晶体管放大电路、数字电路九个方面。

本书可作为中等职业学校汽车运用与维修专业的教学用书，也可作为相关专业技术人员的参考书。

图书在版编目（CIP）数据

汽车电工电子技术/何异彬主编. —北京：科学出版社，2017

（高技能人才培训基地建设一体化教材）

ISBN 978-7-03-050450-0

Ⅰ. ①汽… Ⅱ. ①何… Ⅲ. ①汽车-电工-技术培训-教材 ②汽车-电子技术-技术培训-教材 Ⅳ. ①U463.6

中国版本图书馆 CIP 数据核字（2016）第 264467 号

责任编辑：蔡家伦 王会明 / 责任校对：陶丽荣

责任印制：吕春珉 / 封面设计：耕 者

科学出版社 出版

北京东黄城根北街 16 号

邮政编码：100717

http://www.sciencep.com

北京中科印刷有限公司 印刷

科学出版社发行 各地新华书店经销

*

2017 年 4 月第 一 版 开本：787×1092 1/16

2020 年 8 月第五次印刷 印张：13 1/4

字数：287 000

定价：39.00 元

（如有印装质量问题，我社负责调换〈中科〉）

销售部电话 010-62136230 编辑部电话 010-62135397-2008

高技能人才培训基地建设一体化教材编写委员会

主　任　汤　哲

副主任　李健红　方俪滔

编　委　刘　懿　何异彬　陈　源　杨　华　田　瑛

前　　言

本书根据教育部最新颁布的中等职业学校汽车运用与维修专业课程设置中对汽车电工电子基础的教学要求编写。

随着汽车工业的快速发展，汽车已成为集机械技术、自动控制技术、电子技术、计算机技术、通信技术及人工智能技术等于一体的产物。本书针对中等职业教育的特点，注重理论与实际应用的有机结合，选取电工和电子技术知识中最基本的概念、技能及其在汽车上应用的内容，培养学生识读电路、测试元件、连接线路的能力。

本书以汽车运用与维修专业后续理论课程与实践环节所需电工、电子知识为依托，侧重于基本理论知识的讲解。主要内容包括电工基础知识、电磁感应、正弦交流电路、三相异步电动机、直流电动机、电工测量仪器仪表、二极管电路、晶体管放大电路、数字电路等九个方面。

本书编写内容以“实用、够用”为度，涉及的知识点较多，为便于学生学习，建议在组织教学时应用现代教学技术手段，丰富教学形式。

本书由贵州首钢水钢技师学院何异彬担任主编，并负责全书统稿，由王蔚担任主审。何异彬编写了第 2 章电磁感应、第 3 章正弦交流电路、第 4 章三相异步电动机、第 7 章二极管电路、第 8 章晶体管放大电路、第 9 章数字电路。贵州首钢水钢技师学院张小明、张红参与了本书的编写，张小明编写了第 5 章直流电动机、第 6 章电工测量仪器仪表；张红编写了第 1 章电工基础知识。在本书的编写过程中，参考了有关文献和资料，在此谨对原作者表示衷心的感谢。

由于编者水平有限，书中难免存在错误，恳请读者批评指正。

编　者

2016 年 9 月

目　　录

第 1 章　电工基础知识

知识目标

1）了解汽车电路的基本组成及特点。
2）掌握电路的概念。
3）熟悉电路中电流、电压、电阻等物理量的概念。
4）掌握电路中电阻元件、电容元件的识别方法及特性。
5）掌握欧姆定律及简单电路的分析与计算。

技能目标

1）能用万用表测量汽车直流电路中的电压、电阻和电流。
2）掌握电路基本定律的应用与验证方法。

1.1　电路的概念

1. 一般电路的基本组成

电路是电流流通的路径，指电子从电源出发，流经负载，再回到电源的完整回路。完整的电路一般由四部分组成，即由电源、负载、开关和连接导线组成，如图 1-1 所示，电路图如图 1-2 所示。

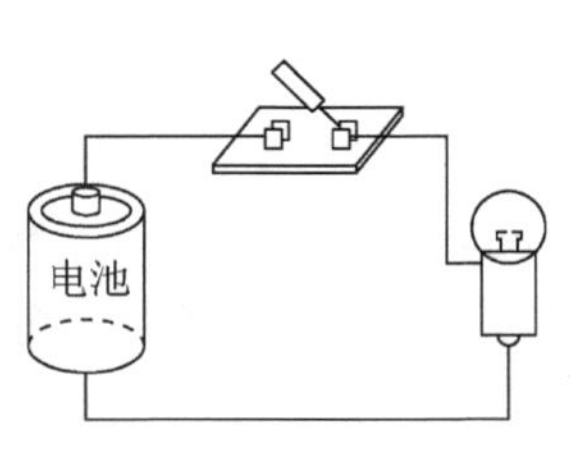

图 1-1　接线图

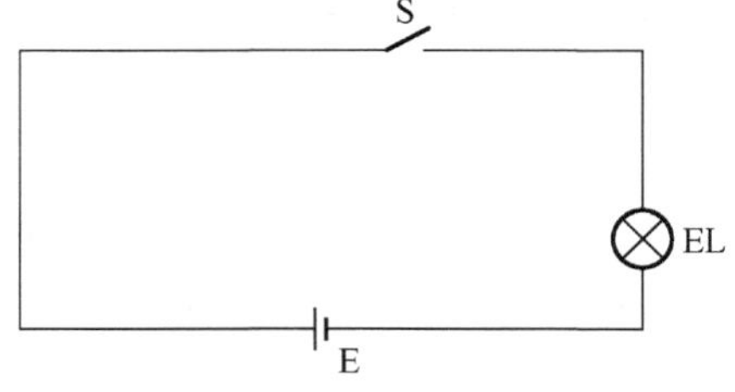

图 1-2　电路图

1）电源：作为电路中提供电能的装置，电源可以将其他形式的能量转换成电能，为整个电路提供能量，如蓄电池、发电机等。
2）负载：电路中将电能转化为光能、热能、动力的元器件，如制动灯、电动机等。
3）开关：电路中用于控制电路接通与断开的器件。
4）连接导线：电流从电源流向负载的通道，用来连接电路中各元器件、传输电流，一般常用绝缘铜线。

2. 汽车电路的基本组成

（1）电源电路

电源电路由蓄电池、发电机、调节器及工作状况指示装置（电流表、充电指示灯）等组成。

（2）起动电路

起动电路由起动机、起动继电器、起动开关及起动保护装置组成。

（3）点火电路

点火电路是汽车电路中特有的电路，由点火线圈、分电器、点火控制器、火花塞、点火开关等组成。由发动机控制单元进行点火控制时，可不使用分电器。

（4）照明与信号电路

照明与信号电路由前照灯、雾灯、示廓灯、转向灯、制动灯、倒车灯、电喇叭、控制继电器和开关等组成。

（5）仪表与警报电路

仪表与警报电路由仪表、传感器、各种警报指示灯及控制器组成。

（6）辅助装置电路

辅助装置电路一般由风窗清洁装置、起动预热装置等组成，主要是为了提高汽车的安全性与舒适性而设置的，因车型不同而有所差异。汽车档次越高，辅助装置越完善。

（7）电子控制系统电路

电子控制系统电路主要由发动机控制系统、自动变速器、制动防抱死系统、安全气囊控制系统等组成。

3. 电路的功能

电路的主要功能是实现电能的传输、分配和信号的传递与处理。

4. 电路图

为了使电路绘制简单，常用一些简单的图形符号来表示电路中的各种元器件，这样画出的电路图形称为电路原理图，也简称为电路图，在生产中常用电路图来对电路进行分析和计算。表 1-1 所示为部分电气图用图形符号。

表 1-1　部分电气图用图形符号（摘自国家标准 GB/T4728）

名称	符号	名称	符号	名称	符号
导线		传声器		电阻器	
连接的导线		扬声器		可调电阻器	

续表

名称	符号	名称	符号	名称	符号
接地		半导体二极管		电容器	
接机壳		稳压二极管		电感器、线圈、绕组	
开关		隧道二极管		变压器	
熔断器		晶体管		铁芯变压器	
灯		运算放大器		直流发电机	G
电压表	V	电池		直流电动机	M

5. 汽车电路的基本特点

（1）采用低压电

汽车电气系统额定电压有12V、24V两种，汽油发动机普遍采用12V电源，柴油发动机多采用24V电源，发电装置中12V系统的额定电压是14V，24V系统的额定电压是28V。

（2）采用直流系统

汽车采用直流系统的原因是汽车发动机靠电力起动机起动，起动机由蓄电池供电，蓄电池必须用直流充电，汽车电系统为直流系统。

（3）采用单线制

单线制是指汽车电路中电源到用电设备只用一根导线连接，另一根线作负极导线或接设备自身搭铁。采用单线制便于安装与检修。

（4）电源负极搭铁

采用单线制时，蓄电池的一个电极须接至车架或车身上，称为“搭铁”。若蓄电池的正极与车架或车身连接，称为正极搭铁；若蓄电池的负极与车体连接，称为负极搭铁。我国汽车线路统一采用负极搭铁。

（5）并联连接

为使各用电设备能独立工作、互不干扰，汽车上的两个电源之间及所有用电设备之间都采用并联连接。

1.2　电路的基本物理量

1.2.1　电流及其参考方向

1. 电流

电流是带电粒子进行有规则的定向运动而形成的，通常将正电荷移动的方向规定为电流的正方向，其数值等于单位时间内通过导体某一横截面的电荷量。

根据定义有

$$i = \frac{\mathrm{d}q}{\mathrm{d}t} \tag{1-1}$$

式中 i——电流，单位为 A（安[培]）；

$\mathrm{d}q$——通过导体截面的电荷量，单位为 C（库[仑]）；

$\mathrm{d}t$——时间，单位为 s（秒）。

根据电流的大小和方向随时间的变化情况，一般可把电流分为两大类，一类是电流不随时间而变化，称为恒定电流（简称直流），常用字母 DC 或 dc 表示。图 1-3（a）所示为恒定电流波形，根据式（1-1），直流电流用大写字母 I 表示，即

$$I = \frac{Q}{t} \tag{1-2}$$

另一类是电流大小和方向都随时间变化，称为变动电流，变动电流用小写字母 i 表示，其中在一个周期内电流的平均值为零的变动电流称为交变电流，简称交流，常用字母 AC 或 ac 表示。图 1-3（b）所示为正弦交流电流波形。

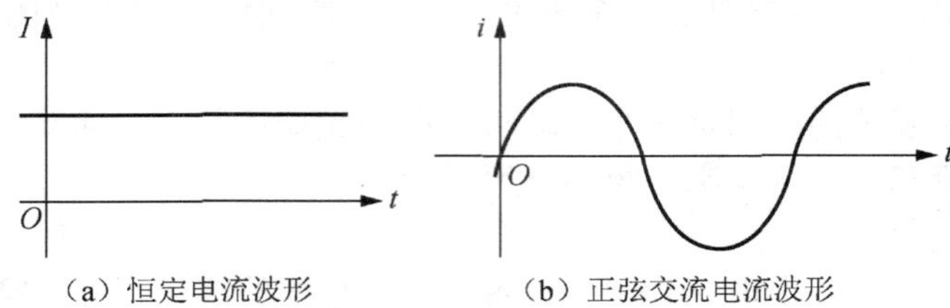

（a）恒定电流波形　　（b）正弦交流电流波形

图 1-3　电流波形

电流的单位除了 A，常用的还有 mA（毫安）、μA（微安）、nA（纳安）。电流的大小可用电流表或用万用表的电流挡进行测量。

2. 电流的参考方向

电流的方向是客观存在的，但在电路分析中，对于一些较为复杂的电路，有时电流的实际方向难以判断，有时电流的实际方向还在随时间不断改变，于是要在电路中标出电流的实际方向就较为困难。为了解决这一问题，在电路分析时，常采用“参考方向”这一概念。在一段电路或电路元件上可以任意选定一个方向作为电流的流动方向，这个方向就是电流的参考方向，在电路图中用箭头表示。如图 1-4 所示，当电流的参考方向与实际方向一致时，电流为正值（$I>0$）；当电流的参考方向与实际方向相反时，电流为负值（$I<0$）。

除了用箭头来表示电流的参考方向外，还可用双下标来表示。例如，I_{ab} 表示电流的参考方向为从 a 指向 b。

在选定的电流参考方向下，根据电流的正负就可以确定电流的实际方向。在分析电路时，先假定电流的参考方向，并以此去分析计算，最后根据数值的正负值来确定电流的实际方向。

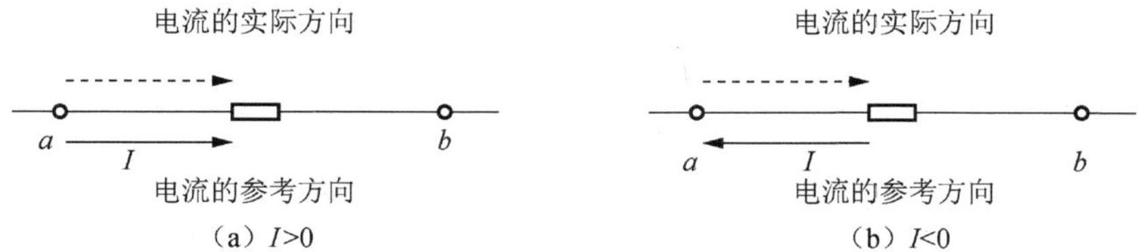

图 1-4　电流的参考方向

综上所述，电流参考方向是电路分析计算过程中很重要的概念，在学习中需要注意：

1）电流参考方向可随意选择，而实际电流方向是客观存在的。对于同一个电流，当选择的参考方向不同时，其电流的数值大小相等而符号相反，如 $I_{ab}=-I_{ba}$。

2）电流是一个代数量，电流的表达式中反映了电流的大小与方向。例如，$I=-2\text{A}$ 表明电流大小为 2A，其实际方向与参考方向相反。因此在分析电路电流时，应先选择好电流的参考方向，不选择参考方向而谈论电流的正负是无意义的。

3）在电路图上标注的是电流的参考方向而不是实际方向。在某些直流电路中，若可直接判断出电流的实际方向，一般为方便起见，选择其参考方向与实际方向一致。

1.2.2　电压及其参考方向

1. 电压

单位正电荷在电场力的作用下，由 a 点运动到 b 点电场力所做的功，称为电路中 a 点到 b 点间的电压，即

$$u_{ab}=\frac{\mathrm{d}W_{ab}}{\mathrm{d}q} \tag{1-3}$$

式中　u_{ab}——a 点到 b 点间的电压，单位为 V（伏[特]）；

$\mathrm{d}W_{ab}$——$\mathrm{d}q$ 的电荷从 a 点运动到 b 点所做的功，单位为 J（焦[耳]）。

在直流时，式（1-3）可写成

$$U_{ab}=\frac{W_{ab}}{Q} \tag{1-4}$$

在直流电路中电压用大写字母 U 表示，电压的单位为 V。常用的电压单位还有 kV（千伏）、mV（毫伏）等。

2. 电压的参考方向

电压的方向指两点之间电压的实际方向，由高电位点指向低电位点，所以电压也常称为电压降。为分析电路方便，与电流一样，引入电压的参考方向。如图 1-5 所示，在

元件或电路两端，可以任意选定一个方向为电压的参考方向，当电压的实际方向与其参考方向一致时，电压值为正，即 $U>0$；反之，当电压的实际方向与其参考方向相反时，电压值为负，即 $U<0$。

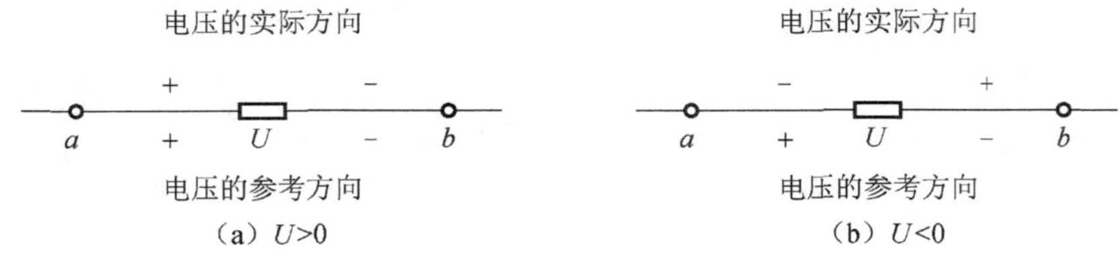

图 1-5　电压的参考方向

对电压参考方向的标注除了用箭头外，还可用双下标和正（+）、负（−）极性表示。例如，U_{ab} 表明电压的参考方向为从 a 指向 b。若用正、负极性表示，电压参考方向从正极指向负极。

3. 电流与电压的关联参考方向和非关联参考方向

电路中电流与电压的参考方向选择是独立的，对于一个电路，若元件电流与电压选择的参考方向相同，则称这个参考方向为关联参考方向，如图 1-6 所示，否则为非关联方向。

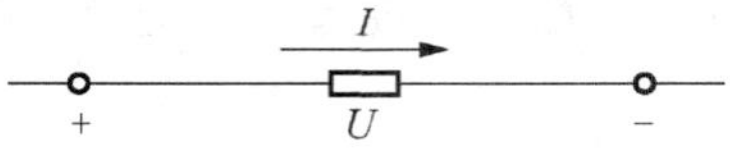

图 1-6　电流与电压的关联参考方向

1.2.3 电动势

电动势是衡量电源将非电能转换成电能本领大小的物理量。电动势的定义为：在电源内部，外力将单位正电荷从电源的负极移动到电源的正极所做的功，如图 1-7 所示，电动势用 E_{ab} 表示，其数学表达式为

$$E_{ab}=\frac{W}{Q}$$

式中　W——外力对电荷所做的功，单位为 J；

Q——被移动电荷的电量，单位为 C；

E_{ab}——电源的电动势，单位为 V。

电动势的大小只取决于电源本身的性质，对于给定的电源，电动势为一定值，与外电路无关。

电动势的方向规定：在电源内部由负极指向正极。如图 1-7 所示，一个电源既有电动势，又有端电压，电动势只存在于电源内部，而端电压则是电源加在外电路两端的电压，其方向由正极指向负极。

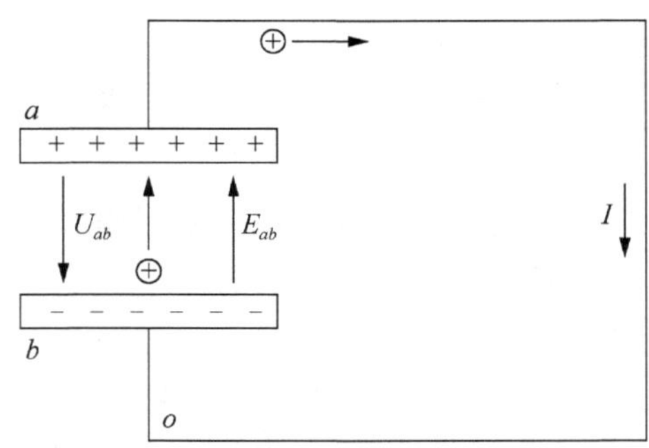

图 1-7　电压与电动势

1.2.4　电位

为了更方便地分析电压这个物理量，我们引入了电位的概念，电位用 V 表示。在电路中任选参考点 o，则电路中某点 a 到参考点 o 的电压就称为 a 点的电位。换言之，电位实际上就是相对于参考点的电压，即

$$V_a = U_{ao} \tag{1-5}$$

电路参考点本身的电位 V_o=0，参考点也称为零电位点。

在电路中任选参考点 o，则 a、b 两点的电位分别为 V_a=U_{ao}、V_b=U_{bo}。按照做功的定义，电场力把单位正电荷从 a 点移到 b 点所做的功，等于把单位正电荷从 a 点移到 o 点，再移到 b 点所做的功的和，即

$$U_{ab} = U_{ao} + U_{ob} = U_{ao} - U_{bo} = V_a - V_b$$

或

$$U_{ab} = V_a - V_b \tag{1-6}$$

式（1-6）表明，电路中 a、b 两点间的电压等于 a、b 两点的电位差，因而电压也称为电位差。

例 1−1　电路如图 1-8 所示，当 V_a=5V 、V_b=2V 时，求 u_1、u_2。

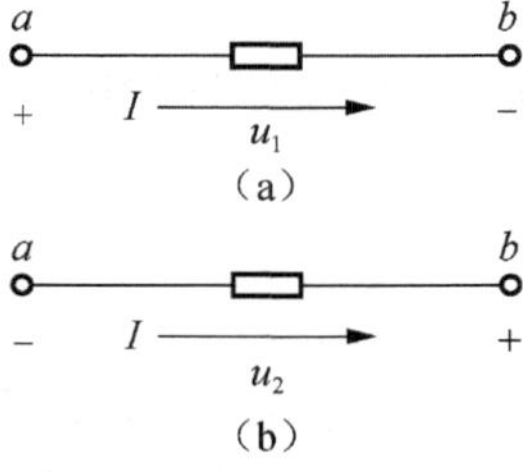

图 1-8　例 1-1 图

解： $u_1 = V_a - V_b = 3\text{V}$

$u_2 = V_b - V_a = -3\text{V}$

1.3 电　　阻

电阻作为电路的负载之一，是表示导体对电流阻碍作用的物理量，用符号 R 表示。电阻的单位是Ω（欧[姆]），简称欧。此外，常用的电阻单位还有 kΩ（千欧）、MΩ（兆欧），它们的换算关系如下：

$$1k\Omega=10^3\Omega=1000\Omega$$
$$1M\Omega=10^3 k\Omega=1000k\Omega=10^6\ \Omega$$

1. 电阻的分类

常用电阻一般分为固定电阻器和可变电阻器两大类。固定电阻器是指电阻器的阻值固定不变，可变电阻器的阻值可根据需要在一定范围内进行调节。

1）固定电阻器：简称电阻，根据材料和工艺不同，可分为热敏电阻器、光敏电阻器、压敏电阻器、线绕电阻器、金属膜电阻器、碳膜电阻器等类型。

2）可变电阻器：简称可变电阻，其阻值可在规定范围内任意调节。可变电阻器可分为半可调电阻器和电位器两类。

2. 电阻元件的图形符号

电阻元件的图形符号如图 1-9 所示。

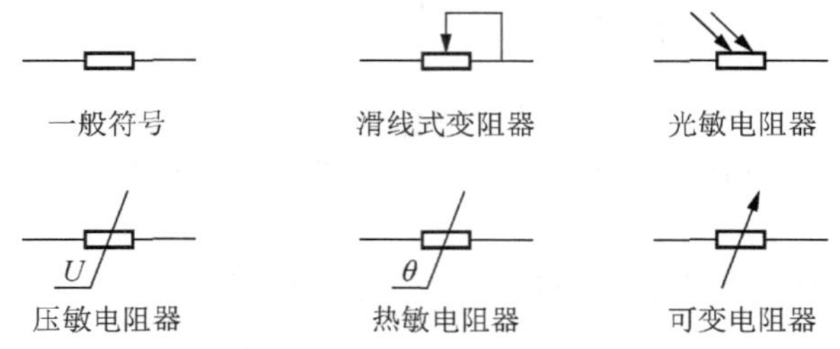

图 1-9　电阻元件的图形符号

3. 电阻元件的电流与电压的关系

电阻元件的电流与电压的关系特性曲线又称为伏安特性曲线，即电阻两端的电压与流过电阻的电流的关系图形。当电阻值为恒定值时，其电流与电压的关系特性曲线是通过原点的直线，即电流与电压成线性关系，这种电阻称为线性电阻；当电阻的电流与电压关系不成线性关系时，这种电阻称为非线性电阻。线性电阻有碳膜电阻、金属膜电阻、线绕电阻等，非线性电阻有热敏电阻和压敏电阻。

4. 电阻值的测量

（1）色环法

色环法就是在电阻器上用不同颜色的环来表示电阻的规格，有 4 环标注和 5 环标注方式。4 环电阻一般是碳膜电阻，用 3 个色环表示阻值，用 1 个色环表示误差；5 环电阻一般是金属膜电阻，用 4 个色环表示阻值，用 1 个色环表示误差。色环法各色环的含义如图 1-10 所示，色环法色标符号规定见表 1-2。

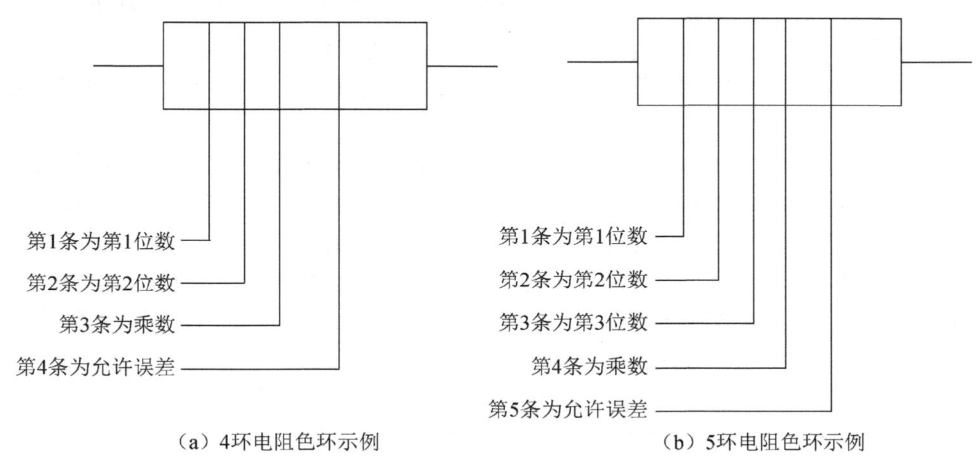

（a）4环电阻色环示例　　（b）5环电阻色环示例

图 1-10　色环法各色环的含义

表 1-2　色标符号规定

颜色	有效数字	乘数	允许误差/%	工作电压/V
银色	—	10^{-2}	±10	—
金色	—	10^{-1}	±5	—
黑色	0	10^{0}	—	—
棕色	1	10^{1}	±1	4
红色	2	10^{2}	±2	6.3
橙色	3	10^{3}	—	10
黄色	4	10^{4}	—	16
绿色	5	10^{5}	±0.5	25
蓝色	6	10^{6}	±0.2	32
紫色	7	10^{7}	±0.1	40
灰色	8	10^{8}	—	50
白色	9	10^{9}	±50～±20	63
无色	—	—	±20	—

（2）用数字万用表测量电阻值

用数字万用表测量电阻值的方法如下：

1）将黑表笔插入 COM 插孔，红表笔插入 V/Ω插孔，将转换开关置于“Ω”范围适当量程进行测量。

2）测量电阻时，直接将表笔跨接或并接在被测量电阻或电路的两端。

3）选择测量挡位及量程。一般 200Ω以下的电阻器选择“200”量程，200Ω～2kΩ的电阻器选择“2k”量程，2～200kΩ的电阻器选择“200k”量程，大于 200kΩ的电阻器选择“2M”量程，大于 2MΩ的电阻器选择“20M”量程，大于 20MΩ的电阻器选择“200M”量程进行测量。将万用表的表笔分别稳定接触电阻器的两个电极，在显示屏上会显示一个数字，该数字即为电阻器的阻值，所测电阻值不乘倍率，直接按所选量程的单位读数即可。

4）判断好坏。若所测结果与该电阻器的标称阻值相近，则说明该电阻器是好的，若相差太大，则说明有问题。在测量时，若显示“1”（表示“溢出”），则是量程选低了，可选一个高量程重测。若无论用哪个量程测量，显示屏都显示“1”，则表明该电阻器已开路。若显示“00.0”，则可能是量程选得太大了，可选一个更低的量程重测。对于高值电阻器，可能会出现数字跳变的现象，这时读取一个最小值即可；若数字大范围跳变，则说明该电阻器不可靠、不能再用。

测量电阻值时应注意以下事项：

1）严禁在被测量电路带电的情况下测量电阻值。

2）测量电阻值时，直接将表笔跨接在被测量电阻或电路的两端。

3）测量中，不允许用手同时触及被测电阻两端，以避免并联上人体电阻，使读数减小，造成测量误差。

4）在检测热敏电阻时，应注意由于电流的热效应，热敏电阻的阻值会改变，这种测量读数只供参考。

5）每个量程都有一个合理的使用范围，测量时要先确定被测电阻的大致阻值，选择合适的量程来测量。用大量程来测量小电阻是不合理的，也是不科学的，不同的量程有不同的误差，测量数据应该挑最小误差的量程。

1.4 电阻的串联

电阻的串联是把电阻一个接一个地依次首尾连接起来，如图 1-11 所示。

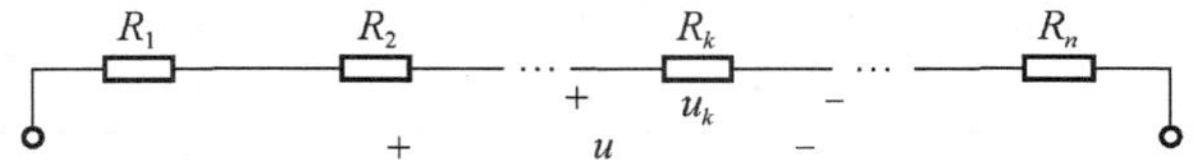

图 1-11 电阻的串联

电阻串联时，电流只有一条通路，流经各个电阻的电流 I 相同，则各电阻两端的电

压分别为

$$U_1 = IR_1，\ U_2 = IR_2，\ U_3 = IR_3，\ \cdots，\ U_n = IR_n \tag{1-7}$$

电源的总电压等于各电阻两端电压之和，即

$$U = U_1 + U_2 + U_3 + \cdots + U_n \tag{1-8}$$

串联电路的总电阻为

$$R = R_1 + R_2 + R_3 + \cdots + R_n \tag{1-9}$$

串联电阻的总功率为

$$\begin{aligned} P = UI &= U_1 I + U_2 I + U_3 I + \cdots + U_n I \\ &= P_1 + P_2 + P_3 + \cdots + P_n \end{aligned} \tag{1-10}$$

串联电阻电路的总功率等于各串联电阻的功率之和。

1.5　电阻的并联

电阻的并联是把电阻并列连接起来，如图 1-12 所示。

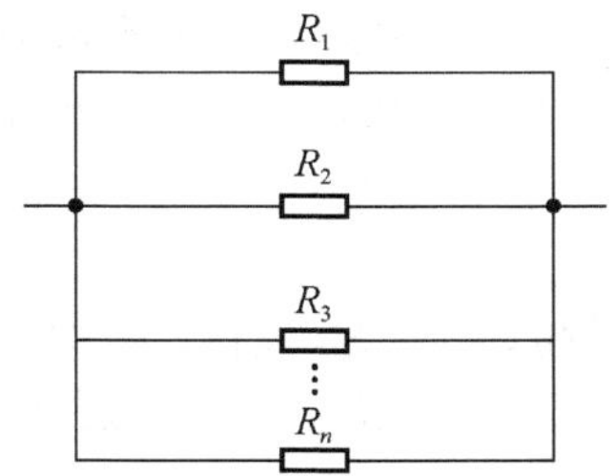

图 1-12　电阻的并联

电阻并联时，电路中每个负载电阻都直接承受电源电压，即每个负载电阻两端的电压是相等的，都等于电源电压。此时各电阻中的电流分别为

$$I_1 = \frac{U}{R_1}，\ I_2 = \frac{U}{R_2}，\ I_3 = \frac{U}{R_3}，\ \cdots，\ I_n = \frac{U}{R} \tag{1-11}$$

电源输出的总电流等于流过各电阻的电流之和，即

$$I = I_1 + I_2 + I_3 + \cdots + I_n \tag{1-12}$$

并联电路的总电阻为

$$R = \frac{U}{I} = \frac{U}{I_1 + I_2 + I_3 + \cdots + I_n} \tag{1-13}$$

$$\frac{1}{R} = \frac{1}{R_1} + \frac{1}{R_2} + \frac{1}{R_3} + \cdots + \frac{1}{R_n} \tag{1-14}$$

并联电阻的总功率为

$$P = UI = UI_1 + UI_2 + UI_3 + \cdots + UI_n = P_1 + P_2 + P_3 + \cdots + P_n \tag{1-15}$$

例 1-2 三个 10kΩ的电阻并联，求它的总电阻。

解： 由 $\frac{1}{R}=\frac{1}{R_1}+\frac{1}{R_2}+\frac{1}{R_3}=\frac{1}{10\text{k}\Omega}+\frac{1}{10\text{k}\Omega}+\frac{1}{10\text{k}\Omega}=\frac{3}{10\text{k}\Omega}$ 得

$$R=\frac{10}{3}\text{k}\Omega$$

1.6 电 容 器

1. 电容器的定义及用途

电容指在给定电位差下的电荷储藏量，用字母 C 表示，国际单位是 F（法[拉]）。一般来说，电荷在电场中会受力而移动，当导体之间有了介质，则会阻碍电荷移动而使得电荷累积在导体上，造成电荷的累积储存，储存的电荷量则称为电容。电容是指容纳电场的能力。任何静电场都是由许多个电容器组成的，有静电场就有电容，电容是用静电场来描述的。电容器从物理学上讲是一种静态电荷存储介质，它的特征是电荷可能会永久存在。电容器的用途较广，是电子、电力领域中不可缺少的电子元件，主要用于电源滤波、信号滤波、信号耦合、谐振、滤波、补偿、充放电、储能、隔直流等电路中。

2. 电容的单位

在国际单位制中，电容的单位是 F（法[拉]），简称法。由于 F 这个单位太大，所以常用的电容单位有 mF（毫法）、μF（微法）、nF（纳法）和 pF（皮法）等，它们的换算关系如下：

$$1\text{F}=1000\text{mF}=10^6\mu\text{F}$$
$$1\mu\text{F}=1000\text{nF}=10^6\text{pF}$$

3. 电容的测量

某些数字万用表具有测量电容的功能，其量程分为 2000pF、20nF、200nF、2μF 和 20μF 五挡。测量时可将已放电的电容器两引脚直接插入面板上的 CX 插孔，选取适当的量程后就可读取显示数据。

2000pF 挡宜测量小于 2000pF 的电容，20nF 挡宜测量 2000pF～20nF 的电容，200nF 挡宜测量 20～200nF 的电容，2μF 挡宜测量 200nF～2μF 的电容，20μF 挡宜测量 2～20μF 的电容。

有些型号的数字万用表（如 DT890B+）在测量 50pF 以下的小容量电容时误差较大，测量 20pF 以下的电容几乎没有参考价值，此时可采用串联法测量小值电容。方法如下：先找一只 220pF 左右的电容，用数字万用表测出其实际容量 C_1，然后把待测小电容与之并联测出其总容量 C_2，则两者之差（C_1-C_2）即待测小电容的容量。用此法测量 1～20pF 的小容量电容很准确。

1.7 欧姆定律

欧姆定律是德国科学家欧姆通过实验得出的导体电流、电压与电阻的关系，是学习电学知识和分析电路的基础。

1. 部分电路欧姆定律

一定温度下，在同一电路中，通过某一导体的电流跟这段导体两端的电压成正比，跟这段导体的电阻成反比，这就是欧姆定律。

标准式为

$$I=\frac{U}{R} \tag{1-16}$$

变形公式为

$$U=IR\text{，}\quad R=\frac{U}{I}$$

式中　I——电流，单位为 A；

U——电压，单位为 V；

R——电阻，单位为 Ω。

欧姆定律成立时，以导体两端电压为横坐标，以导体中的电流 I 为纵坐标所做出的曲线，称为伏安特性曲线。这是一条通过坐标原点的直线，它的斜率为电阻的倒数。具有这种性质的电气元件称为线性元件，其电阻称为线性电阻或欧姆电阻。

欧姆定律不成立时，伏安特性曲线不是过原点的直线，而是不同形状的曲线，具有这种性质的电气元件，称为非线性元件。

2. 全电路欧姆定律

全电路如图 1-13 所示，是由电源 E、负载 R、导线构成的一个闭合电路。电源中有电流流过时，会产生热量而消耗电能，可以将电源中消耗电能的部分等效成一个电阻 r，称为电源的内电阻。

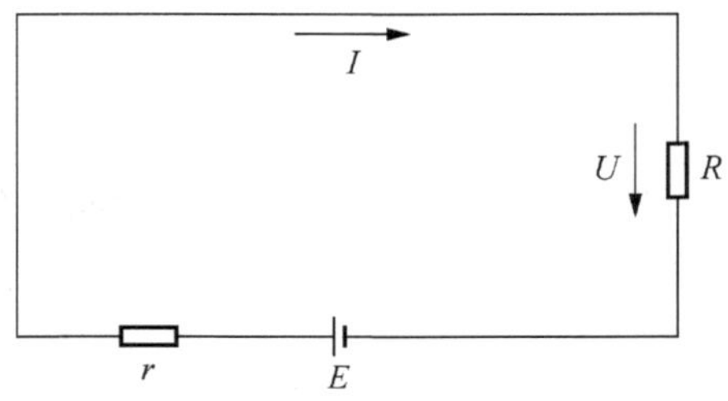

图 1-13　全电路电路图

全电路欧姆定律公式为

$$I=\frac{E}{R+r} \tag{1-17}$$

式中 E——电源电动势，单位为 V；

R——负载电阻，单位为 Ω；

r——电源内阻，单位为Ω；

I——电流，单位为 A。

1.8 电功与电功率

电流在电路中流动时，将电源的电能传给负载，负载将吸收的电能转换成其他形式的能量，即电流做了功，消耗了电能，负载在工作时间消耗的电能，称为电功，用 W 表示，国际单位是 J（焦[耳]），简称焦。电功的计算式为

$$W=UIt$$

电功率是指单位时间内某段电路传送或转换的电能，用 P 表示，即

$$P=\frac{W}{t}=UI=I^2R=\frac{U^2}{R} \tag{1-18}$$

功率的单位为 W（瓦[特]）。实际应用中，常用的功率单位是 MW（兆瓦）、kW（千瓦），电能的单位是 kW・h（千瓦时），1 千瓦时即 1 度电，1kW・h=3.6×10^6J。

MW、kW 与 W 的换算关系如下：

$$1\text{MW}=10^6\text{W}$$

$$1\text{kW}=1000\text{W}$$

一个电路最终的目的是电源将一定的电能传送给负载，负载将电能转换成工作所需要的一定形式的能量，即电路中存在发出功率的元件（供能元件）和吸收功率的元件（耗能元件）。习惯上，通常把耗能元件吸收的功率写成正数，把供能元件发出的功率写成负数，而储能元件（如理想电容、电感元件）既不吸收功率也不发出功率，即其功率 P=0。通常所说的功率 P 又称为有功功率或平均功率。

小　结

1）电路的基本组成：电源、负载、开关和连接导线四部分。

2）汽车电路的特点：采用低压电，采用直流系统，采用单线制，电源负极搭铁，并联连接。

3）电阻串联：串联的总电阻等于各串联电阻之和。

4）电阻并联：并联总电阻的倒数等于各并联电阻倒数的和。

5）欧姆定律是电路分析的最基本定律，体现了元件和电路结构对电压、电流的约束关系。

习　题

一、填空题（将正确答案填在空格中）

1．汽车电路的特点是________、________、________、________、________。

2．一只额定值为 220V/40W 的灯泡，正常发光时通过的电流为________A，灯丝的热电阻为________Ω，如果将其接到 110V 的电源上，它实际消耗的功率为________W。

3．电路的基本组成是________、________、________和________。

4．电源电路由________、________、________及工作状况指示装置（电流表、充电指示灯）等组成。

5．起动电路由________、________、________及起动保护装置组成。

6．一个电路最终的目的是电源将一定的________传送给负载，负载将________转换成工作所需要的一定形式的能量。

7．一定温度下，在同一电路中，通过某一导体的电流跟这段导体两端的电压________，跟这段导体的电阻________，这就是欧姆定律。

8．电容是指在________的电荷储藏量，用字母________表示，国际单位是________。

9．测量电阻值时，不允许________被测电阻两端，以避免并联上________，使读数减小，造成测量误差。

10．色环法就是在电阻器上用不同颜色的环来表示________，有________和 5 环标注方式。

二、判断题（正确的在括号中打“√”，错误的在括号中打“×”）

1．电动势的方向是由电源的负极指向正极。（　　）

2．直流电流表使用时必须并联于电路中。（　　）

3．用万用表测电阻之前必须进行电阻调零。（　　）

4．没有电压就没有电流，没有电流就没有电压。（　　）

5．一段导体的电阻与这段导体两端的电压成正比。（　　）

6．若电路中的电压为负值，则表示电压的实际方向与参考方向相同。（　　）

7．人们在晚上七八点钟开灯时，灯光会比深夜时暗些。（　　）

8．短路时电路中没有电流通过。（　　）

9．若两个电阻并联，则流过这两个电阻的电流一样大。（　　）

10．若两个电阻并联，则这两个电阻两端的电压一样大。（　　）

三、选择题（选择正确答案的标号填入括号中）

1．金属导体的电阻 $R=\dfrac{U}{I}$，因此可以说（　　）。

A．导体的电阻与它两端的电压成正比

B．导体的电阻与通过它的电流成反比

C．电流强度与导体的电阻成反比

D．以上均不正确

2．如图 1-14 所示，当开关 S 断开后，灯泡 A 将（　　）。

A．较原来暗

B．与原来亮度一样

C．较原来亮

D．无法判断

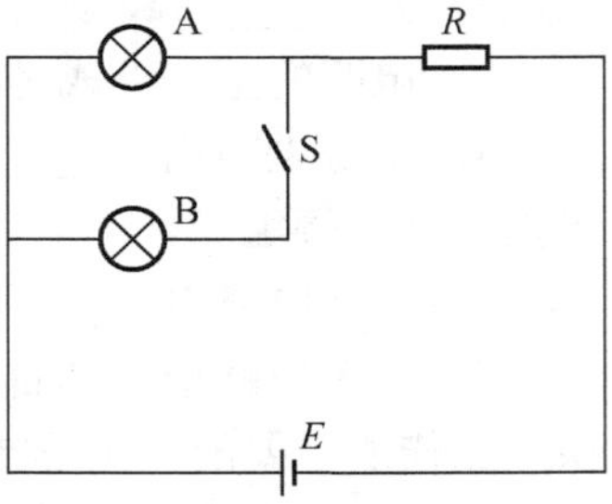

图 1-14　选择题 2 图

3．为使电炉丝所消耗的功率减小到原来的一半，则应（　　）。

A．使电源电压加倍

B．使电源电压减半

C．使电阻值加倍

D．使电阻值减半

4．1kW·h 电能可供“220V/40W”的灯泡正常发光的时间是（　　）。

A．20h　　B．40h　　C．45h　　D．25h

5．将“12V/6W”的灯泡接入 6V 的电路中，通过灯丝的实际电流是（　　）。

A．2A　　B．1A　　C．0.5A　　D．0.25A

6．一个简单的电路是由（　　）、导线、开关、负载四部分组成的。

A．灯泡　　B．电动机　　C．发电机　　D．电源

7．电路的三种状态是（　　）、通路、断路。

A．开路　　B．短路　　C．闭路　　D．回路

8．规定（　　）电荷的移动方向为电流的方向。

A．正　　B．负　　C．正或负　　D．无法确定

9．电流分为直流电流和（　　）电流两大类。

A．稳压　　B．稳恒　　C．固定　　D．交流

10．凡是大小和方向都随时间变化的电流称为（　　）电流。

A．直流　　B．交流　　C．稳恒　　D．无法确定

11．凡是大小和方向都不随时间变化的电流称为（　　）电流。

A．直流　　B．交流　　C．时变　　D．正弦电流

12. 一般情况下，人体安全电压是（　　）。

A. 220V 以下　　B. 20V 以下　　C. 80V 以下　　D. 36V 以下

13. 电容是一种（　　）元件。

A. 供能　　B. 耗能　　C. 无法确定　　D. 储能

14. 汽车诊断时常用汽车（　　）来测量电压、电流、电阻等。

A. 电流计　　B. 电流表　　C. 万用表　　D. 电压表

15. 用电压表测得电路端电压为 0，这说明（　　）。

A. 外电路断路　　B. 外电路短路

C. 外电路上电流比较小　　D. 电源内电阻为零

四、简答题

1. 电路由哪几部分组成？
2. 简述串联电路的特点。
3. 简述并联电路的特点。
4. 简述电容的定义。
5. 简述部分电路欧姆定律。
6. 简述全电路欧姆定律。
7. 简述电功的定义。
8. 简述电功率的定义。

第2章　电磁感应

知识目标

1）了解磁体、磁场、磁感线的基本概念。
2）掌握直线电流磁场与环形电流磁场的不同。
3）知道磁感应强度、磁通、磁导率、磁场强度等关于磁场的基本物理量。
4）了解电磁感应原理。
5）知道自感现象的基本概念。
6）知道互感现象的基本概念。

技能目标

1）知道磁铁内外部磁感线的方向。
2）学会用安培定则分别判断直线电流和环形电流产生的磁场方向。
3）学会用右手定则来判断直导体切割磁感线产生的感应电动势的方向。
4）会用楞次定律判断线圈中的感应电动势的方向。

2.1　磁场的基本概念

2.1.1　磁体

物质具有吸引铁、钴、镍一类物质的性质称为磁性，具有磁性的物质称为磁体。磁体分为天然磁体和人造磁体两大类。天然磁体的磁性较弱，人造磁体的磁性较强，常见的人造磁体有条形磁铁、蹄形磁铁和磁针等，如图 2-1 所示。

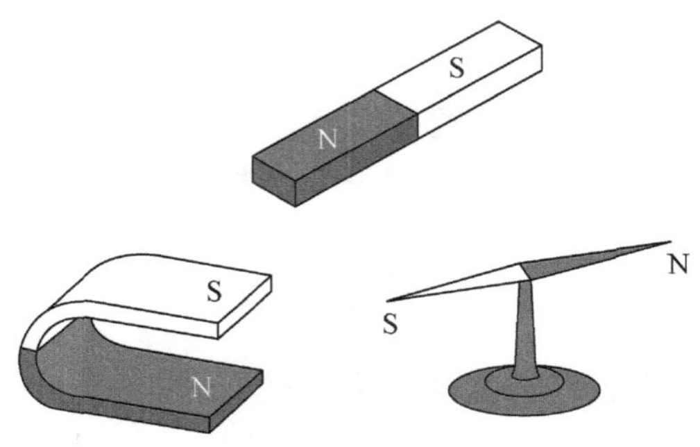

图 2-1　人造磁铁

磁体上磁性最强的部分称为磁极。磁体具有极性。在水平面内自由转动的磁针，静止后总是一个磁极指南，一个磁极指北。指向北端的称为北极，用 N 表示；指向南端的称为南极，用 S 表示。

汽车上通常使用永久磁铁和暂时磁铁两种类型的人造磁体。永久磁铁是一种不需要任何动力来维持其磁场的磁铁，如仪表中使用的马蹄形磁铁和扬声器尾部的圆形磁铁。暂时磁铁依赖于外部磁化条件来产生和维持其磁场，如汽车上使用的电磁铁和电磁开关。

磁极之间的相互作用力称为磁力。同名磁极相互排斥，异名磁极相互吸引。

2.1.2　磁场与磁感线

磁场是存在于磁铁周围的一种特殊物质。在玻璃板上均匀地撒一层细铁屑，然后把一块蹄形磁铁放在玻璃板下面，细铁屑在磁场里被磁化成“小磁针”。轻敲玻璃板，使铁屑在磁场作用下转动，铁屑静止后有规则地排列起来，显示出磁场分布情况，如图 2-2 所示。在 N 极和 S 极附近铁屑密集，说明越接近磁极，磁场越强。

磁场的分布常用磁感线来描述。为了形象地描述磁场的强弱和方向，在磁场里画出一系列有方向的曲线，并使曲线上每一点的切线方向都跟该点的磁场方向一致，这些曲线称为磁感线或磁力线。磁感线和电场线一样，是人们为了分析电磁现象假想出来的物理模型。通常规定小磁针在磁场中某点静止时 N 极所指的方向为该点的磁场方向。

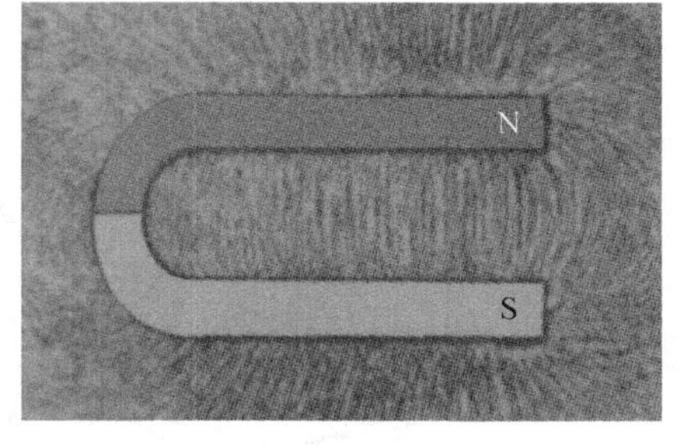

图 2-2　用铁屑模拟磁场分布

条形磁铁和马蹄形磁铁周围空间磁场的磁感线分布情况如图 2-3 所示。磁感线是闭合的曲线。磁铁外部的磁感线都是从 N 极到 S 极，在磁铁内部是从 S 极到 N 极。

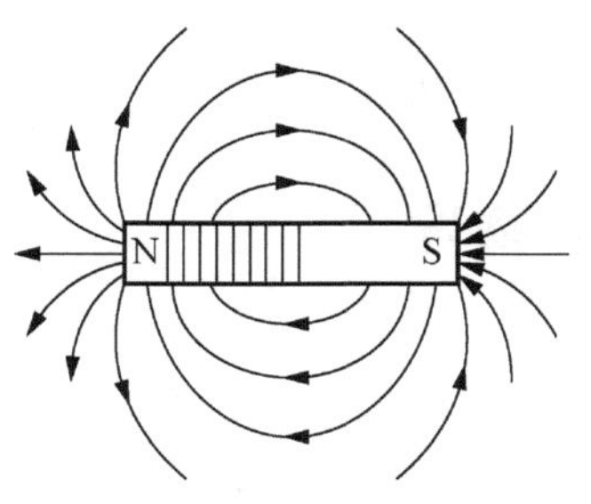

（a）条形磁铁磁感线分布

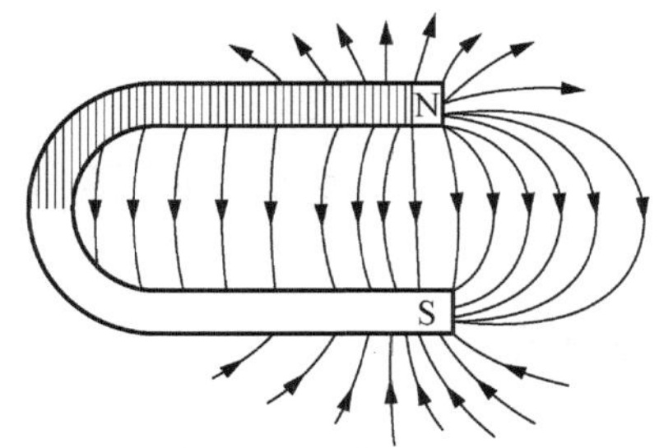

（b）马蹄形磁铁磁感线分布

图 2-3　磁铁周围空间磁场的磁感线分布

2.1.3 电流的磁场

经过实验发现，电流周围也存在磁场。这种现象称为电流的磁效应。

电流产生的磁场方向可用右手螺旋定则（也称安培定则）来判断。

1. 直线电流产生的磁场

如图 2-4（a）所示，用右手握住导线，伸直的拇指指向电流方向，与拇指垂直的弯曲的四指所指的方向就是磁感线的方向。磁感线是环绕通电导线的闭合曲线，磁感线在垂直于导线的平面内，是一系列的同心圆。

2. 环形电流产生的磁场

如图 2-4（b）所示，用右手握住螺线管，弯曲的四指指向电流的方向，与四指垂直的拇指所指的方向就是通电螺线管内部磁感线的方向，也就是通电螺线管磁场 N 极方向。

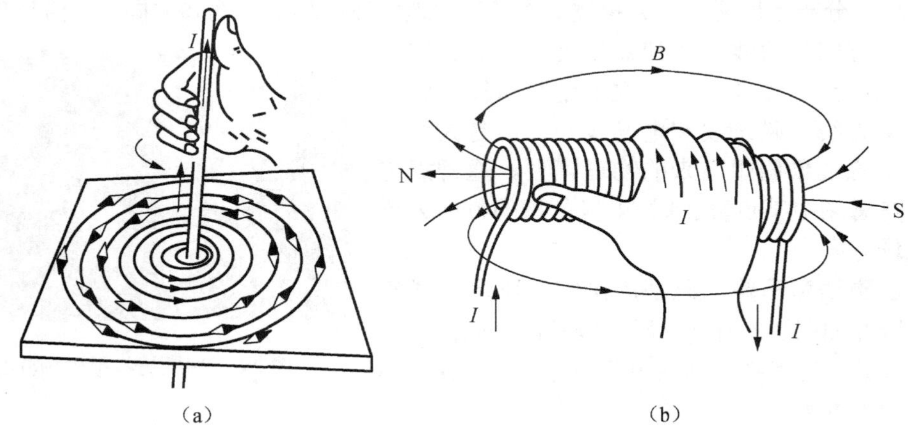

图 2-4 电流的磁场和右手螺旋定则

2.2 磁场的主要物理量

1. 磁感应强度

在磁场中，垂直于磁场方向的通电导线所受电磁力 F 与电流 I 和导线长度 l 的乘积 Il 的比值称为该处的磁感应强度，用 B 表示，即

$$B=\frac{F}{Il} \tag{2-1}$$

式中 F——通电导体在磁场中所受的电磁力，单位为 N（牛[顿]）；

I——导体中通过的电流，单位为 A；

l——导体在磁场中的有效长度，即与磁场垂直的导体长度，单位为 m（米）。

在国际单位制中，磁感应强度的单位为 T（特[斯拉]）。

磁感应强度是一个矢量，它的方向就是该点的磁场方向。

如果磁场内各点的磁感应强度 B 的大小相等、方向相同，该磁场称为匀强磁场。

2. 磁通

为了定量地描述磁场在某一范围内的分布及变化情况，引入物理量——磁通。

设在磁感应强度为 B 的均匀磁场中，有一个与磁场方向垂直的平面，面积为 S，我们把 B 与 S 的乘积定义为穿过这个面积的磁通量，简称磁通。磁通用 Φ 表示，则有

$$\Phi=BS \tag{2-2}$$

式中　B——磁感应强度，单位为 T；

S——与磁场方向垂直的平面的面积，单位为 m^2。

在国际单位制中，磁通的单位是 Wb（韦[伯]）。

当面积一定时，通过该面积的磁感线越多，则磁通越大，磁场越强。这一概念在电气工程上有着重要意义，如变压器、电动机、电磁铁等就是通过尽可能地减少漏磁通、增强一定铁芯截面下的磁感应强度来提高其工作效率的。

从 $\Phi=BS$ 可变形为 $B=\dfrac{\Phi}{S}$，这表示磁感应强度等于穿过单位面积的磁通，因而磁感应强度又称磁通密度。

3. 磁导率

不同的介质对磁场的影响不同，影响的程度与介质的导磁性能有关。因此引入一个新的物理量——磁导率，用它来衡量物质导磁性能的不同，磁导率用 μ 表示，其单位为 H/m（亨/米），H 是电感的单位名称亨利，简称亨。

通常情况下用相对磁导率 μ_r 来表示物质的导磁性能，也就是物质的磁导率与真空磁导率的比值，即

$$\mu_r=\frac{\mu}{\mu_0} \tag{2-3}$$

式中　μ_r——相对磁导率；

μ——磁导率；

μ_0——真空磁导率。

可见，相对磁导率只是一个比值。它表明在其他条件相同的情况下，介质中的磁感应强度是真空中磁感应强度的多少倍。

根据相对磁导率的大小，可以把物质分为三类：

顺磁物质：如空气、铝、铂、铬等，其 μ_r 稍大于 1。

反磁物质：如氢、铜等，其μ_r稍小于 1。

顺磁物质与反磁物质一般被称为非铁磁性材料。

铁磁物质：如铁、镍、钴、坡莫合金、硅钢、铁氧体等，其相对磁导率μ_r远大于 1。一般铁磁物质被广泛应用在变压器、电机和电工仪表等电气设备中。

4. 磁场强度

磁场强度用来表示磁场强弱和产生磁场的电流之间的关系，用 H 表示。

磁场中某点的磁场强度等于该点的磁感应强度 B 与介质磁导率μ的比值，用 H 表示，即

$$H=\frac{B}{\mu} \tag{2-4}$$

在国际单位制中，磁场强度的单位是 A/m（安/米）。

通电环形线圈的磁场强度为

$$B=\mu_r\mu_0\frac{NI}{l}=\mu\frac{NI}{l} \tag{2-5}$$

式中 B——磁感应强度，单位为 T；

μ_r——相对磁导率；

μ_0——真空磁导率；

N——线圈的匝数；

I——线圈中的电流，单位为 A；

l——线圈长度，单位为 m。

磁场强度也是一个矢量，在均匀介质中，它的方向和磁感应强度的方向一致。

由式（2-4）、式（2-5）可知，磁场强度的数值只与电流的大小及导体的形状有关，而与磁场介质的磁导率无关，也就是说，在一定的电流值下，同一点的磁场强度不因磁场介质的不同而改变，这给工程计算带来很大方便。

2.3 电磁感应

电流能产生磁场，那么磁场能否产生电流呢？早在 1831 年，英国物理学家法拉第通过实验回答了这一问题，这就是电磁感应。

2.3.1 电磁感应现象

我们看看下面两个实验：

1）实验 1。如图 2-5 所示，将一根直导体放在均匀磁场中，并以速度 v 朝着与磁感线垂直的方向运动，在导体的两端接上一个检流计，当导体在磁场中做切割磁感线运动时，可以看到检流计发生了偏转，当导体停止运动时，检流计指针也不动。

2）实验 2。如图 2-6 所示，将磁铁插入线圈时，检流计指针发生了偏转，而当磁铁在线圈中不动时，检流计指针不动，当磁铁从线圈中拔出时，检流计指针向相反的方向偏转。

从以上两个实验可以看出，当导体对磁场做相对运动而切割磁感线，或者通过线圈的磁通量发生变化时，导体或线圈中就会产生电动势，如果导体或线圈是闭合的，就会有电流通过。这两种不同条件都产生电动势的现象称为电磁感应。由于电磁感应而产生的电动势称为感应电动势，由感应电动势而产生的电流称为感应电流。

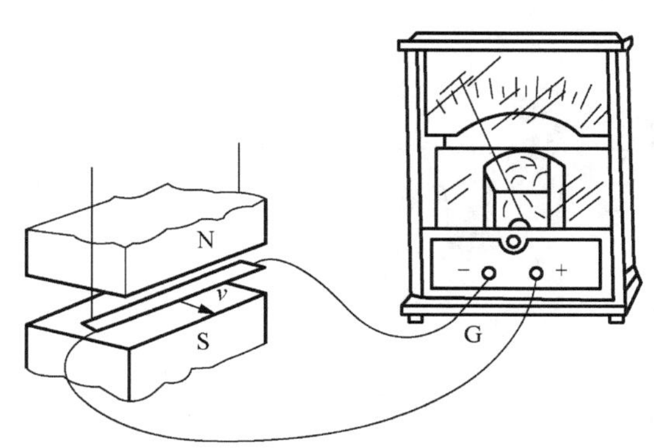

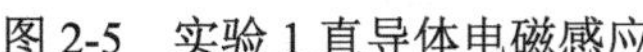

图 2-5　实验 1 直导体电磁感应

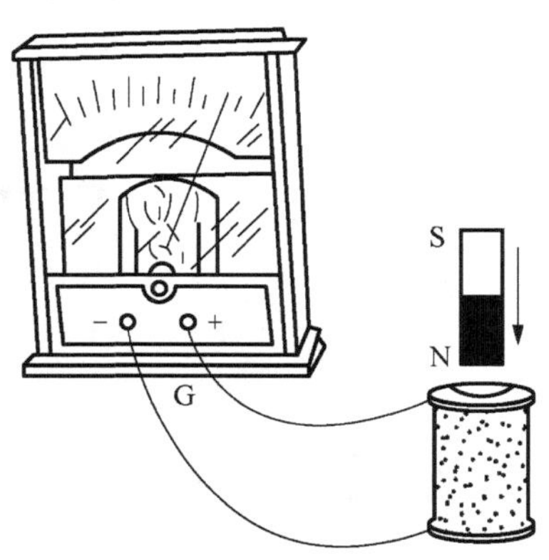

图 2-6　实验 2 线圈电磁感应

2.3.2　直导体感应电动势

当导体、导体运动方向和磁感线方向三者互相垂直时，导体中的感应电动势为

$$e = Blv \tag{2-6}$$

如图 2-7 所示，如果导体运动方向与磁感线方向有一夹角α，则导体中的感应电动势为

$$e = Blv\sin\alpha \tag{2-7}$$

由式（2-7）可看出，当导体的运动方向与磁感线垂直，即$\alpha = 90°$ 时，导体中的感应电动势最大，而当导体的运动方向与磁感线平行，即$\alpha = 0°$ 时，导体中的感应电动势为零。

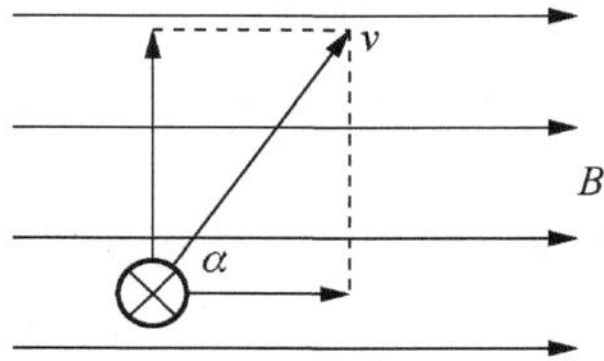

图 2-7　导体运动方向与磁感线方向有夹角α

如图 2-8 所示，直导体切割磁感线产生的感应电动势的方向可用右手定则来判断：伸开右手，大拇指与四指垂直，让磁感线垂直穿过手心，大拇指指向直导体运动方向，而四指的指向即为感应电流的方向。需要注意的是，直导体切割磁感线产生感应电动势，我们应将直导体看成一个电源，电源的电动势方向规定是负极指向正极，这样感应电动势的方向与感应电流的方向是一致的。若直导体不闭合而切割磁感线，则直导体中只有感应电动势而无感应电流产生。

图 2-8　右手定则

2.3.3　线圈感应电动势

法拉第通过实验得出线圈中感应电动势的大小与以下因素有关：

1）在一定的时间内，线圈中穿过的磁通的变化量越大，感应电动势越大。

2）在磁通变化量一定时，这种变化所经历的时间越短，感应电动势越大。

3）在其他条件不变的情况下，线圈的匝数越多，感应电动势越大。

归纳起来，也就是当线圈中的磁通发生变化时，线圈中的感应电动势的大小与磁通的变化率成正比，与线圈的匝数成正比，即

$$e = N\left|\frac{\mathrm{d}\Phi}{\mathrm{d}t}\right| \tag{2-8}$$

式中　Φ——磁通，单位为 Wb；

t——时间，单位为 s；

e——电动势，单位为 V。

线圈中感应电动势的方向可用楞次定律和右手螺旋定则来确定。楞次定律指出：如果线圈中的感应电动势是由于穿过线圈的磁通发生变化而产生的，则感应电动势在线圈中流过的感应电流产生的磁通将力图阻止原磁通的变化，即感应电流产生的磁通总是阻碍原磁通的变化。

如图 2-9（a）所示，当磁铁插入线圈时，线圈中的磁通量增加，根据楞次定律，线圈流过的感应电流所产生的磁场方向应与磁铁的磁场方向相反，应用右手螺旋定则可确定：大拇指指向上表示磁场方向——图中虚线的磁感线，而弯曲的四指表示感应电流的方向，由此定出，线圈的感应电动势的极性是上“+”下“-”。在图 2-9（b）中，当磁铁

拔出时，线圈中的磁通量将减小，同样根据楞次定律，大拇指向下表示磁场方向——图中虚线的磁感线，而弯曲的四指表示感应电流的方向，由此定出，线圈的感应电动势的极性是上“-”下“+”。

法拉第电磁感应定律和楞次定律可用一个表达式来表示，即

$$e=-N\frac{\mathrm{d}\Phi}{\mathrm{d}t} \tag{2-9}$$

式中，“-”表示线圈的感应电流产生的磁通将力图阻止原磁通的变化。

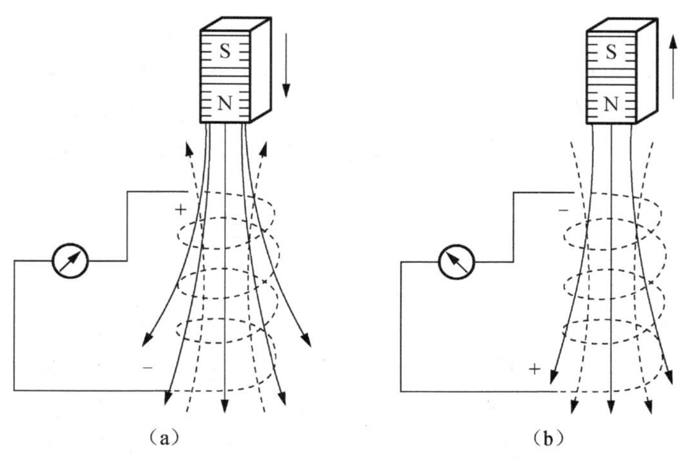

图 2-9　磁铁插入或拔出线圈时感应电动势的方向

2.4 自　感

1. 自感现象

由于线圈本身电流的变化而产生电磁感应的现象称为自感现象，简称自感。由自感现象产生的电动势称为自感电动势，用 e_L 表示。

2. 自感系数

当线圈中通入电流后，这一电流使每匝线圈所产生的磁通称为自感磁通。当同一电流通往结构不同的线圈时，所产生的自感磁通量是不相同的。为了衡量不同线圈产生自感磁通的能力，引入自感系数（简称电感）这一物理量，用 L 表示，它在数值上等于一个线圈中通过单位电流所产生的自感磁通，即

$$L=\frac{\psi}{I} \tag{2-10}$$

式中　ψ——自感磁链，$\psi=N\Phi$；

L——电感，单位为 H。较小的单位有 mH（毫亨）和μH（微亨）。

线圈中的电感是由线圈本身的特性决定的。线圈越长，单位长度上的匝数越多，截面积越大，电感就越大。有铁芯的线圈，其电感要比空芯线圈的电感大得多。

3. **自感电动势**

自感电动势的计算公式为

$$e_L=-N\frac{\mathrm{d}\Phi}{\mathrm{d}t}=-\frac{\mathrm{d}(Li)}{\mathrm{d}t}=-L\frac{\mathrm{d}i}{\mathrm{d}t} \tag{2-11}$$

从式（2-11）可以得出，线圈中感应电动势的大小与线圈的电感及线圈中的电流变化率成正比，而负号则是表示自感电动势的方向与电流的变化率相反，其物理意义是 e_L 起着阻碍电流变化的作用。因此，电感线圈在电路中起着稳定电流的作用。

2.5 互　感

如图 2-10 所示，两个靠得很近的线圈，当一个线圈的电流发生变化时，可以发现另一个线圈中产生了感应电动势和感应电流，我们把这种由一个线圈中的电流发生变化而在另一个线圈中产生电磁感应的现象称为互感现象，简称互感。由互感产生的感应电动势称为互感电动势，用 e_M 表示。由互感电动势产生的电流称为互感电流，用 i_M 表示。在图 2-10 中，接入变化电流的线圈 1 称为初级线圈（主线圈），而与电流表相连接的线圈 2 称为次级线圈（副线圈）。

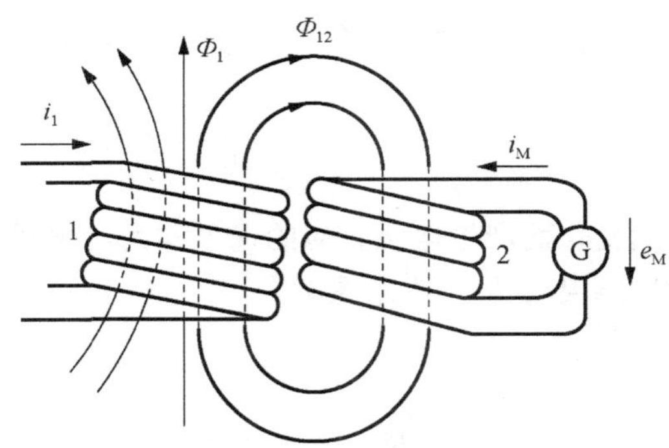

图 2-10　互感现象

小　结

本章对电磁感应现象进行了分析，重点讲述了磁场的基本概念、电磁感应现象、自感及互感。

1. 磁体

物质具有吸引铁、钴、镍一类物质的性质称为磁性，具有磁性的物质称为磁体。磁体分为天然磁体和人造磁体两大类。

2. 磁场和磁感线

磁场是存在于磁铁周围的一种特殊物质。

为了形象地描述磁场的强弱和方向，在磁场里画出一系列有方向的曲线，并使曲线上每一点的切线方向都跟该点的磁场方向一致，这些曲线称为磁感线或磁力线。磁感线和电场线一样，是人们为了分析电磁现象假想出来的物理模型。通常规定小磁针在磁场中某点静止时，N 极所指的方向为该点的磁场方向。

3. 电流的磁场

经过实验发现，电流周围也存在磁场。这种现象称为电流的磁效应。

电流产生的磁场方向可用右手螺旋定则（也称安培定则）来判断。

4. 磁场的主要物理量

磁场的主要物理量有磁感应强度、磁通、磁导率、磁场强度等。

5. 电磁感应现象

经实验证明，当导体对磁场做相对运动而切割磁感线，或者通过线圈的磁通量发生变化时，导体或线圈中就会产生电动势，如果导体或线圈是闭合的，就会有电流通过。这两种不同条件都产生电动势的现象称为电磁感应。由于电磁感应而产生的电动势称为感应电动势，由感应电动势而产生的电流称为感应电流。

6. 线圈感应电动势

线圈中的感应电动势方向可用楞次定律和右手螺旋定则来确定。楞次定律指出：如果线圈中的感应电动势是由于穿过线圈的磁通发生变化而产生的，则感应电动势在线圈中流过的感应电流产生的磁通将力图阻止原磁通的变化，即感应电流产生的磁通总是阻碍原磁通的变化。

7. 自感现象

由于线圈本身电流的变化而产生电磁感应的现象称为自感现象，简称自感。由于自感现象产生的电动势称为自感电动势，用 e_L 表示。

线圈中的电感是由线圈本身的特性决定的。当线圈越长，单位长度上的匝数越多，截面积越大，电感就越大。有铁芯的线圈，其电感要比空芯线圈的电感大得多。

8. 互感

两个靠得很近的线圈，其中一个线圈的电流发生变化时，可以发现另一个线圈中产生了感应电动势和感应电流。我们把这种由一个线圈中的电流发生变化而在另一个线圈中产生电磁感应的现象称为互感现象，简称互感。由互感产生的感应电动势称为互感电动势，用 e_M 表示。由互感电动势产生的电流称为互感电流，用 i_M 表示。

习　　题

一、填空题（将正确答案填在空格中）

1．物质具有吸引铁、钴、镍一类物质的性质称为________，具有磁性的物质称为________。磁体分为________和________两大类。

2．磁性最强的部分称为________。磁体具有极性。在水平面内自由转动的磁针，静止后总是一个磁极________，一个磁极________。指向北端的称为北极，用________表示；指向南端的称为南极，用________表示。

3．磁极之间的相互作用力称为________。同名磁极________，异名磁极________。

4．磁场是存在于磁铁周围的一种________。

5. 磁铁外部的磁感线都是从________极到________极，在磁铁内部是从________极到________极。磁感线是________的曲线。

6．经过实验发现，电流周围也存在磁场。这种现象称为电流的________。

7．电流产生的磁场方向可用________来判断。

8．在磁场中，垂直于磁场方向的通电导线，所受电磁力 F 与电流 I 和导线长度 l 的乘积 Il 的比值称为该处的________，用________表示。

9．感应电流产生的磁通总是________原磁通的变化。

10．由于线圈本身电流的变化而产生电磁感应的现象称为________，简称自感。由自感现象产生的电动势称为________，用 e_L 表示。

11．设在磁感应强度为 B 的均匀磁场中，有一个与磁场方向垂直的平面，面积为 S，我们把 B 与 S 的乘积定义为穿过这个面积的________，简称磁通，磁通用________表示。

12．由一个线圈中的电流发生变化而在另一个线圈中产生电磁感应的现象称为________，简称互感。由互感产生的感应电动势称为________，用 e_M 表示。

二、判断题（正确的在括号中打“√”，错误的在括号中打“×”）

1．磁极之间的相互作用力称为磁力。同名磁极相互吸引，异名磁极相互排斥。 (　　)

2．汽车上通常使用永久磁铁和暂时磁铁两种类型的人造磁铁。永久磁铁是一种需要外动力来维持其磁场的磁铁，如仪表中使用的马蹄形磁铁和扬声器尾部的圆形磁铁。（　　）

3．磁体分为天然磁体和人造磁体两大类。天然磁体的磁性较强，人造磁体的磁性较弱，常见的人造磁体有条形磁铁、蹄形磁铁和磁针等。（　　）

4．顺磁物质与反磁物质一般被称为非铁磁性材料。（　　）

5．当面积一定时，通过该面积的磁感线越多，则磁通越大，磁场越强。（　　）

6．线圈中的感应电动势的大小与线圈的电感及线圈中的电流变化率成正比。（　　）

7．通常规定小磁针在磁场中某点静止时S极所指的方向为该点的磁场方向。（　　）

8．当磁铁插入线圈时，线圈中的磁通量增加，根据楞次定律，线圈中流过的感应电流所产生的磁场方向应与磁铁的磁场方向相反。（　　）

9．为了形象地描述磁场的强弱和方向，在磁场里画出一系列有方向的曲线，并使曲线上每一点的切线方向都跟该点的磁场方向一致，这些曲线称为磁感线或磁力线。（　　）

10．在磁通变化量一定时，这种变化所经历的时间越短，感应电动势越小。（　　）

三、选择题（选择正确答案的标号填入括号中）

1．发电的基本原理是电磁感应。发现电磁感应现象的科学家是（　　）。

A．安培　　B．赫兹　　C．法拉第　　D．麦克斯韦

2．下列现象中属于电磁感应现象的是（　　）。

A．磁场对电流产生力的作用

B．变化的磁场使闭合电路中产生电流

C．插在通电螺线管中的软铁棒被磁化

D．电流周围产生磁场

3．关于磁通量、磁通密度、磁感应强度，下列说法正确的是（　　）。

A．磁感应强度越大的地方，磁通量越大

B．穿过某线圈的磁通量为零时，由$B=\Phi/S$可知磁通密度为零

C．磁通密度越大，磁感应强度越大

D．磁感应强度在数值上等于$1m^2$的面积上穿过的最大磁通量

4．关于感应电流，下列说法正确的是（　　）。

A．只要穿过线圈的磁通量发生变化，线圈中就一定有感应电流

B．只要闭合导线做切割磁感线运动，导线中就一定有感应电流

C．若闭合电路的一部分导体不做切割磁感线运动，闭合电路中一定没有感应电流

D．当穿过闭合电路的磁通量发生变化时，闭合电路中一定有感应电流

5．在一长直导线中通以如图2-11所示的恒定电流，在其上套一闭合线环（环面与导线垂直，长直导线通过环的中心），当发生以下变化时，肯定能产生感应电流的是（　　）。

A．保持电流不变，使闭合线环上下移动

B．保持闭合线环不变，使长直导线中的电流增大或减小

C．保持电流不变，使导线在竖直平面内顺时针（或逆时针）转动

D．保持电流不变，环在与导线垂直的水平面内左右水平移动

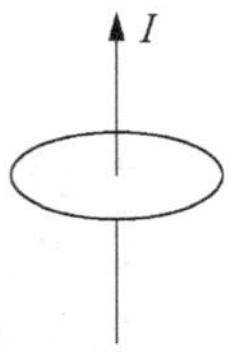

I

图2-11　选择题5图

6．根据楞次定律知感应电流的磁场一定是（　　）。

A．阻碍引起感应电流的磁通量

B．与引起感应电流的磁场反向

C．阻碍引起感应电流的磁通量的变化

D．与引起感应电流的磁场方向相同

7．法拉第电磁感应定律可以这样表述：闭合电路中感应电动势的大小（　　）。

A．与穿过这一闭合电路的磁通量成正比

B．与穿过这一闭合电路的磁感应强度成正比

C．与穿过这一闭合电路的磁通量的变化率成正比

D．与穿过这一闭合电路的磁通量的变化量成正比

8．关于线圈的自感系数，下列说法正确的是（　　）。

A．线圈的自感系数越大，自感电动势一定越大

B．线圈中电流等于零时，自感系数也等于零

C．线圈中电流变化越快，自感系数越大

D．线圈的自感系数由线圈本身的因素及有无铁芯决定

9．如图2-12所示，L为一个自感系数大的自感线圈，开关闭合后，小灯能正常发光，那么闭合开关和断开开关的瞬间，能观察到的现象分别是（　　）。

A．小灯逐渐变亮，小灯立即熄灭

B．小灯立即亮，小灯立即熄灭

C．小灯逐渐变亮，小灯比原来更亮一下再慢慢熄灭

D．小灯立即亮，小灯比原来更亮一下再慢慢熄灭

10．如图2-13所示的电路中，灯泡A_1、A_2的规格完全相同，自感线圈L的电阻可以忽略，下列说法正确的是（　　）。

A．当接通电路时，A_2先亮，A_1后亮，最后A_2比A_1亮

B．当接通电路时，A_1和A_2始终一样亮

C．当断开电路时，A_1和A_2都过一会儿熄灭

D．当断开电路时，A_2立即熄灭，A_1过一会儿熄灭

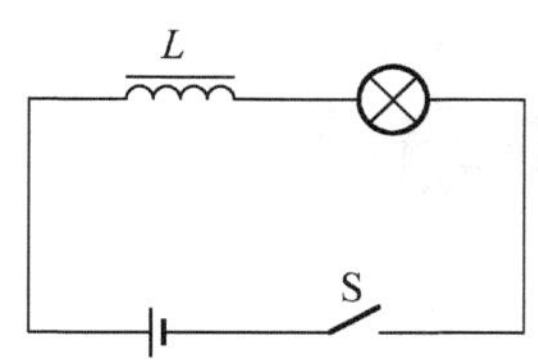

图2-12 选择题9图

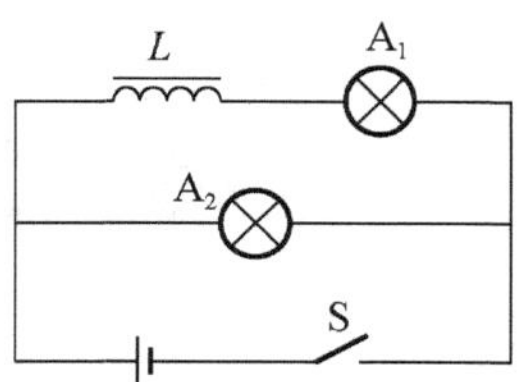

图2-13 选择题10图

四、简答题

1. 什么是磁体？
2. 什么是磁场与磁感线？
3. 直线电流产生的磁场是怎样的？
4. 环形电流产生的磁场是怎样的？
5. 简述磁场的主要物理量。
6. 什么是电磁感应？
7. 什么是自感？
8. 什么是互感？

第3章　正弦交流电路

知识目标

1）了解正弦交流电的产生原理。

2）掌握表征正弦交流电的三要素及相位差的概念。

3）掌握正弦交流电的表示法，会比较同频率正弦交流电的相位。

4）掌握简单正弦交流电路电压与电流的关系。

5）了解简单正弦交流电路的有功功率、无功功率、视在功率、功率因数的概念及提高功率因数的意义。

6）掌握三相四线制电源的线电压和相电压的计算方法。

7）理解三相对称负载星形联结和三角形联结时，负载相电压和线电压、负载相电流和线电流的关系。

技能目标

1）会应用纯电阻、纯电感、纯电容交流电路的特点分析单一元件交流电路。

2）会应用交流电路的特点分析实际交流电路，计算电路的有功功率、无功功率和视在功率。

3）培养学生的观察力及利用所学知识分析、总结问题的能力。

3.1　正弦交流电的基本概念

正弦交流电：电压大小和方向按正弦规律变化，如图3-1所示。日常所用的交流电源（含信号源）的电压、电流和电动势一般都是随时间按正弦规律变化的，故称为正弦交流电源或正弦交流信号，统称正弦量。

正弦量可用三角函数式表示，如正弦交流电流可表示为

$$i = I_{\mathrm{m}}\sin(\omega t + \varphi)$$

其波形如图3-2所示。其中，i表示电流的瞬时值或瞬时值表达式，I_{m}为最大电流值（幅值），ω为角频率，φ为初相位。

幅值、角频率、初相位分别表示正弦量变化的大小、快慢和初始值，它们是确定一个正弦量的三个要素。

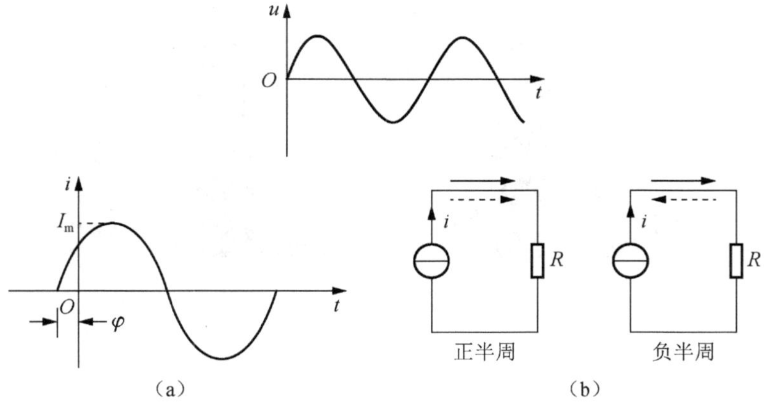

图 3-1　正弦交流电

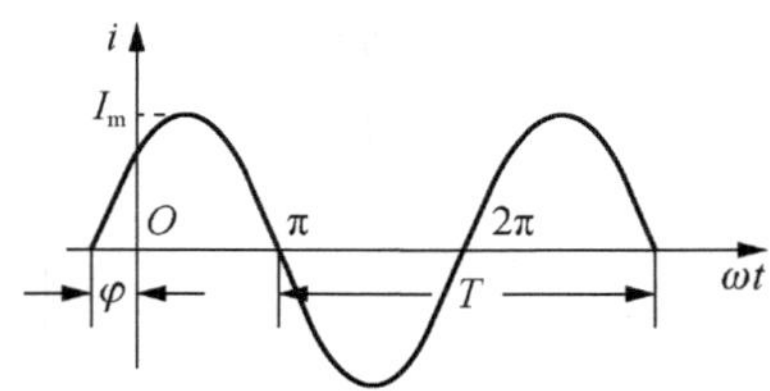

图 3-2　正弦交流电波形

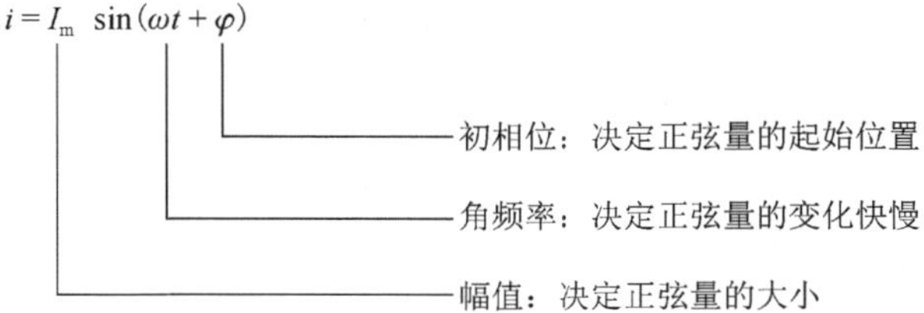

幅值：正弦量在整个变化过程中所能达到的最大数值，用带下标的大写字母来表示，如 I_m、U_m。

初相位：t=0 时的相位，用φ或θ表示。一般规定初相位$|\varphi|$不超过 π，即$-\pi \leqslant \varphi \leqslant \pi$。

注意：

1）振幅不能为负。

2）必须为正弦函数。

3）初相位在±180°以内。

3.2　单相交流电路

在日常生活中，如图 3-3 所示的照明装置用的是单相正弦交流电，电风扇、电视机等电气设备用的也都是单相正弦交流电。

图 3-3　照明装置

3.2.1　交流电的基本物理量

大小和方向随时间按正弦规律变化的电压与电流，称为正弦交流电，即平时所说的单相交流电，其文字符号用字母“AC”表示，图形符号用“～”表示，如图 3-4（a）所示。大小和方向随时间不按正弦规律变化的电压与电流，称为非正弦交流电，常见的有矩形波、三角波等，如图 3-4（b）、（c）所示。

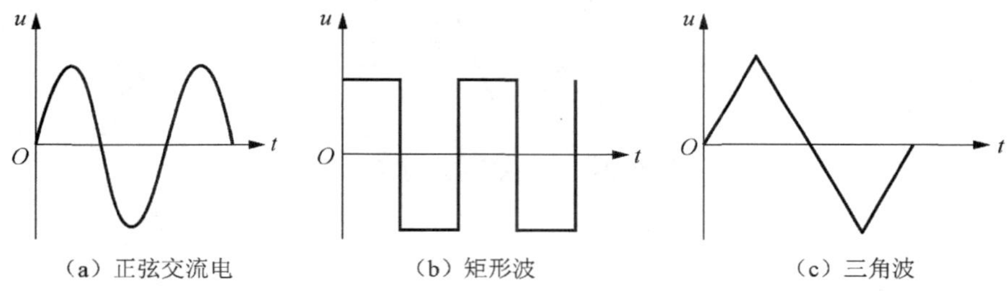

（a）正弦交流电　（b）矩形波　（c）三角波

图 3-4　常见的交流电波形

3.2.2　交流电变化的范围

1. 最大值

正弦量振荡的最高点称为最大值，用 U_m（或 I_m）表示，如图 3-5 所示。

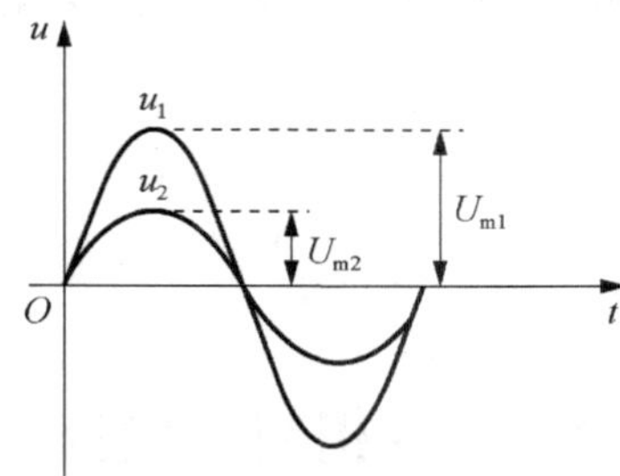

图 3-5　正弦量最大值示意

2. 有效值

有效值是指与正弦量热效应相同的直流电数值 I、U、E。

交流电流 i 通过电阻 R 时，在 t 时间内产生的热量为 Q；直流电流 I 通过相同电阻 R 时，在 t 时间内产生的热量也为 Q。两电流热效应相同，可理解为两者做功能力相等。把做功能力相等的直流电的数值 I 定义为相应交流电 i 的有效值。有效值可确切地反映正弦交流电的大小。

正弦交流电的最大值与有效值的关系如下：

$$\text{最大值}=\sqrt{2}\times\text{有效值}$$

即

$$\begin{cases} I_{\mathrm{m}}=\sqrt{2}I \\ U_{\mathrm{m}}=\sqrt{2}U \\ E_{\mathrm{m}}=\sqrt{2}E \end{cases} \quad \text{或} \begin{cases} I=\dfrac{1}{\sqrt{2}}I_{\mathrm{m}}=0.707I_{\mathrm{m}} \\ U=\dfrac{1}{\sqrt{2}}U_{\mathrm{m}}=0.707U_{\mathrm{m}} \\ E=\dfrac{1}{\sqrt{2}}E_{\mathrm{m}}=0.707E_{\mathrm{m}} \end{cases}$$

3. 平均值

交流电压或电流在半个周期内所有瞬时值的平均数称为该交流电压或电流的平均值 $\overline{E}$、$\overline{U}$、$\overline{I}$。最大值与平均值的关系如下：

$$\text{最大值}=\frac{\pi}{2}\times\text{平均值}$$

即

$$\begin{cases} I_{\mathrm{m}}=\dfrac{\pi}{2}\overline{I}=1.57\overline{I} \\ U_{\mathrm{m}}=\dfrac{\pi}{2}\overline{U}=1.57\overline{U} \\ E_{\mathrm{m}}=\dfrac{\pi}{2}\overline{E}=1.57\overline{E} \end{cases} \quad \text{或} \begin{cases} \overline{I}=\dfrac{2}{\pi}I_{\mathrm{m}}=0.637I_{\mathrm{m}} \\ \overline{U}=\dfrac{2}{\pi}U_{\mathrm{m}}=0.637U_{\mathrm{m}} \\ \overline{E}=\dfrac{2}{\pi}E_{\mathrm{m}}=0.637E_{\mathrm{m}} \end{cases}$$

3.2.3　交流电变化的快慢

1. 周期

正弦交流电完成一次周期性变化所需要的时间称为正弦交流电的周期，通常用字母 T 表示，国际单位为 s（秒）。

2. 频率

正弦交流电在 1s 内完成周期性变化的次数称为正弦交流电的频率，通常用 f 表示，国际单位为 Hz（赫[兹]）。

3. 角频率

正弦交流电在 1s 内变化的电角度称为正弦交流电的角频率，反映正弦量随时间变化的快慢程度，用字母ω表示，单位为 rad/s（弧度/秒）。角频率与周期、频率之间的关系如图 3-6 所示。

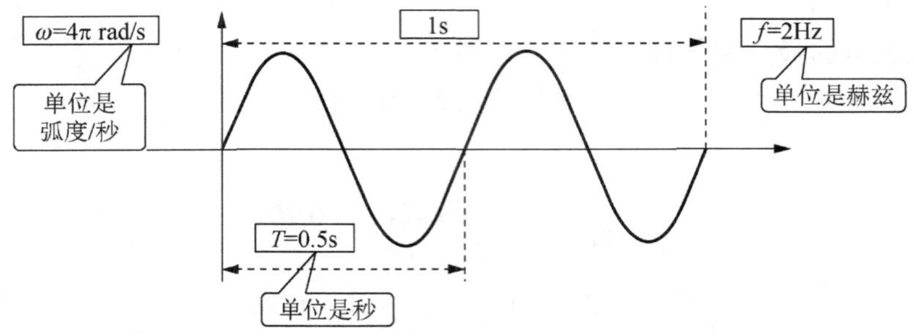

图 3-6 角频率与周期、频率之间的关系

由上可知

$$\omega = 2\pi f = \frac{2\pi}{T}$$

4. 初相位

初相位确定了正弦量计时开始的位置，初相位规定不得超过±180°。

电压瞬时值表达式为

$$u = U_{\mathrm{m}} \sin(\omega t + \varphi_u)$$

相位：$\omega t+\varphi_u$。

初相位：φ_u。

从式中可知，初相位是对应 t=0 时的确切电角度，如图 3-7 所示。

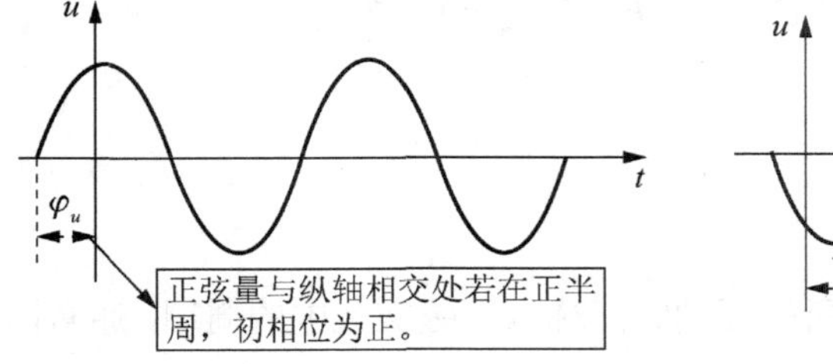

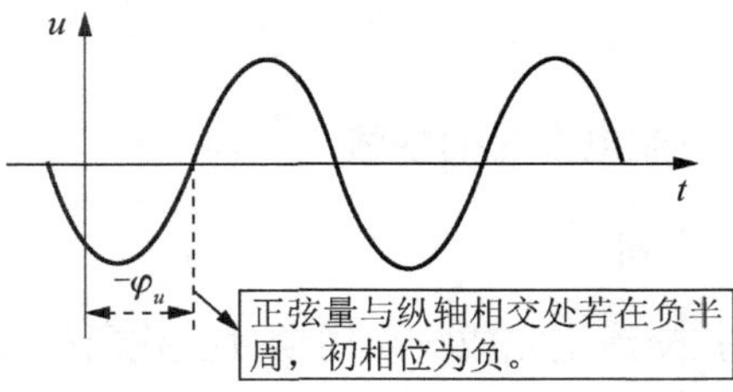

图 3-7 初相位

3.2.4　正弦交流电的矢量图表示法

正弦电动势 $e = E_{\mathrm{m}} \sin(\omega t + \varphi_0)$，其中 E_{m} 为矢量长度，φ_0 为矢量初始角，ω为矢量旋转速度，如图 3-8 所示。该矢量 t 时刻在纵轴上的投影等于正弦量的瞬时值 e，该矢量 t 时刻与横轴的夹角为 $\omega t + \varphi_0$。

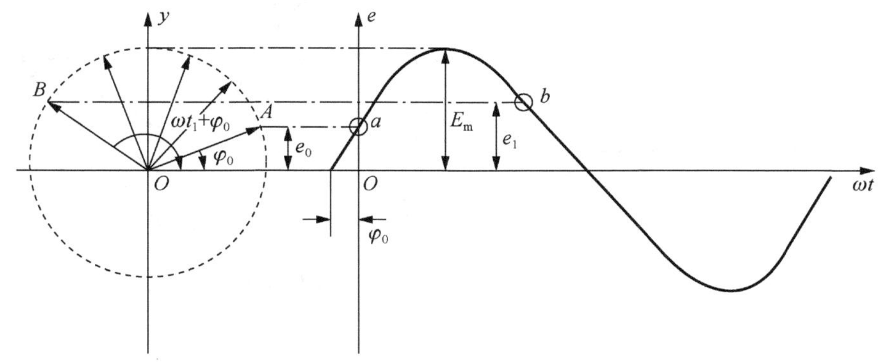

图 3-8　矢量图

$\dot{E}_{\mathrm{m}}$、$\dot{U}_{\mathrm{m}}$、$\dot{I}_{\mathrm{m}}$ 表示矢量最大值，$\dot{E}$、$\dot{U}$、$\dot{I}$ 表示矢量有效值，矢量长度为有效值。

注意：

1）同一矢量图上的正弦交流电的频率必须相同。

2）同一矢量图中相同单位的相量应按比例画出。

3）任意两个同频率正弦量的和或差可用平行四边形法则求出。

3.2.5　纯电阻电路

纯电阻电路是只有电阻负载的交流电路，只考虑电阻的作用，这种电路称为纯电阻电路，如图 3-9 所示。

在这些电路中，当外电压一定时，影响电流大小的主要因素是电阻 R。

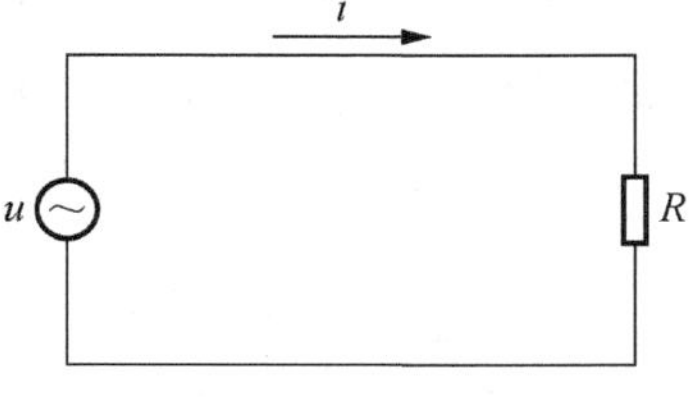

图 3-9　纯电阻电路

设加在电阻 R 两端的交流电压为

$$u_{\mathrm{R}} = U_{\mathrm{Rm}} \sin \omega t$$

纯电阻交流电路的电流与电压的数量关系为

$$I_{\mathrm{m}} = \frac{U_{\mathrm{Rm}}}{R} \text{ 或 } i = \frac{u_{\mathrm{R}}}{R}$$

纯电阻交流电路的电流与电压的最大值（或有效值）符合欧姆定律。纯电阻交流电路的电流与电压的相位关系为纯电阻交流电路的电流与电压同相。因此，纯电阻交流电路的电流瞬时值表达式为

$$i = I_m \sin\omega t$$

纯电阻交流电路的电流与电压的矢量图如图 3-10（a）所示，波形图如图 3-10（b）所示。

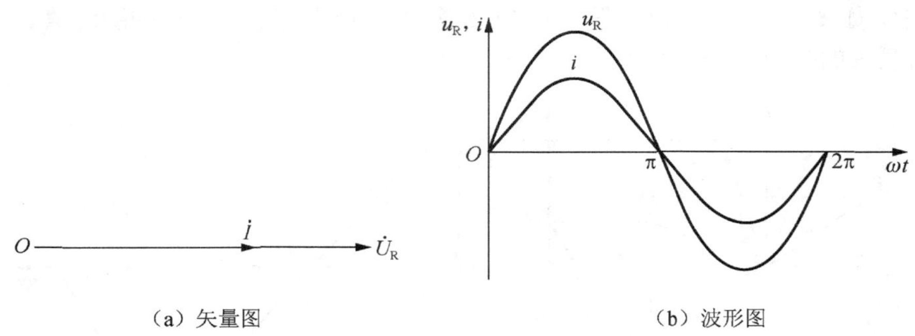

（a）矢量图　　（b）波形图

图 3-10　纯电阻交流电路的矢量图和波形图

3.2.6　纯电感电路

纯电感电路是只有空心线圈作为负载，而且线圈的电阻和分布电容均忽略不计的交流电路，如图 3-11 所示。

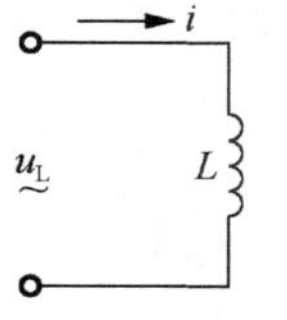

图 3-11　纯电感电路

1. **感抗**

线圈对交流电的阻碍作用称为电感电抗，简称感抗，用符号 X_L 表示，单位是Ω。感抗的大小与电源频率成正比，与线圈的电感成正比，有

$$X_L = \omega L = 2\pi fL$$

2. **电路的功率**

电气设备及其负载都要提供或吸收一定的功率。例如，某台变压器提供的容量为 250kV・A，某台电动机的额定功率为 2.5kW，一盏白炽灯的功率为 60W 等。由于电路中负载性质的不同，它们的功率性质及大小也各自不一样，所以要对电路中的不同功率进行分析。

（1）瞬时功率

如图 3-12 所示，若通过负载的电流为 $i = \sqrt{2}I\sin(\omega t + \varphi_i)$，负载两端的电压为 $u = \sqrt{2}U\sin(\omega t + \phi_u)$，其参考方向如图 3-12 所示。在电流、电压关联参考方向下，瞬时功率为

$$\begin{aligned} p = ui &= \sqrt{2}U\sin(\omega t + \varphi_u)\sqrt{2}I\sin(\omega t + \varphi_i) \\ &= UI\cos(\omega t + \varphi_u - \omega t - \varphi_i) - UI\cos(\omega t + \varphi_u + \omega t + \varphi_i) \end{aligned}$$

$$=UI\cos(\varphi_u-\varphi_i)-UI\cos(2\omega t+\varphi_u+\varphi_i)$$

设$\varphi=\varphi_u-\varphi_i$，且为了简化，设$\varphi_i=0$，上式可写成

$$p=UI\cos\varphi-UI\cos(2\omega t+\varphi)$$

可见，正弦交流电路的瞬时功率由恒定分量和正弦分量两部分构成，其中，正弦分量的频率是电压、电流频率的两倍，波形如图 3-13 所示。

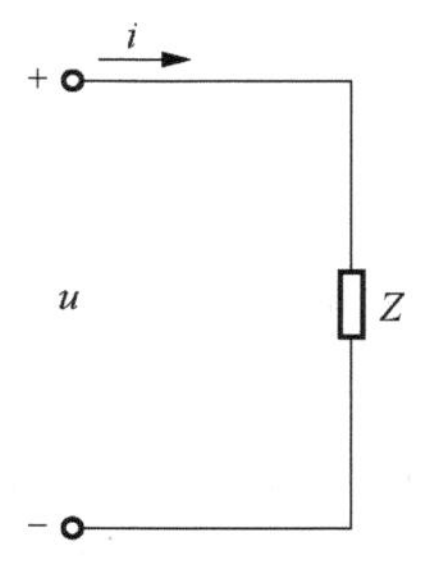

图 3-12 复阻抗

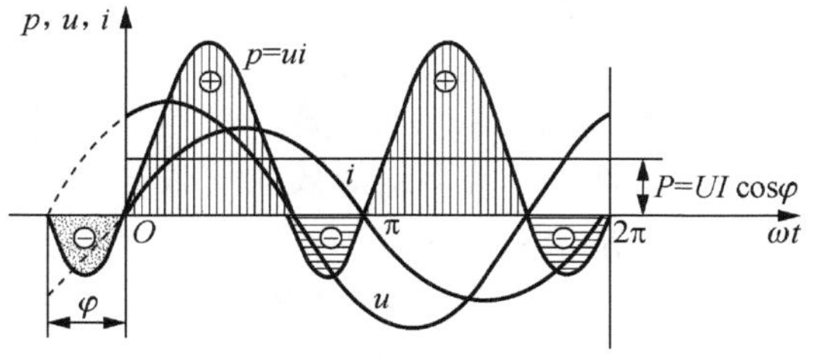

图 3-13 瞬时功率

由图 3-13 可以看出，当u、i瞬时值同号时，$p>0$，从外电路吸收功率；当u、i瞬时值异号时，$p<0$，向外电路提供能量，二端口网络与外电路之间进行能量交换，这是由储能元件造成的。还可以看出，在一个循环内，$p>0$的部分大于$p<0$的部分，因此，电路是从外电路吸收功率的，这是因为二端口网络中存在着耗能的电阻。

（2）有功功率

有功功率也称为平均功率。在交流电路中，有功功率反映了电阻元件所消耗的能量。

根据有功功率的定义，可求出正弦交流电路的有功功率为

$$\begin{aligned}P&=\frac{1}{T}\int_0^T p\mathrm{d}t\\&=\frac{1}{T}\int_0^T[UI\cos\varphi-UI\cos(2\omega t+\varphi)]\mathrm{d}t\\&=UI\cos\varphi\\&=UI\lambda\end{aligned}$$

式中 λ——功率因数；

φ——功率因数角，它等于二端网络等效复阻抗的阻抗角。

当$\varphi=0$，即$\lambda=\cos\varphi=1$时，二端网络吸收的有功功率等于电流与电压有效值的乘积，此时，电压与电流同相位，二端网络等效成一个电阻。

当$\varphi=\pm\pi/2$时，即$\lambda=\cos\varphi=0$时，二端网络不吸收有功功率，电压与电流相位正交，二端网络等效成一个电抗。

可以证明二端网络吸收的总有功功率等于电路各部分有功功率之和，即

$$P=UI\cos\varphi=P_1+P_2+\cdots+P_n=\sum P_n$$

（3）无功功率

交流电路中的电感和电容元件并不消耗电源的功率，而是与电源之间进行能量交换。我们把负载与外电路进行能量交换的最大速率（即最大瞬时功率值）称为无功功率。无功功率描述了能量交换的规模。

定义正弦交流电路的无功功率 Q 为

$$Q = UI\sin\varphi = Q_L - Q_C$$

式中　Q_L——电感上的无功功率；

　　　Q_C——电容上的无功功率。

当 $\varphi = 0$ 时，二端网络等效成一个电阻，它吸收的无功功率为零。

当 $\varphi = \pi/2$ 时，二端网络等效成一个电感，它吸收的无功功率为 $Q = Q_L = UI$，即电感元件吸收无功功率。

当 $\varphi = -\pi/2$ 时，二端网络等效成一个电容，它吸收的无功功率为 $Q = -Q_C = -UI$，即电容元件吸收无功功率。

当 $\varphi > 0$ 时，二端网络呈感性，则 $Q > 0$。

当 $\varphi < 0$ 时，二端网络呈容性，则 $Q < 0$。

注意：

若二端网络中既有电感又有电容，电感、电容在二端网络内部先自行交换一部分能量，其差额再与外电路进行交换，因此二端网络从外电路吸收的无功功率等于电感吸收的无功功率与电容吸收的无功功率之差，即

$$Q = Q_L - Q_C = UI\sin\varphi$$

式中，Q_L 和 Q_C 总是正的，Q 是一代数量，可正可负。

可以证明二端网络吸收的总无功功率等于各部分无功功率之和，即

$$Q = UI\sin\varphi = Q_1 + Q_2 + \cdots + Q_n = \sum Q_n$$

（4）视在功率

交流电路电压的有效值 U 与电流的有效值 I 的乘积 UI，与电路的能量状态并无太大关系，它只是反映了电路可能消耗或提供的最大有功功率。我们把 UI 定义为视在功率，视在功率是用来表示电气设备的容量大小的，公式为

$$S = UI$$

视在功率的国际单位为 V·A（伏安），也常使用 kV·A（千伏安），1kV·A=1000V·A。在电力工程中，常将视在功率称为电路或电气设备的容量。例如，发电机的容量为 S，表示发电机在输出额定电压和额定电流时，所能提供的最大有功功率为 S。

有功功率、无功功率、视在功率的关系为

$$P = S\cos\varphi，\quad Q = S\sin\varphi，\quad S = \sqrt{P^2 + Q^2}，\quad \varphi = \arctan\frac{Q}{P}$$

将交流电路中表示电压间关系的电压三角形的各边乘以电流 I 即成为功率三角形，如图 3-14 所示。

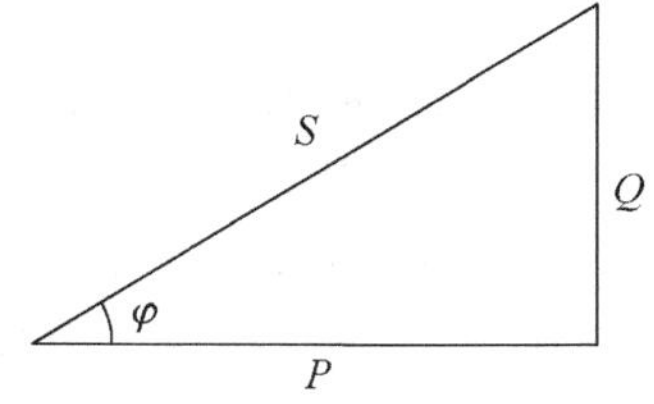

图 3-14　功率三角形

3.3　三相交流电路

三相交流电路在电能的产生、输送和分配中得到广泛的应用，其原因是在相同体积下，三相发电机的输出功率比单相发电机大；在输送功率相等、电压相同、输电距离和线路损耗都相同的情况下，三相制输电比单相输电节省输电线材料，输电成本低；与单相电动机相比，三相电动机结构简单，价格低廉、性能良好、维护使用方便。本节主要介绍三相正弦电动势的产生和三相电源的联结方法。

3.3.1　三相正弦电动势的产生

三相正弦电动势一般是由发电厂中的三相交流发电机产生的。三相发电机主要由定子和转子构成。在定子上镶入了三个绕组，每一绕组为一相，合称三相绕组。三相绕组的始端分别用 U_1、V_1、W_1 表示，末端用 U_2、V_2、W_2 表示。转子是一对磁极的电磁铁，它以匀角速度逆时针方向旋转。如果三相绕组的形状、尺寸、匝数均相同，则三相感应电动势的振幅相等，频率也相同。但三个绕组在空间位置上相互隔开 120°，所以感应电动势最大值出现的时间各相差三分之一周期，即在相位上互差 120°。若磁感应强度沿转子表面按正弦规律分布，则在三相绕组中可以分别感应出振幅相等、频率相同、相位互差 120° 的三个正弦电动势，这种三相电动势称为对称三相电动势。

相序：三相电动势到达最大值的先后顺序称为相序。正序一般为 U—V—W—U；若最大值的次序为 U—W—V—U，恰好与正序相反，则称为负序或逆序。一般三相对称电动势都是对于正序而言的，工厂的供电线有时用黄、绿、红三种颜色分别表示 U、V、W 三相。

3.3.2　三相正弦交流电源

1）三相交流电源：三个幅值相等、频率相同、相位互差$2\pi/3$（120°）的单相交流电源按规定的方式组合而成的电源。

2）三相交流电路（简称三相电路）：由三相交流电源与三相负载共同组成的电路。

3）星形联结（也称为Y形联结）：联结方式如图 3-15 所示。电源对外有四根引出线，这种供电方式称为三相四线制。

4）中性点：在图 3-15 所示的三相四线制供电电源中，将三个绕组的末端 U_2、V_2、W_2 联结在一起的点。实际应用中常将该点接地，所以也称为零点。

5）中性线：从中性点（或零点）引出的导线，也称零线、地线，用字母 N 表示。

6）相线（端线）：三个绕组的始端引出的导线，也称火线，分别用字母 U_1、V_1、W_1 表示。

7）三相三线制：只将三相绕组按星形联结而不引出中性线的供电方式。

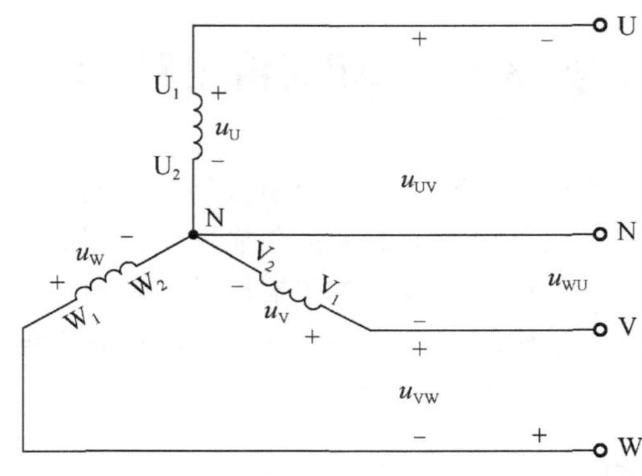

图 3-15　三相电源的星形联结

8）相电压：将负载连接到每相绕组两端（即连接在相线和中性线之间），负载可得到的电压，用 U_P 表示。其正方向规定由绕组始端指向末端，其瞬时值表达式为

$$u_U=\sqrt{2}\,U_P\sin\omega t$$

$$u_V=\sqrt{2}\,U_P\sin\left(\omega t-\frac{2}{3}\pi\right)$$

$$u_W=\sqrt{2}\,U_P\sin\left(\omega t+\frac{2}{3}\pi\right)$$

其波形图和矢量图如图 3-16 所示。

9）线电压：将负载连接到两相绕组相线之间（任意两根相线之间），负载得到的电压，用 U_L 表示，其瞬时值表达式为

$$u_{UV}=u_U-u_V$$

$$u_{VW}=u_V-u_W$$

$$u_{WU}=u_W-u_U$$

用矢量法进行计算

$$\dot{U}_{UV}=\dot{U}_U-\dot{U}_V$$

$$\dot{U}_{VW}=\dot{U}_V-\dot{U}_W$$

$$\dot{U}_{WU}=\dot{U}_W-\dot{U}_U$$

矢量图如图 3-17 所示。

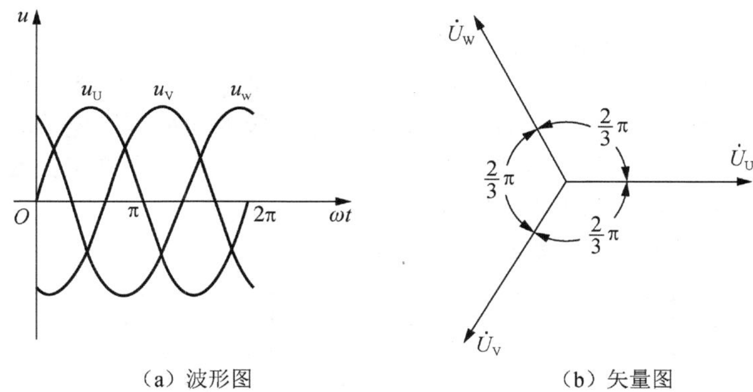

（a）波形图　　（b）矢量图

图 3-16　三相电源相电压波形和矢量图

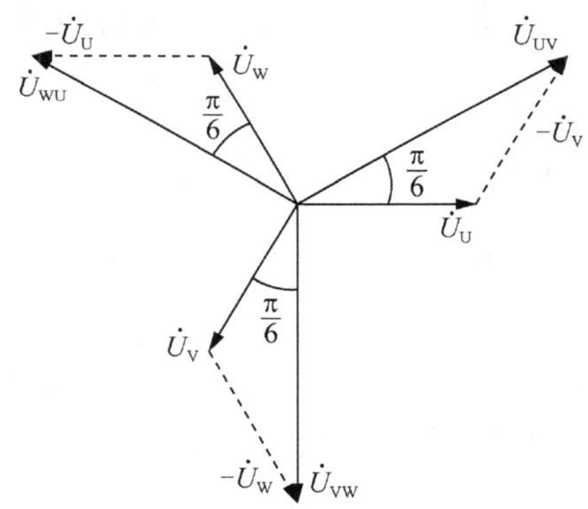

图 3-17　三相电源相电压、线电压的关系

10）相电压和线电压的关系如下：

$$U_{UV}=\sqrt{3}\,U_U$$
$$U_{VW}=\sqrt{3}\,U_V$$
$$U_{WU}=\sqrt{3}\,U_W$$

或

$$U_L=\sqrt{3}\,U_P$$

结论：

1）三个线电压有效值相等，都等于相电压的 $\sqrt{3}$ 倍，在相位上分别超前对应的相电压π/6。各线电压的相位差亦是 2π/3（120°）。

2）三相四线制供电方式，不但相电压对称，而且线电压也是对称的。

3.3.3 三相负载星形联结及中性线的作用

1）三相负载：由三相电源供电的负载。

2）三相对称负载：它们的每一相阻抗是完全相同的（如三相交流电动机）。

3）三相不对称负载：它们的每一相阻抗是不相等的（如家用电器和电灯，这类负载通常是按照尽量平均分配的方式接入三相交流电源的）。三个单相负载分别连接在对应相电压上，采用的是三相四线制供电方式。

两类三相负载星形联结接线图如图 3-18 所示。

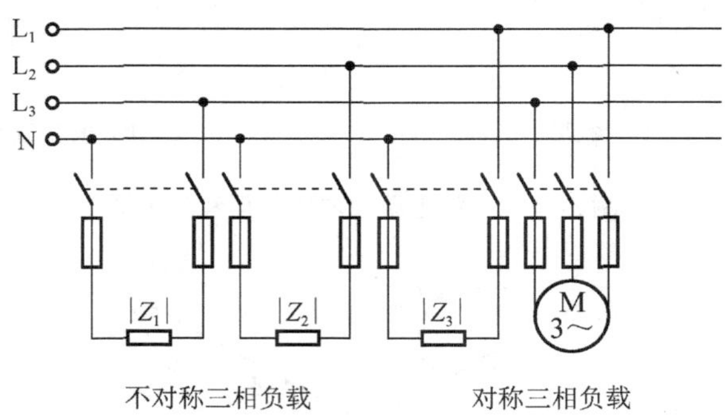

图 3-18　三相负载星形联结

4）线电流：在图 3-19（a）所示电路图中，三根相线上的电流为 i_U、i_V、i_W。

5）相电流：在图 3-19（a）所示电路图中，流经负载的电流为 i_{UN}、i_{VN}、i_{WN}。

当负载做星形联结时，线电流等于相电流，即

$$i_U=i_{UN}，i_V=i_{VN}，i_W=i_{WN}$$

或

$$i_L=i_P$$

相电流与对应相电压之间的夹角 φ 由负载的性质决定，假设各相负载阻抗相等、性质相同（称为对称负载），可得矢量图，如图 3-19（b）所示。

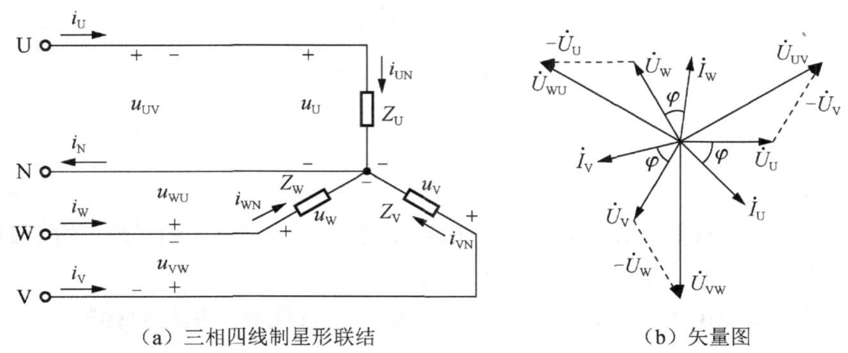

图 3-19　三相负载星形联结电路图和矢量图

在图 3-19（b）所示矢量图中，相电压与相电流的关系为

$$I_{UN}=\frac{U_U}{|Z_U|},\quad I_{VN}=\frac{U_V}{|Z_V|},\quad I_{WN}=\frac{U_W}{|Z_W|}$$

$$\varphi_{UN}=\arccos\frac{R_U}{|Z_U|}$$

$$\varphi_{VN}=\arccos\frac{R_V}{|Z_V|}$$

$$\varphi_{WN}=\arccos\frac{R_W}{|Z_W|}$$

中性线电流为线电流（或相电流）的矢量和，即

$$\dot{I}_N=\dot{I}_U+\dot{I}_V+\dot{I}_W=\dot{I}_{UN}+\dot{I}_{VN}+\dot{I}_{WN}$$

在对称三相电源作用下，三相对称负载的中性线电流等于零。由于电流是瞬时值，三相电流的代数和也为零，即

$$i_N=i_U+i_V+i_W=0$$

对称负载下中性线可以省去不用，电路变成图 3-20 所示的三相三线制星形联结。

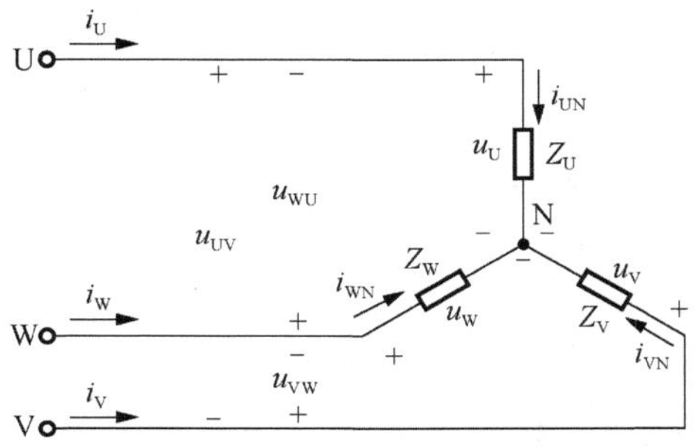

图 3-20　三相三线制星形联结

三相负载不对称的情况举例：

图 3-21 所示为一般的生活照明线路，此时的负载为三相不对称负载的星形联结，所以其中性线电流不为零，那么中性线也就不能省去，否则会造成负载无法正常工作。

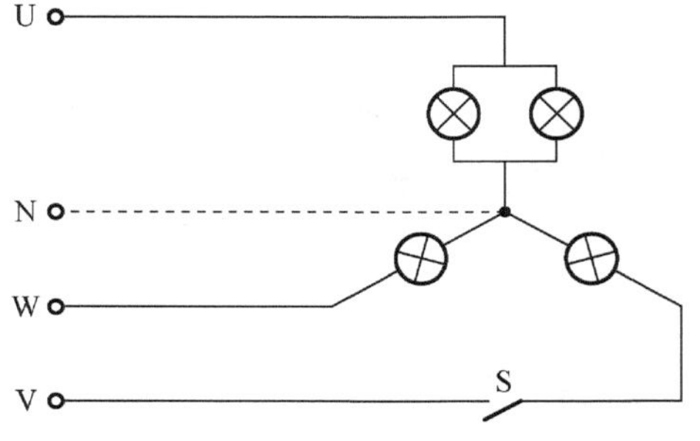

图 3-21　中性线的作用

在图 3-21 中，若线电压为 380V，则中性线连接正常，虽然各相负载不对称，但是它们仍然能够正常工作。

如果没有中性线，就变成 U 相和 V 相白炽灯串联后连接在线电压 U_{UV} 上，V 相白炽灯因所分得的电压超过其额定值 220V 而特别亮，而 U 相白炽灯所分得的电压会由于低于额定值而发暗。若长时间使用，会使 V 相白炽灯烧毁，进而导致 U 相白炽灯也因电路不通而熄灭。

在三相四线制供电线路中，中性线上不允许安装熔断器等短路或过电流保护装置。

3.3.4　对称负载的三角形联结

图 3-22（a）、（b）所示分别为对称负载三角形联结图和电路图。

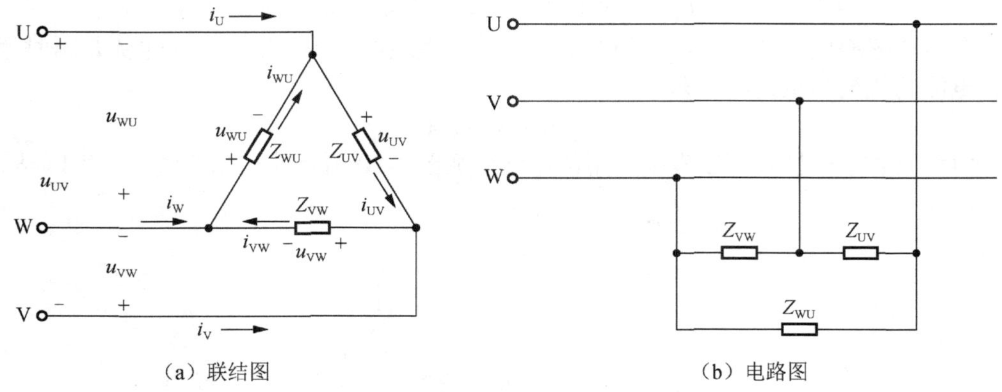

图 3-22　三相负载三角形联结

每相负载两端得到的都是电源线电压，而各相负载中流经的相电流 i_{UV} 、 i_{VW} 、 i_{WU} 与对应的线电流 i_U 、 i_V 、 i_W 是不相等的。

假设负载对称并都为感性，可得如图 3-23 所示的矢量图。

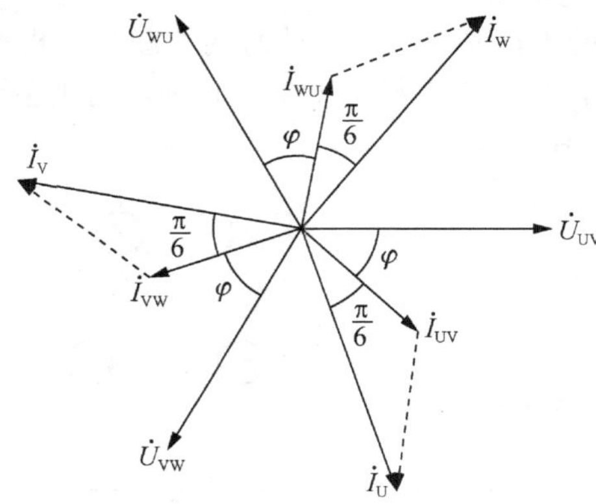

图 3-23　对称负载三角形联结时的矢量图

在图 3-23 中，三相负载的相电流互差 120°，所得到的三个线电流也是对称的，并且在数值上线电流是相电流的 $\sqrt{3}$ 倍，即

$$I_L=\sqrt{3}I_P$$

小 结

正弦交流电是一种最简单而又最基本的交流电，具有不同于直流电的特点，有特殊的表征方法。此项目从介绍正弦交流电的产生及表征正弦交流电的方法出发，逐步分析简单的正弦交流电路、三相正弦交流电的产生，以及三相电源及负载的联结。其中，表征正弦交流电的三要素及简单正弦交流电路的计算方法是本章的重点。

1. 正弦交流电

正弦交流电的电压大小和方向按正弦规律变化。日常所用的交流电源（含信号源），其电压、电流和电动势一般都是随时间按正弦规律变化的，故称为正弦交流电源或正弦交流信号，统称正弦量。

2. 交流电的基本物理量

（1）最大值

正弦量振荡的最高点称为最大值，用 U_m（或 I_m）表示。

（2）有效值

有效值是指与正弦量热效应相同的直流电数值 I、U、E。

（3）平均值

交流电压或电流在半个周期内所有瞬时值的平均数称为该交流电压或电流的平均值。

（4）周期

正弦交流电完成一次周期性变化所需要的时间称为正弦交流电的周期，通常用字母 T 表示，国际单位为 s。

（5）频率

正弦交流电在 1s 内完成周期性变化的次数称为正弦交流电的频率，通常用字母 f 表示，国际单位为 Hz。

（6）角频率

正弦交流电在 1s 内变化的电角度称为正弦交流电的角频率，反映正弦量随时间变化的快慢程度，用字母 ω 表示，单位为 rad/s。

（7）初相位

初相位确定了正弦量计时开始的位置，初相位规定不得超过±180°。

3. 有功功率

有功功率也称为平均功率。在交流电路中，有功功率反映了电阻元件所消耗的能量。

4. 无功功率

交流电路中的电感和电容元件并不消耗电源的功率，而是与电源之间进行能量交换。我们把负载与外电路进行能量交换的最大速率（即最大瞬时功率值）称为无功功率。无功功率描述了能量交换的规模。

5. 视在功率

交流电路电压的有效值 U 与电流的有效值 I 的乘积 UI，与电路的能量状态并无太大关系，它只是反映了电路可能消耗或提供的最大有功功率。

6. 三相正弦电动势的产生

三相正弦电动势一般是由发电厂中的三相交流发电机产生的。三相发电机主要由定子和转子构成。在定子上镶入了三个绕组，每一绕组为一相，合称三相绕组。三相绕组的始端分别用 U_1、V_1、W_1 表示，末端用 U_2、V_2、W_2 表示。转子是一对磁极的电磁铁，它以匀角速度逆时针方向旋转。如果三相绕组的形状、尺寸、匝数均相同，则三相感应电动势的振幅相等，频率也相同。但三个绕组在空间位置上相互隔开 120°，所以感应电动势最大值出现的时间各相差三分之一周期，即在相位上互差 120°。若磁感应强度沿转子表面按正弦规律分布，则在三相绕组中可以分别感应出振幅相等、频率相同、相位互差 120° 的三个正弦电动势，这种三相电动势称为对称三相电动势。

7. 相序

三相电动势到达最大值的先后顺序称为相序。正序一般为 U—V—W—U；若最大值的次序为 U—W—V—U，恰好与正序相反，则称为负序或逆序。一般三相对称电动势都是对正序而言的，工厂的供电线有时用黄、绿、红三种颜色分别表示 U、V、W 三相。

8. 三相交流电路

三相交流电路是由三相交流电源与三相负载共同组成的电路。三相负载有星形联结和三角形联结两种联结方式。

习　　题

一、填空题（将正确答案填在空格中）

1．我国工农业生产和生活照明用电电压为________V，其最大值为________ V，周期 T=________s，频率 f=________Hz，角频率 ω=________rad/s。

2．________、________和________是确定一个正弦量的三要素，它们分别表示正弦量变化的大小、快慢和初始值。

3．常用的表示正弦量的方法有________、________和________，它们都能将正弦量的三要素准确地表示出来。

4．交流电压 $u = 14.1\sin(100\pi t + \frac{\pi}{6})$V，则该交流电压的最大值为________ V，有效值为________ V，周期为________ s，频率为________ Hz，角频率为________ rad/s，初相位为________。当 t=0.1s 时，电压 u=________V。

5．频率为 50Hz 的正弦交流电，当 U=220V，φ_{uo}=60°；I=10A，φ_{io}=−30° 时，它们的表达式为分别 u=________V，i=________A，u 与 i 的相位差为________。

6．两个正弦电流 i_1 与 i_2，它们的最大值都是 5A，当它们的相位差分别为 0°、90°、180° 时，$i_1 + i_2$ 的最大值分别为________、________、________。

7．在正弦量的波形图中，从坐标原点到最近一个正弦波的零点之间的距离称为________。若零点在坐标原点右方，则初相位为________；若零点在坐标原点左方，初相位为________；若零点与坐标原点重合，则初相位为________。

8．交流电流 $i = 10\sin(100\pi t + \frac{\pi}{3})$A，当它第一次达到零值时所需的时间为________s；第一次达到 10A 时所需的时间为________ s；$t = \frac{T}{6}$ 时，瞬时值 i=________A。

9．已知 $i_1 = 20\sin(314t + \frac{\pi}{6})$A，$i_2$ 的有效值为 10A，周期与 i_1 相同，且 i_2 与 i_1 反相，则 i_2 的解析式可写成 i_2=________A。

10．已知一交流电流，当 t=0 时，i_0=1A，初相位为 30°，则这个交流电的有效值为________。

二、判断题（正确的在括号中打“√”，错误的在括号中打“×”）

1．通常照明用的交流电电压的有效值为 220V，其最大值即为 380V。　　（　　）

2．正弦交流电的平均值就是有效值。　　（　　）

3．三相电动势达到最大值的先后次序是不同的，这种达到最大值的先后次序称为

三相电动势的相序。（　　）

4．正弦交流电的有效值除与最大值有关外，还与其初相位有关。（　　）

5. 如果两个同频率的正弦交流电在某一瞬间都是 5A，则两者一定同相且幅度相等。（　　）

6．无论是星形联结还是三角形联结，三相负载总的平均功率都是各负载平均功率之和。（　　）

7．正弦交流电路的瞬时功率由恒定分量和正弦分量两部分构成，其中，正弦分量的频率是电压、电流频率的两倍。（　　）

8．正弦交流电的相位可以决定正弦交流电在变化过程中瞬时值的大小和正负。（　　）

9．三相电源做三角形联结时可以提供两组电压。（　　）

10．两个同频率的正弦量的相位差，在任何瞬间都不变。（　　）

11．只有同频率的正弦量的矢量，才可以画在同一矢量图上进行分析。（　　）

12．若某正弦量在 $t=0$ 时的瞬时值为正，则该正弦量的初相位为正；反之为负。（　　）

13. 在三相四线制供电线路中，中性线上可以安装熔断器等短路或过电流保护装置。（　　）

14．大小和方向随时间不按正弦规律变化的电压与电流，称为正弦交流电。（　　）

15. 我国低压电网的线电压为 380V，所以额定相电压为 380V 的三相异步电动机应接成星形，而额定相电压为 220V 的三相异步电动机应接成三角形。（　　）

16．负载做星形联结时，必有线电流等于相电流。（　　）

17．三相不对称负载越接近对称，中性线上通过的电流就越小。（　　）

三、选择题（选择正确答案的标号填入括号中）

1．正弦交流电路的视在功率用于表征该电路的（　　）。

A．电压有效值与电流有效值的乘积

B．平均功率

C．瞬时功率最大值

D．电压与电流瞬时值的乘积

2．关于交流电的有效值，下列说法正确的是（　　）。

A．最大值是有效值的 $\sqrt{3}$ 倍

B．有效值是最大值的 $\sqrt{2}$ 倍

C．最大值为 311V 的正弦交流电，就其热效应而言，相当于一个 220V 的直流电

D．最大值为 311V 的正弦交流电，可以用 220V 的直流电代替

3．一个电容器的耐压为 250V，把它接入正弦交流电中使用，加在它两端的交流电

压的有效值可以是（　　）。

A．150V　　B．180V　　C．220V　　D．都可以

4．三相对称电路是指（　　）。

A．三相电源对称的电路

B．三相负载对称的电路

C．三相电源和三相负载均对称的电路

D．三相电源和三相负载任一对称的电路

5．已知$u=100\sqrt{2}\sin(314t-\frac{\pi}{6})$V，则它的角频率、有效值、初相分别是（　　）。

A．314rad/s、$100\sqrt{2}$V、$-\frac{\pi}{6}$　　B．100πrad/s、100V、$-\frac{\pi}{6}$

C．50Hz、100V、$-\frac{\pi}{6}$　　D．314rad/s、100V、$\frac{\pi}{6}$

6．有“220V/100W”和“220V/25W”白炽灯两盏，串联后接入 220V 交流电源，其亮度情况是（　　）。

A．100W 灯泡最亮　　B．25W 灯泡最亮

C．两只灯泡一样亮　　D．无法确定

7．某正弦交流电的初相位$\varphi_0=-\frac{\pi}{2}$，在 t=0 时，其瞬时值将（　　）。

A．大于零　　B．小于零　　C．等于零　　D．无法确定

8．交流电路中提高功率因数的目的是（　　）。

A．增加电路的功率消耗　　B．提高负载的效率

C．增加负载的输出功率　　D．提高电源的利用率

9．$i_1=5\sin\omega t$ A 与$i_2=5\sin(\omega t-30^\circ)$A 的相位差是（　　）。

A．30°　　B．−30°　　C．0°　　D．无法确定

10．两个同频率正弦交流电i_1、i_2的有效值各为 40A 和 30A，当i_1、i_2的有效值为 50V 时，i_1与i_2的相位差是（　　）。

A．0°　　B．180°　　C．45°　　D．90°

11．某一灯泡上写着额定电压 220V，这是指电压的（　　）。

A．最大值　　B．瞬时值　　C．有效值　　D．平均值

12．某交流电压$u=100\sin(100\pi t+\frac{\pi}{4})$V，当$t=0.1$s 时的值是（　　）。

A．−70.7V　　B．70.7V　　C．100V　　D．−100V

13．某正弦交流电压的有效值为 380V，频率为 50Hz，在 t=0 时的值为 380V，则该正弦电压的表达式为（　　）。

A．$u=380\sin(314t+90°)$V　　B．$u=380\sin 314t$ V

C. $u = 380\sqrt{2}\sin(314t + 45^\circ)$ V　　　　D. $u = 380\sqrt{2}\sin(314t - 45^\circ)$ V

14. 在纯电感电路中，电压有效值不变，增加电源频率时，电路中电流将（　　）。

A. 增大　　B. 减小　　C. 不变　　D. 无法确定

15. 正弦电路中的电容元件（　　）。

A. 频率越高，容抗越大

B. 频率越高，容抗越小

C. 容抗与频率无关

D. 容抗与频率的关系无法确定

16. 在纯电容电路中，增大电源频率时，其他条件不变，电路中电流将（　　）。

A. 增大　　B. 减小　　C. 不变　　D. 无法确定

17. 在图 3-24 所示的矢量图中，交流电压 u_1 与 u_2 的相位关系是（　　）。

A. u_1 比 u_2 超前 75°　　B. u_1 比 u_2 滞后 75°

C. u_1 比 u_2 超前 30°　　D. 无法确定

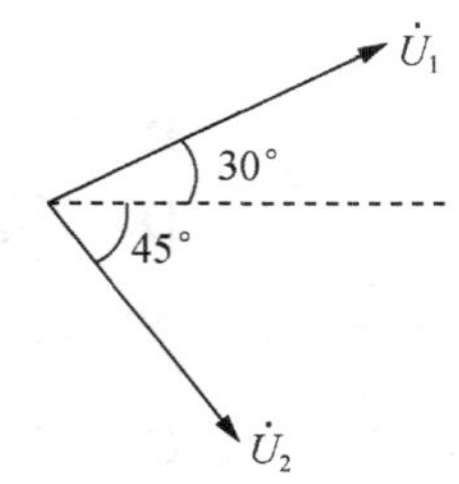

图 3-24　选择题 17 图

18. 下列结论中正确的是（　　）。

A. 当三相负载越接近对称时，中线电流就越小

B. 当负载做三角形联结时，线电流为相电流的 3 倍

C. 当负载做星形联结时，必须有中性线

D. 以上均不正确

四、简答题

1. 交流电的基本物理量有哪些？

2. 正弦交流电的三要素是什么？

3. 什么是三相负载的星形联结？

4. 什么是三相正弦交流电？

5. 提高功率因数时，如将电容器并联在电源端（输电线始端），是否能取得预期效果？

6. 什么是交流电的最大值、有效值、额定值、周期和频率？

第 4 章　三相异步电动机

知识目标

1）了解三相异步电动机的结构组成及工作原理。
2）熟悉三相异步电动机的铭牌。
3）了解三相异步电动机的起动、调速及制动控制。
4）了解电动机在汽车上的应用。

技能目标

1）根据三相异步电动机的铭牌，了解三相异步电动机的基本数据。
2）会对三相异步电动机进行起动、调速和制动。
3）熟悉电动机在汽车上的应用。

4.1　三相异步电动机的结构

旋转的电机分为交流电机和直流电机两大类，交流电机又有同步和异步之分，异步电机又有异步发电机和异步电动机之分。异步电动机又有三相异步电动机和单相异步电动机之分。其中的三相异步电动机以其结构简单、制造方便、价格便宜、运行可靠等优点，在各种电机中成为运用最广、需求量最大的电动机。

三相异步电动机按结构可分为三相笼形异步电动机和三相绕线转子异步电动机。本章主要讲述三相异步电动机的结构、工作原理、铭牌和技术参数，重点讲述三相异步电动机的起动、调速、制动及其在汽车中的应用。

三相异步电动机的外形有开启式、防护式、封闭式等多种形式，以适应不同的工作需要。在某些特殊场合，还有特殊的外形防护形式，如防爆式、潜水泵式等。不管外形如何，电动机的结构基本上是相同的。异步电动机由两个基本部分组成，一个是固定不动的部分，称为定子；另一个是旋转部分，称为转子。图 4-1 所示为三相异步电动机的结构分解图。

1. 定子

定子（静止部分）就是电机中固定不动的部分，由机座、定子铁芯、定子绕组和端盖等组成。机座通常用铸铁制成，机座内装有由 0.5mm 厚的硅钢片叠制而成的定子铁芯，铁芯内圆周上有分布的定子槽，槽内嵌放三相定子绕组，定子绕组与铁芯之间有良好的绝缘。定子绕组是电动机的电路部分，通入三相交流电，产生旋转磁场。由于异步电动机的定子产生励磁旋转磁场，同时从电源吸收电能，并产生且通过旋转磁场把电能转换成转子上的机械能，所以与直流电机不同，交流电机定子是电枢。另外，定、转子之间还必须有一定间隙（称为空气隙），以保证转子的自由转动。异步电动机的空气隙较其他类型的电动机空气隙要小，一般为 0.2～2mm。

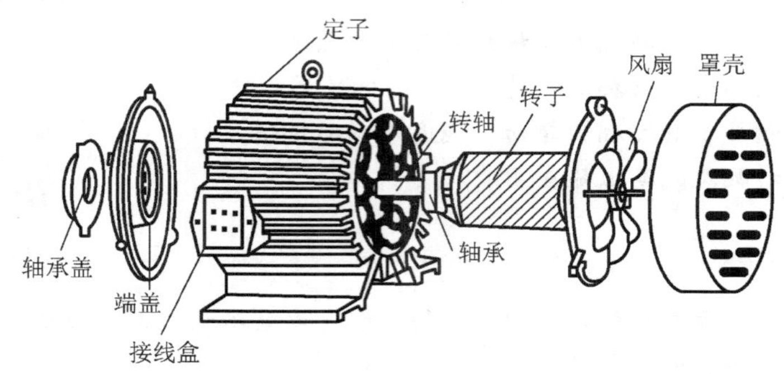

图 4-1　三相异步电动机的结构分解图

2. 转子

转子（旋转部分）是电机的旋转部分，包括转子铁芯、转子绕组和转轴等部件。转子是电机磁路的一部分，并放置转子绕组。转子铁芯一般用 0.5mm 厚的硅钢片冲制、叠压而成，硅钢片外圆冲有均匀分布的孔，用来安置转子绕组。转子绕组的作用是切割定子旋转磁场，产生感应电动势及电流，并形成电磁转矩而使电动机旋转。根据构造的不同，转子分为笼形转子和绕线转子，如图 4-2 所示。

图 4-2　转子绕组

笼形转子：若去掉转子铁芯，整个绕组的外形像一个鼠笼，故称笼形绕组。小型笼形电动机采用铸铝转子绕组，对于 100kW 以上的电动机采用铜条和铜端环焊接而成，如图 4-3 所示。

绕线转子：绕线转子绕组与定子绕组相似，也是一个对称的三相绕组，一般接成星形，三个出线头接到转轴的三个集电环上，再通过电刷与外电路连接，如图 4-4 所示。

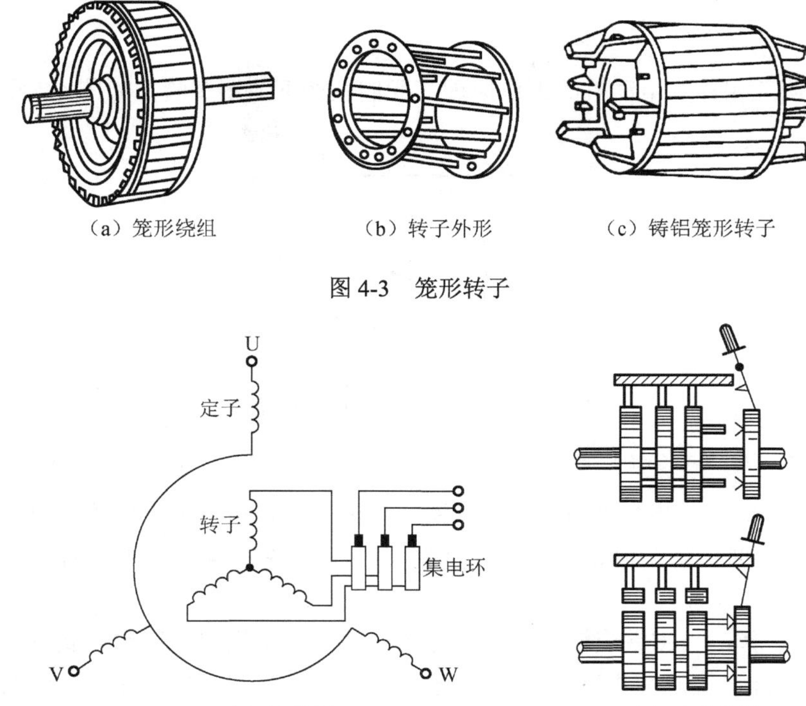

（a）笼形绕组　（b）转子外形　（c）铸铝笼形转子

图 4-3　笼形转子

（a）接线图　（b）电刷装置

图 4-4　绕线转子异步电动机的转子接线示意图

3. 转轴

转轴用以传递转矩及支撑转子的重量，一般由中碳钢或合金钢制成。

4. 其他部件

异步电动机的其他部件有端盖、轴承、轴承端盖、风扇等。
端盖：起支撑作用。
轴承：连接转动部分与不动部分。
轴承端盖：保护轴承。
风扇：冷却电动机。

4.2　三相异步电动机的工作原理

三相异步电动机是利用定子绕组中三相交流电所产生的旋转磁场与转子绕组内的

感应电流相互作用而旋转的。

1. 基本工作原理

为了说明三相异步电动机的工作原理，我们做如下演示实验，如图 4-5 所示。

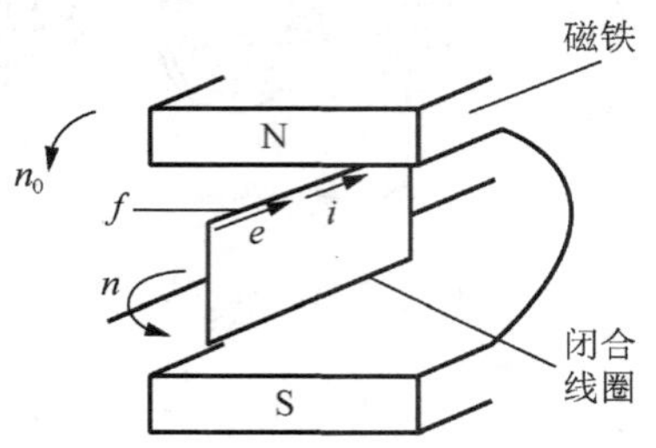

图 4-5　三相异步电动机的工作原理

n_0—旋转磁场的转速（又称同步转速）；n—转子转速；e—感应电动势；i—感应电流；f—电源频率

1）演示实验：在装有手柄的蹄形磁铁的两极间放置一个闭合导体，当转动手柄带动蹄形磁铁旋转时，将发现导体也跟着旋转；若改变磁铁的转向，则导体的转向也跟着改变。

2）现象解释：当磁铁旋转时，磁铁与闭合的导体发生相对运动，笼形导体切割磁感线而在其内部产生感应电动势和感应电流。感应电流又使导体受到一个电磁力的作用，于是导体就沿磁铁的旋转方向转动起来，这就是异步电动机的基本工作原理。转子转动的方向和磁极旋转的方向相同。

结论：欲使异步电动机旋转，必须有旋转的磁场和闭合的转子绕组。

2. 旋转磁场

1）旋转磁场的产生。如图 4-6 所示，三相定子绕组首端分别为 U_1、V_1、W_1，末端分别为 U_2、V_2、W_2，在空间按互差 120° 的规律对称排列并接成星形，与三相电源 L_1、L_2、L_3 相连，则三相定子绕组便通过三相对称电流；随着电流在定子绕组中通过，三相定子绕组中就会产生旋转磁场（图 4-7）。

设电流的参考方向由绕组的始端流向末端，流过三相绕组的电流分别为

$$\begin{cases} i_1 = I_{\mathrm{m}} \sin \omega t \\ i_2 = I_{\mathrm{m}} \sin(\omega t - 120^\circ) \\ i_3 = I_{\mathrm{m}} \sin(\omega t + 120^\circ) \end{cases}$$

当 $\omega t=0°$ 时，$i_1=0$，U_1U_2 绕组中无电流；i_2 为负，V_1V_2 绕组中的电流从 V_2 流入 V_1；i_3 为正，W_1W_2 绕组中的电流从 W_1 流入 W_2。由右手螺旋定则可得合成磁场的方向如图 4-7（a）所示。

当ωt=120° 时，$i_2=0$，V_1V_2 绕组中无电流；i_1 为正，U_1U_2 绕组中的电流从 U_1 流入 U_2；i_3 为负，W_1W_2 绕组中的电流从 W_2 流入 W_1。由右手螺旋定则可得合成磁场的方向如图 4-7（b）所示。

当ωt=240° 时，$i_3=0$，W_1W_2 绕组中无电流；i_1 为负，U_1U_2 绕组中的电流从 U_2 流入 U_1；i_2 为正，V_1V_2 绕组中的电流从 V_1 流入 V_2。由右手螺旋定则可得合成磁场的方向如图 4-7（c）所示。

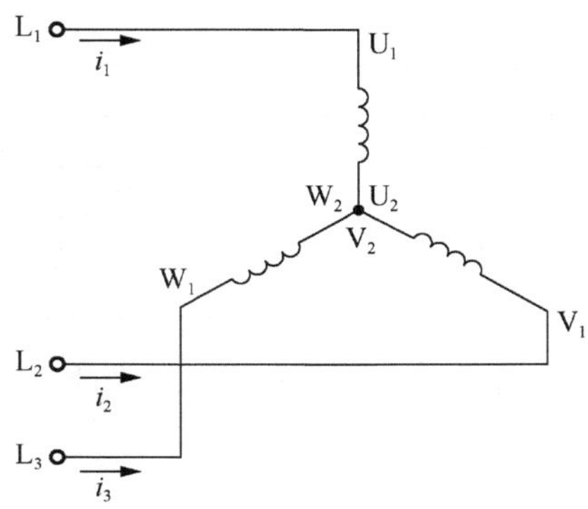

图 4-6　三相异步电动机定子接线

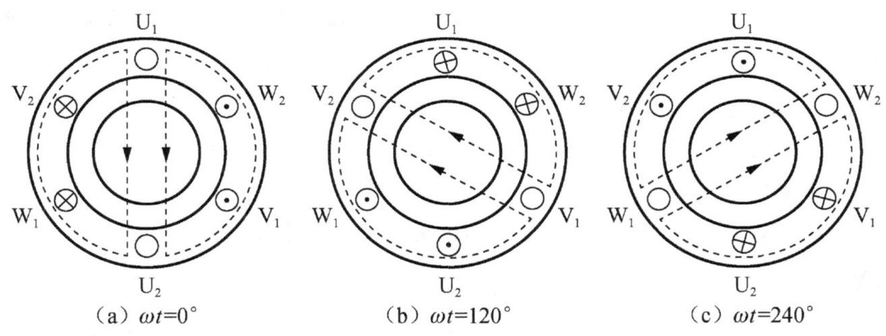

图 4-7　旋转磁场的形成

可见，当定子绕组中的电流变化一个周期时，合成磁场也按电流的相序方向在空间旋转一周。随着定子绕组中的三相电流不断地做周期性变化，产生的合成磁场也不断地旋转，因此称为旋转磁场。

2）旋转磁场的方向。绕组中旋转磁场的方向是由三相绕组中电流的相序决定的，若想改变旋转磁场的方向，只要改变通入定子绕组的电流相序，即将三根电源线中的任意两根对调即可。这时，转子的旋转方向也跟着改变。

4.3 三相异步电动机的铭牌和技术参数

每一台三相异步电动机在其机座上都有一块铭牌，其上标注有型号、额定值等，如图 4-8 所示。

<table>
<tr><td colspan="4">三相异步电动机</td></tr>
<tr><td colspan="2">型号：Y112M-2</td><td colspan="2">编号：××××</td></tr>
<tr><td colspan="2">4kW</td><td colspan="2">8.2A</td></tr>
<tr><td>380V</td><td>2890r/min</td><td colspan="2">LW 79dB（A）</td></tr>
<tr><td>接法△</td><td>防护等级 IP44</td><td>50Hz</td><td>××kg</td></tr>
<tr><td></td><td>工作制</td><td>B 级绝缘</td><td>××年××月</td></tr>
<tr><td colspan="4">××电机厂</td></tr>
</table>

图 4-8　三相异步电动机的铭牌

4.3.1　型号和接法

1. 型号

异步电动机的型号由汉语拼音的大写字母和阿拉伯数字组成，用以表示电动机的种类、规格和用途等。

型号 Y112M-2 的意义如下：

Y：异步电动机。

112：机座中心高（mm）。

M：机座号（S——短机座；M——中机座；L——长机座）。

2：极数。

中心高越大，电动机容量越大，中心高 80～315mm 为小型电动机，中心高 315～630mm 为中型电机，中心高 630mm 以上为大型电动机。在同一中心高下，机座长（即铁芯长），则容量大。

2. 接法

这里讲述定子三相绕组的接法。一般笼形电动机的接线盒中有六根引出线，标有 U_1、V_1、W_1、U_2、V_2、W_2。其中，U_1、U_2 是第一相绕组的两端，V_1、V_2 是第二相绕组的两端，W_1、W_2 是第三相绕组的两端。

如果 U_1、V_1、W_1 分别为三相绕组的始端（头），则 U_2、V_2、W_2 为相应的末端（尾）。这六个引出线端在接电源之前，相互间必须正确联结。联结方法有星形（Y）联结和三角形（△）联结两种，如图 4-9 所示。

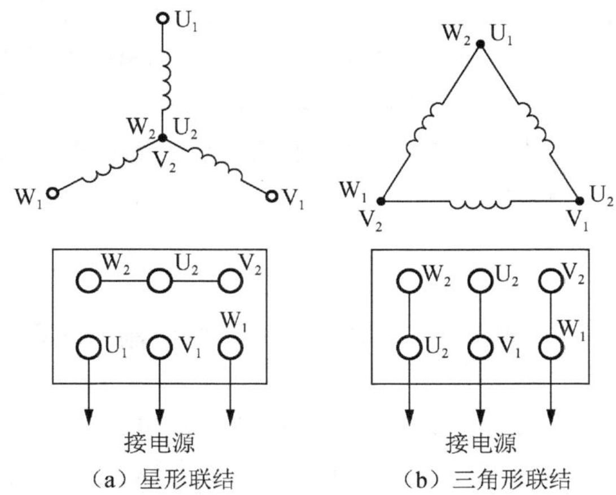

（a）星形联结
（b）三角形联结

图 4-9 三相异步电动机定子绕组的接法

4.3.2 额定值

额定值规定了电动机的正常运行状态和条件，是选用、维护电动机的依据，一般希望电机按额定值运行。但实际上，电机运行时的各种数据可能与额定值不同，它们由负载的大小来确定。若电机的电流正好等于额定值，则称为满载运行；若电机的电流超过额定值，则称为过载运行；若比额定值小得多，则称为轻载运行。长期过载运行将使电机过热，降低电机寿命，甚至损坏；长期轻载运行则使电机的容量不能充分利用。两种情况都将降低电动机的效率，都是不经济的。故在选择电机时，应根据负载的要求，尽可能使电机运行在额定值附近。

在铭牌上标注的额定值有以下几个。

1. 额定功率 P_N

额定功率是指电动机在制造厂所规定的额定情况下运行时，其轴上输出的功率，单位一般为 kW。对于三相异步电动机，其额定功率与其他额定数据之间有如下关系：

$$P_N=1.732U_NI_N\cos\varphi_N\eta_N$$

式中 η_N——额定情况下的效率；

$\cos\varphi$——额定情况下的功率因数。

2. 额定电压 U_N

额定电压是指电动机在额定情况下运行时外加于定子绕组上的线电压，单位为 V。

一般规定电动机的工作电压不应高于或低于额定值的 5%。当工作电压高于额定值时，磁通将增大，将使励磁电流大大增加，电流大于额定电流，使绕组发热。同时，由于磁通的增大，铁损耗（与磁通平方成正比）也增大，使定子铁芯过热；当工作电压低于额定值时，输出转矩减小，转速下降，电流增加，也使绕组过热，这对电动机的运行也是不利的。我国生产的 Y 系列中小型异步电动机，其额定功率在 3kW 以上的，额定电压为 380V，绕组为三角形联结；额定功率在 3kW 及以下的，额定电压为 380/220V，绕组为Y/△联结（即电源线电压为 380V 时，电动机绕组为星形联结；电源线电压为 220V 时，电动机绕组为三角形联结）。

3. 额定电流 I_N

额定电流是指电动机在额定电压、额定频率下输出额定功率时定子绕组的线电流，单位为 A。

当电动机空载时，转子转速接近于旋转磁场的同步转速，两者之间的相对转速很小，所以转子电流近似为零，这时定子电流几乎全为建立旋转磁场的励磁电流。当输出功率增大时，转子电流和定子电流都随着相应增大，如图 4-10 中的 $I_1=f(P_2)$ 曲线所示。图 4-10 所示为一台 10kW 三相异步电动机的工作特性曲线。

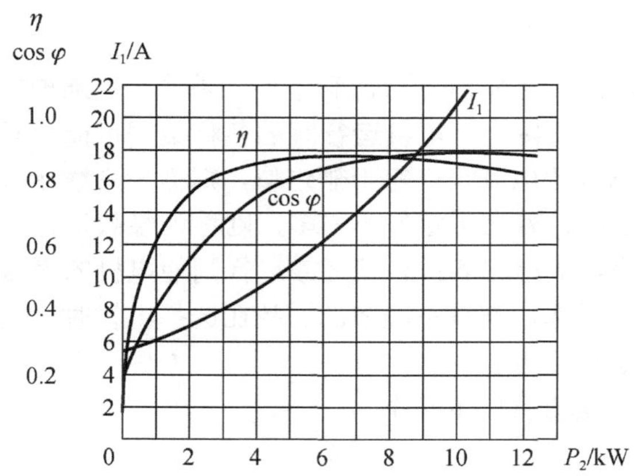

图 4-10　一台 10kW 三相异步电动机的工作特性曲线

I_1—定子电流；P_2—三相异步电动机转轴上输出的机械功率

4. 额定频率 f_N

我国电力系统频率规定为 50Hz，因此除外销产品外，国内用的异步电动机的额定频率为 50Hz。

5. 额定转速 n_N

额定转速是指电动机在额定电压、额定频率下输出端有额定功率输出时转子的转速，单位为 r/min（转/分）。由于生产机械对转速的要求不同，需要生产不同磁极数的异步电动机，因此有不同的转速等级。

6. 额定效率 η_N

额定效率是指电动机在额定情况下运行时的效率，是额定输出功率与额定输入功率的比值。异步电动机的额定效率 η_N 为 75%～92%。从图 4-10 中的 $\eta=f$（P_2）曲线可以看出，在额定功率的 75%左右时效率最高。

7. 额定功率因数 cosφ

因为电动机是电感性负载，定子相电流比相电压滞后一个 φ 角，cosφ 就是异步电动机的功率因数。

三相异步电动机的功率因数较低，在额定负载时为 0.7～0.9，而在轻载和空载时更低，空载时只有 0.2～0.3。因此，必须正确选择电动机的容量，防止“大马拉小车”，并力求缩短空载的时间。图 4-10 中的 cos$\varphi=f$（P_2）曲线反映的是功率因数和输出功率之间的关系。

8. 绝缘等级

绝缘等级是按电动机绕组所用的绝缘材料在使用时容许的极限温度来分级的，如表 4-1 所示。所谓极限温度，是指电动机绝缘结构中最热点的最高容许温度。

表 4-1　绝缘等级

绝缘等级	A	E	B	F	H
极限温度/℃	105	120	130	155	180

9. 工作方式

工作方式反映异步电动机的运行情况，可分为三种基本方式：连续运行、短时运行和断续运行。

Y 系列三相异步电动机的技术数据如表 4-2 所示。

表 4-2　Y 系列三相异步电动机的技术数据

电动机型号	额定功率/kW	满载转速/（r/min）	起动转矩/额定转矩	最大转矩/额定转矩	电动机型号	额定功率/kW	满载转速/（r/min）	起动转矩/额定转矩	最大转矩/额定转矩
同步转速 3000r/min					同步转速 1500r/min				
Y801-2	0.75	2825	2.2	2.2	Y160M2-2	15	2930	2.0	2.2
Y802-2	1.1	2825	2.2	2.2	Y160L-2	18.5	2930	2.0	2.2
Y90S-2	1.5	2820	2.2	2.2	Y180M-2	22	2940	2.0	2.2

续表

电动机型号	额定功率/kW	满载转速/（r/min）	起动转矩/额定转矩	最大转矩/额定转矩	电动机型号	额定功率/kW	满载转速/（r/min）	起动转矩/额定转矩	最大转矩/额定转矩
同步转速 3000r/min					同步转速 1500r/min				
Y90L-2	2.2	2840	2.2	2.2	Y200L1-2	30	2950	2.0	2.2
Y100L-2	3	2880	2.2	2.2	Y200L2-2	37	2950	2.0	2.2
Y112M-2	4	2890	2.2	2.2	Y225M-2	45	2970	2.0	2.2
Y132S1-2	5.5	2900	2.0	2.2	Y250M-2	55	2970	2.0	2.2
Y132S2-2	7.5	2900	2.0	2.2	Y280S-2	75	2970	2.0	2.2
Y160M1-2	11	2930	2.0	2.2	Y280M-2	90	2970	2.0	2.2
Y801-4	0.55	1390	2.2	2.2	Y160M-4	11	1460	2.2	2.2
Y802-4	0.75	1390	2.2	2.2	Y160L-4	15	1460	2.2	2.2
Y90S-4	1.1	1400	2.2	2.2	Y180M-4	18.5	1470	2.0	2.2
Y90L-4	1.5	1400	2.2	2.2	Y180L-4	22	1470	2.0	2.2
Y100L1-4	2.2	1420	2.2	2.2	Y200L-4	30	1470	2.0	2.2
Y100L2-4	3	1420	2.2	2.2	Y225S-4	37	1480	1.9	2.2
Y112M-4	4	1440	2.2	2.2	Y225M-4	45	1480	1.9	2.2
Y132S-4	5.5	1440	2.2	2.2	Y250M-4	55	1480	2.0	2.2
Y132M-4	7.5	1440	2.2	2.2	Y280S-4	75	1480	1.9	2.2
Y801-4	0.55	1390	2.2	2.2	Y280M-4	90	1480	1.9	2.2
同步转速 1000r/min					同步转速 750r/min				
Y90S-6	0.75	910	2.0	2.0	Y132S-8	2.2	710	2.0	2.0
Y90L-6	1.1	910	2.0	2.0	Y132M-8	3	710	2.0	2.0
Y100L-6	1.5	940	2.0	2.0	Y160M1-8	4	720	2.0	2.0
Y112M-6	2.2	940	2.0	2.0	Y160M2-8	5.5	720	2.0	2.0
Y132S-6	3	960	2.0	2.0	Y160L-8	7.5	720	2.0	2.0
Y132M1-6	4	960	2.0	2.0	Y180L-8	11	730	1.7	2.0
Y132M2-6	5.5	960	2.0	2.0	Y200L-8	15	730	1.8	2.0
Y160M-6	7.5	970	2.0	2.0	Y225S-8	18.5	730	1.7	2.0
Y160L-6	11	970	2.0	2.0	Y225M-8	22	730	1.8	2.0
Y180L-6	15	970	1.8	2.0	Y250M-8	30	730	1.8	2.0
Y200L1-6	18.5	970	1.8	2.0	Y280S-8	37	740	1.8	2.0
Y200L2-6	22	970	1.8	2.0	Y280M-8	45	740	1.8	2.0
Y225M-6	30	980	1.7	2.0	Y315S-8	55	740	1.6	2.0
Y250M-6	37	980	1.8	2.0	Y315M1-8	75	740	1.6	2.0
Y280S-6	45	980	1.8	2.0	Y315M2-8	90	740	1.6	2.0
Y280M-6	55	980	1.8	2.0	Y315M3-8	110	740	1.6	2.0
Y315S-6	75	980	1.6	2.0	Y335M1-8	132	740	1.6	2.0
Y315M1-6	90	980	1.6	2.0	Y335M2-8	160	740	1.6	2.0

4.4　三相异步电动机的起动、调速和制动

4.4.1　三相异步电动机的起动

电动机工作时，转子从静止状态到稳定运行的过程称为起动过程，简称起动。三相笼形异步电动机不能在转子回路中串接电阻，所以只有全压起动和减压起动两种方法。

1. 全压起动

全压起动是将笼形异步电动机定子绕组直接接到额定电压的电源上，故又称直接起动。全压起动时，起动电流可达（4～7）I_N，起动转矩并不大，一般为（0.8～1.3）T_N（T_N为额定转矩），但起动方法简单，操作方便，如果电源容量允许，尽量采用。一般 10kW 及以下电动机均采用全压起动。

2. 减压起动

对于大容量的电动机来说，一方面提供电源的线路和变压器容量很难满足电动机全压起动的条件；另一方面强大的起动电流冲击电网和电动机，影响电动机的使用寿命，对电网不利，所以大容量的电动机和不能全压起动的电动机都要采用减压起动。

减压起动并不是减低电源电压，而是采用某种方法使加在电动机定子绕组上的电压降低。减压起动的目的是减小起动电流，但由于电动机的电磁转矩与定子相电压的平方成正比，所以在减压起动时也减小了电动机的起动转矩。因此，这种起动对电网有利，对被拖动负载不利，适用于对起动转矩要求不高的场合。

减压起动常用的方法有定子串电阻或电抗减压起动、自耦变压器减压起动和Y-△减压起动。

4.4.2　三相异步电动机的调速

三相异步电动机具有结构简单、运行可靠、维护方便等优点。因此，随着电力电子技术、计算机技术和自动化技术的迅猛发展，交流电动机调速技术日趋完善，大有取代直流调速的趋势。根据三相异步电动机的转速公式

$$n = (1-s)\,n_0 = (1-s)\,60f/p \tag{4-1}$$

可知，三相异步电动机有以下调速方法。其中，s 为转差率，n_0 为电动机同步转速，f 为电源频率，p 为极对数。

1. 变极调速

三相异步电动机的极数就是旋转磁场的极数。这种调速方法是通过改变异步电动机极对数 p 进而改变电动机同步转速 n_0 来进行调速的。特点如下：

1）具有较硬的机械特性，稳定性良好。

2）无转差损耗，效率高。

3）接线简单，控制方便，价格低。

4）有级调速，级差较大，不能获得平滑调速。

5）可以与调压调速、电磁转差离合器配合使用，获得较高效率的平滑调速特性。

变极调速适用于不需要无级调速的生产机械，如金属切削机床、升降机、起重设备、风机、水泵等。

2. 变频调速

变频调速是通过改变异步电动机定子的电源频率 f 进而改变电动机同步转速 n_0 来进行调速的。

变频调速系统的主要设备是提供变频电源的变频器，变频器可分成交流-直流-交流变频器和交流-交流变频器两大类，目前国内大多使用交流-直流-交流变频器。其特点如下：

1）效率高，调速过程中没有附加损耗。

2）应用范围广，可用于笼形异步电动机。

3）调速范围大，特性硬，精度高。

4）技术复杂，造价高，维护检修困难。

变频调速适用于要求精度高、调速性能较好的场合。

3. 变转差率调速

变转差率调速是通过在调速过程中保持电动机同步转速 n_0 不变而改变转差率 s 来进行调速的。

转差率 s 是用来表示转子转速 n 与磁场转速 n_0 相差程度的物理量，即

$$s=\frac{n_0-n}{n_0}=\frac{\Delta n}{n_0} \tag{4-2}$$

转差率是异步电动机的一个重要物理量。

当旋转磁场以同步转速 n_0 开始旋转时，转子则因机械惯性尚未转动，转子的瞬间转速 n=0，这时转差率 s=1。转子转动起来之后，n＞0，n_0-n 差值减小，电动机的转差率 s＜1。如果转轴上的阻转矩加大，则转子转速 n 降低，即异步程度加大，这样才能产生足够大的感应电动势和电流，产生足够大的电磁转矩，这时的转差率 s 增大；反之，s 减小。一般情况下，异步电动机运行时，转速与同步转速很接近，转差率很小。在额定工作状态下为 0.015～0.06。

4. 其他调速方法

（1）电磁调速电动机调速方法

电磁调速电动机由笼形电动机、电磁转差离合器和直流励磁电源（控制器）三部分

组成。直流励磁电源功率较小，通常由单相半波或全波晶闸管整流器组成，改变晶闸管的导通角，可以改变励磁电流的大小。

电磁转差离合器由电枢、磁极和励磁绕组三部分组成。电枢和磁极、励磁绕组没有机械联系，都能自由转动。电枢与电动机转子同轴连接，称为主动部分，由电动机带动；磁极用联轴节与负载轴对接，称为从动部分。当电枢与磁极均静止时，若励磁绕组通以直流，则沿气隙圆周表面将形成若干对 N、S 极性交替的磁极，其磁通经过电枢。当电枢随拖动电动机旋转时，电枢与磁极间的相对运动使电枢感应产生涡流，此涡流与磁通相互作用产生转矩，带动有磁极的转子按同一方向旋转，但其转速恒低于电枢的转速 n_1，这是一种转差调速方式，变动转差离合器的直流励磁电流，便可改变离合器的输出转矩和转速。电磁调速电动机的调速特点如下：

1）装置结构及控制线路简单，运行可靠，维修方便。

2）调速平滑，无级调速。

3）对电网无谐波影响。

4）效率低。

电磁调速电动机调速方法适用于中小功率，要求平滑动、短时低速运行的生产机械。

（2）液力偶合器调速方法

液力偶合器是一种液力传动装置，一般由泵轮和涡轮组成，它们统称工作轮，放在密封壳体中。壳中充入一定量的工作液体，当泵轮在原动机带动下旋转时，处于其中的液体受叶片推动而旋转，在离心力作用下沿着泵轮外环进入涡轮时，就在同一转向上给涡轮叶片以推力，使其带动生产机械运转。液力偶合器的动力传输能力与壳内相对充液量的大小是一致的。在工作过程中，改变充液量就可以改变耦合器的涡轮转速，做到无级调速，其特点如下：

1）功率适用范围大，可满足从几十千瓦至数千千瓦不同功率的需要。

2）结构简单，工作可靠，使用及维修方便，且造价低。

3）尺寸小，能容大。

4）控制调节方便，容易实现自动控制。

液力偶合器调速方法适用于风机、水泵的调速。

4.4.3　三相异步电动机的制动

三相异步电动机切除电源后依惯性总要转动一段时间才能停下来，而生产中起重机的吊钩等设备要求准确定位，万能铣床的主轴要求能迅速停下来，这些都需要对拖动的电动机进行制动，三相异步电动机的制动方法有两大类：机械制动和电力制动。

1. 机械制动

机械制动是采用机械装置使电动机断开电源后迅速停转的制动方法，如电磁抱闸、电磁离合器等电磁制动器。

（1）电磁抱闸断电制动控制电路

电磁抱闸断电制动控制电路如图 4-11 所示。合上电源开关 QS 和开关 S，电动机接通电源，同时电磁抱闸线圈 YB 得电，衔铁吸合克服弹簧的拉力使制动器的闸瓦与闸轮分开，电动机正常运转。断开开关，电动机失电，同时电磁抱闸线圈 YB 也失电，衔铁在弹簧拉力作用下与铁芯分开，并使制动器的闸瓦紧紧抱住闸轮，电动机被制动而停转。图 4-11 中开关 S 可采用倒顺开关、主令控制器、交流接触器等控制电动机的正反转，满足控制要求。倒顺开关接线示意图如图 4-12 所示，图中 2、3、5 接点分别接图 4-11 中的 U、V、W 接点。这种制动方法在起重机械上广泛应用，如行车、卷扬机、电动葫芦（大多采用电磁离合器制动）等。其优点是能准确定位，可防止电动机突然断电时重物自行坠落而造成事故。

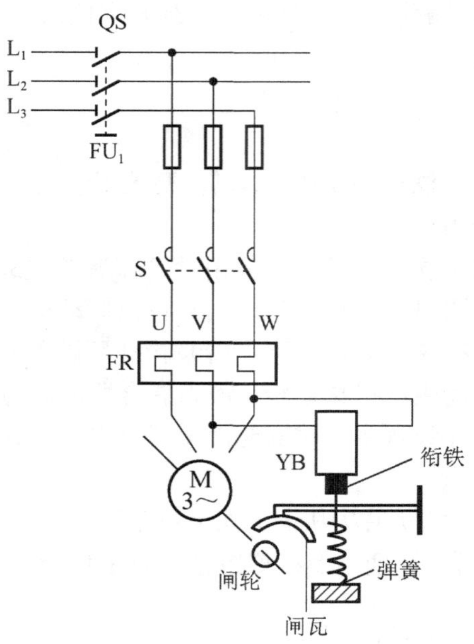

图 4-11　电磁抱闸断电制动控制电路

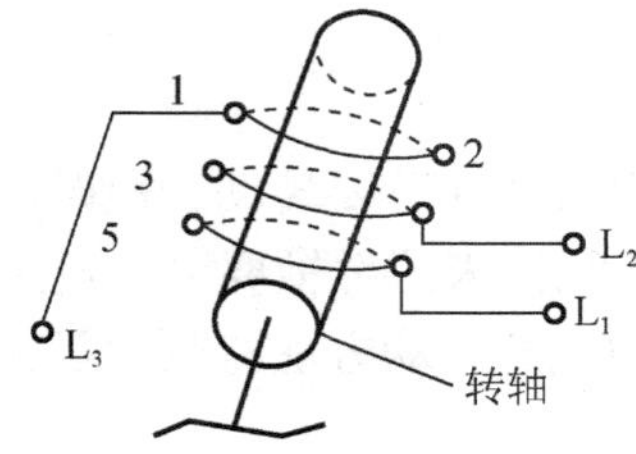

图 4-12　倒顺开关接线示意图

（2）电磁抱闸通电制动控制电路

电磁抱闸断电制动时，其闸瓦紧紧抱住闸轮，若想手动调整工件是很困难的。因此，对电动机制动后仍想调整工件相对位置的机床设备就不能采用断电制动，而应采用通电制动，其电路如图 4-13 所示。当电动机得电运转时，电磁抱闸线圈无法得电，闸瓦与闸轮分开无制动作用；当电动机需停转按下停止按钮 SB_2 时，复合按钮 SB_2 的常闭触头先断开切断 KM_1 线圈，KM_1 主、辅触头恢复无电状态，结束正常运行并为 KM_2 线圈得电做好准备，经过一定的行程，SB_2 的常开触头接通 KM_2 线圈，其主触头闭合，电磁抱闸线圈得电，使闸瓦紧紧抱住闸轮制动；当电动机处于停转常态时，电磁抱闸线圈也无电，闸瓦与闸轮分开，这样操作人员可扳动主轴调整工件或对刀等。

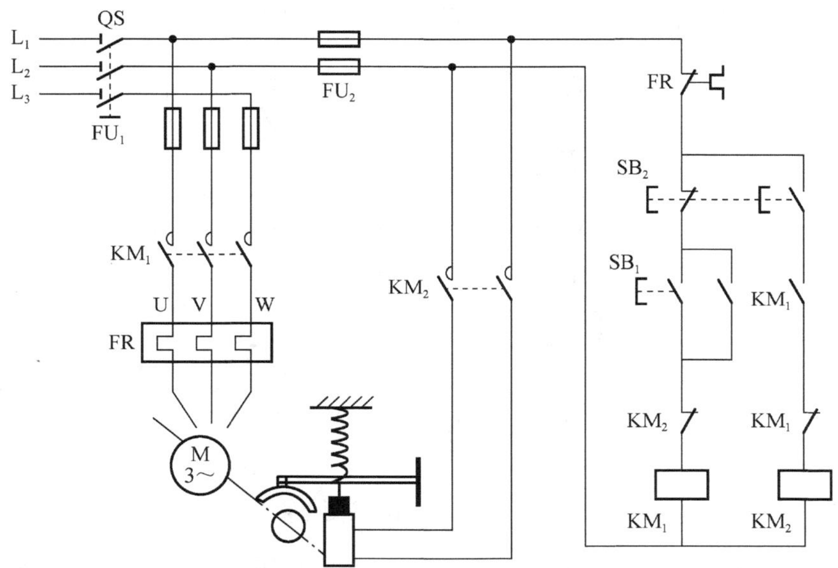

图 4-13　电磁抱闸通电制动控制电路

机械制动主要采用电磁抱闸、电磁离合器制动，两者都是利用电磁线圈通电后产生磁场，使静铁芯产生足够大的吸力吸合衔铁或动铁芯（电磁离合器的动铁芯被吸合，动、静摩擦片分开），克服弹簧的拉力而满足工作现场的要求。电磁抱闸靠闸瓦的摩擦片制动闸轮，电磁离合器利用动、静摩擦片之间足够大的摩擦力使电动机断电后立即制动。

2. 电力制动

电力制动是在切断电动机电源的同时给电动机一个和实际转向相反的电磁力矩（制动力矩）使电动机迅速停转的方法。最常用的方法有反接制动和能耗制动。

（1）反接制动

反接制动是在切断电动机正常运转电源的同时改变电动机定子绕组的电源相序，使之有反转趋势而产生较大的制动力矩的方法。反接制动的实质：使电动机欲反转而制动，因此当电动机的转速接近零时，应立即切断反转制动电源，否则电动机会反转。实际控制中采用速度继电器来自动切除制动电源。

反接制动控制电路如图 4-14 所示。其主电路和正反转电路相同。由于反接制动时转子与旋转磁场的相对转速较高，约为起动时的 2 倍，致使定子、转子中的电流很大，大约是额定值的 10 倍，因此反接制动电路增加了限流电阻 R。KM_1 为运转接触器，KM_2 为反接制动接触器，KV 为速度继电器，其与电动机联轴，当电动机的转速上升到约为 100r/min 的动作值时，KV 常开触头闭合，为制动做好准备。

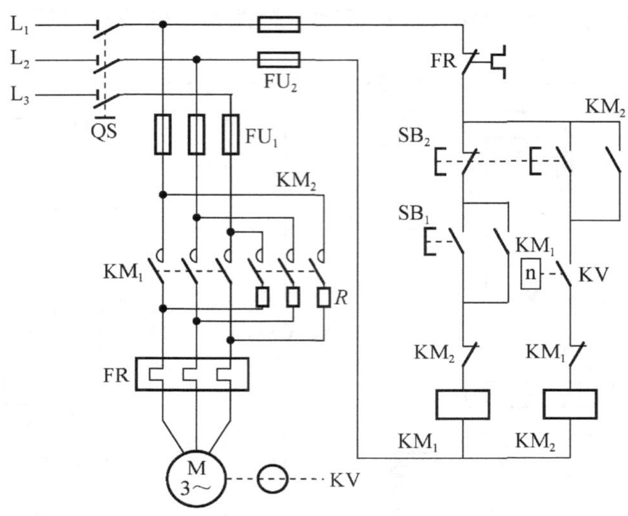

图 4-14　反接制动控制电路

反接制动分析：停车时按下停止按钮 SB_2，复合按钮 SB_2 的常闭触头先断开，切断 KM_1 线圈，KM_1 主、辅触头恢复无电状态，结束正常运行并为反接制动做好准备，后接通 KM_2 线圈（KV 常开触头在正常运转时已经闭合），其主触头闭合，电动机改变相序进入反接制动状态，辅助触头闭合自锁，持续制动，当电动机的转速下降到设定的释放值时，KV 触头释放，切断 KM_2 线圈，反接制动结束。

一般速度继电器的释放值调整到 90r/min 左右，若释放值调整得太大，反接制动不充分；调整得太小，会出现不能及时断开电源而造成短时反转现象。

反接制动制动力强，制动迅速，控制电路简单，设备投资少，但制动准确性差，制动过程中冲击力强烈，易损坏传动部件，因此适用于 10kW 以下小容量的电动机制动要求迅速、系统惯性大的场合，以及不经常起动与制动的设备，如铣床、镗床、中型车床等主轴的制动控制。

（2）能耗制动

能耗制动是电动机切断交流电源的同时给定子绕组的任意两相加一直流电源，以产生静止磁场，依靠转子的惯性转动切割该静止磁场产生制动力矩的方法。

原理分析：电动机切断电源后，转子仍沿原方向惯性转动（图 4-15 中设为顺时针方向）这时给定子绕组通入直流电，产生一恒定的静止磁场，转子切割该磁场产生感应电流，用右手定则判断其方向，如图 4-15 所示。该感应电流又受到磁场的作用产生电磁转矩，由左手定则可知其方向正好与电动机的转向相反，从而使电动机受到制动迅速停转。可逆运行能耗制动的控制电路如图 4-16 所示。KV_1、KV_2 分别为速度继电器 KV 的正、反转动作触头，接触器 KM_1、KM_2、KM_3 之间互锁，防止交流电源、直流制动电源短路。停车时按下停止按钮 SB_3，复合按钮 SB_3 的常闭触头先断开，切断正常运行接触器 KM_1 或 KM_2 线圈，后接通 KM_3 线圈，KM_3 主、辅触头闭合，交流电流经变压器 T、全波整流器 VC 通入 V、W 相绕组直流电，产生恒定磁场进行制动。RP 调节直流电流的大小，从而调节制动强度。

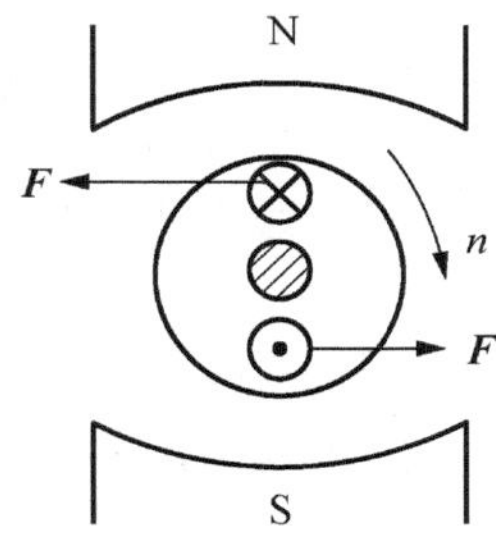

图 4-15　顺时针方向

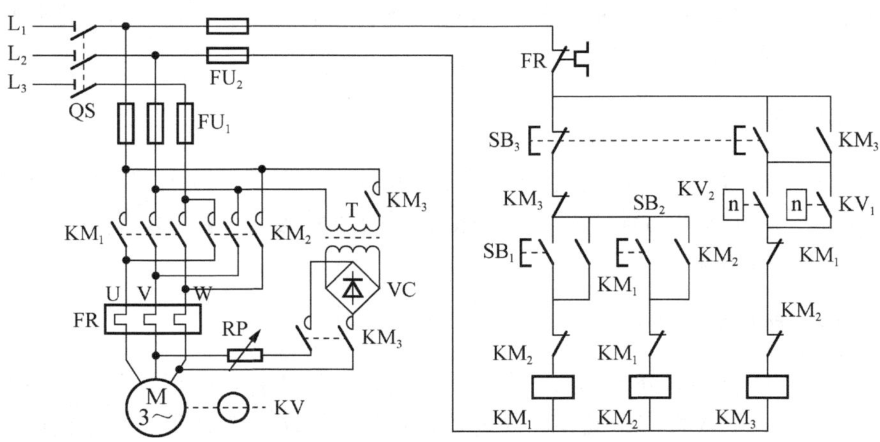

图 4-16　可逆运行能耗制动的控制电路

能耗制动平稳、准确，能量消耗小，但需附加直流电源装置，设备投资较高，制动力较弱，在低速时制动力矩小，主要用于容量较大的电动机制动或制动频繁的场合，以及制动准确、平稳的设备，如磨床、立式铣床等的控制，但不适用于紧急制动停车。

能耗制动还可用时间继电器代替速度继电器进行制动控制。

电动机的制动方法较多，还有电容制动、再生发电制动（也称回馈制动）等，但实际应用中主要是上述四种方法。

4.5 电动机在汽车中的应用

随着汽车自动化、智能化的发展，电动机被广泛应用于现代汽车的零部件上，如电动机在汽车车身、底盘上的应用。

1. 中央闭锁装置

中央闭锁装置是由电动闭锁器、控制器和连接部件等组成的，可以由驾驶员集中开关汽车的前左、前右、后左、后右及行李箱五个门锁。电动闭锁器工作原理：永磁式直流电动机接到控制器开闭信号后转动，从而带动齿轮转动，通过齿轮与驱动杆上齿条的啮合运动，驱动驱动杆做直线运动，闭锁器完成一次工作。驱动杆实现双向运动。

2. 电动后视镜

电动后视镜是由后视镜、后视镜调整器构成的。其中，后视镜调整器是由两台永磁式直流电动机来调整后视镜上下、左右方向的装置，它由永磁直流电动机、联动机构、霍尔位置传感器及控制器组成。驾驶员通过控制器发出调整后视镜角度位置的指令给永磁式直流电动机，电动机驱动联动机构达到调整后视镜角度位置，并通过霍尔传感器进行后视镜所在位置控制。

3. 电动天窗

电动天窗是由永磁式直流电动机控制开闭和调节位置的车顶天窗。其传动机构较电动玻璃门窗复杂。永磁式直流电动机经蜗轮蜗杆减速后通过天窗驱动机构来开关天窗和调节车顶天窗开启角度。

4. 汽车电动座椅调整器

汽车电动座椅调整器分为前后、左右、高度与角度四种，前后、左右、高度位置调整器由控制器、永磁式直流电动机、减速器、螺杆、滑块、连杆和导轨等构成。当控制器发出座椅前后、左右、高度位置调整指令后，信号被传送到电动机，电动机经减速箱减速，通过旋转螺杆来改变滑块的位置，达到拉或推连杆，使座椅在导轨上做前后、左右或高度位置调整。角度调整器由控制器、永磁式直流电动机、减速器、内齿轮机构和联轴等构成。当控制器发出座椅角度调整指令后，信号被传送到电动机，电动机经减速器减速，通过旋转内齿轮来转动联轴，使座椅以联轴为轴心做俯仰角度调整。

5. 电动玻璃升降器

电动玻璃升降器按其结构可分为双导轨式、单导轨式和叉臂式等，目前以前两种结构居多。电动玻璃升降器由控制器、永磁式直流电动机、减振机构、钢丝绳、滑轮、滑块和导轨等部件组成。驾驶员通过控制器按钮向电动机发出玻璃升或降信号，电动机接到信号后，经齿轮蜗杆减速后通过顺时针或逆时针来向下或向上拉动钢丝绳，带动钢丝绳上的滑块做向上或向下直线运动，从而使安装在滑块上的玻璃升或降，达到车门玻璃的开或关。

6. 电动机在汽车悬架减振系统中的应用

汽车悬架减振系统是汽车悬架传力的阻尼装置。它是通过衰减力（或阻尼力）来控制的，由减振器和执行器等部件组成，其中执行器由永磁式直流电动机、减速齿轮、限速减速齿轮旋转的挡块、带动挡块的电磁铁等组成。半主动式悬架的减振控制系统由电脑控制器从传感器接收汽车位移、速度、加速度等信号，计算出相应的阻尼值，给出控制信号，加给执行器中的步进电动机，带动驱动杆旋转，以改变控制阀节流口大小，从而改变减振器阻尼系数，构成均匀衰减形式。

7. 电动机在汽车后轮车高调整装置中的应用

汽车后轮车高调整装置是指能够根据乘车人数及载荷的变化自动调整汽车后部车高，一直保持车辆姿势正常的系统。汽车后轮车高调整装置由压缩机及永磁式直流电动机组件、继电器、干燥器、车高调整传感器、车高调整用微机、减振器和指示灯等组成。其工作原理是当汽车后轮过低时，车高调整用微机从车高调整传感器处得到汽车后轮过低信号，于是，车高调整用微机向压缩机及永磁式直流电动机组件发出增压指令，以此增加减振器内的空气量，从而抬高汽车后轮；当汽车后轮过高时，车高调整用微机从车高调整传感器处得到汽车后轮过高信号，于是，车高调整用微机向干燥器内的排气阀发出减压指令，以此减少减振器内的空气量，从而降低汽车后轮，保持车高为一定值。

悬架的减振系统和车高调整装置的控制是分不开的，两者均由同一个电脑控制器控制。

8. 电动机在电动力转向装置上的应用

液压动力转向装置自 20 世纪 50 年代问世以来，广泛应用于大吨位的载货车，以及高档轿车上，目前则有被电动力转向所逐步替代的趋势。电动力转向装置的优点是使转向操纵更轻便，提高了响应特性。电动力转向装置的工作原理是电子控制单元对汽车行驶参数及转向力矩进行检测计算后，对电动机及驱动离合器发出指令，电动机经过减速后驱动齿轮条式转向器，以达到电动力转向作用。

9. 电动机在汽车稳定性控制系统中的应用

对于行驶在高速公路上的汽车，汽车的稳定性控制系统是非常重要的，它不仅关系到汽车的安全性，而且直接影响乘坐人员的舒适性。当汽车发生超速、横摆及颠簸时，用石英振荡器制成的超速、横摆及颠簸传感器的振动频率就发生了变化，从而使该晶体产生的晶体光束发生偏移，在控制器中产生了调整信号，此信号加到永磁式直流电动机上，由永磁式直流电动机对后车轮进行汽车稳定性的调整。

10. 电动机在汽车巡行控制系统中的应用

汽车巡行控制系统又称巡航恒稳速经济车速系统。它是利用先进的电子技术使汽车以恒速或接近于恒速行驶的一种装置。巡行控制系统的核心部件是电机式巡行控制用执行器。它由安全电磁离合器、永磁伺服直流电动机和节气门位置传感器三个部分组成。其中电动机的作用是保持车辆的动态恒速，它是一种可正、反转的电动机。当汽车受到道路不平坦、上坡、下坡、转弯及各种阻力影响，造成车速上下波动时，为保证车速稳定在某一恒定值，必须对节气门进行小范围的调整，这时，电动机即时驱动节气门，控制其快慢变化，达到车辆动态恒速的目的。电动机还用于加速和减速的调整。

11. 防抱死制动控制系统（ABS）及驱动动力控制系统

当汽车在转弯、遇到障碍或紧急情况时，都需要用制动的方式降低车速或在很短的距离和时间内停车。但过度的制动将使车轮抱死，后轮抱死将使汽车的方向失控，前轮抱死则使汽车失去转向能力。防抱死制动控制系统则起到在制动过程中自动调节车轮制动力，防止车轮抱死以取得最佳制动效果。防抱死制动控制系统是由轮速传感器、减速传感器、ABS 执行器和 ABS 电子控制单元组成的。其中，ABS 执行器由电磁阀、泵电动机（永磁式直流电动机）和储液罐构成。当汽车制动时，轮速传感器和减速传感器把车轮速度和减速信号传给 ABS 电子控制单元，ABS 电子控制单元对这些信号进行比较、分析和判别，然后通过精确计算得出制动时车轮应有的转速和车速信号，并将处理后的信号加到 ABS 执行器的电磁阀和泵电动机上，泵电动机通过电动机的偏心轴驱动泵体中的两个径向活塞做高速往复运动，使之产生调整车轮上制动分泵中的制动液压，从而达到防止车轮被抱死的目的。现在，ABS 在许多中高档轿车中被安装使用。除上述电动机在汽车上的应用实例外，电动机还应用在电动刮水器、自动升降天线等方面。

小　结

1）三相异步电动机由定子和转子两个基本部分组成。定子是电动机中固定不动的部分，由机座、定子铁芯、定子绕组和端盖等组成。转子是电动机的旋转部分，包括转子铁芯、转子绕组和转轴等部件。

2）三相异步电动机的工作原理基于两点，一是气隙中有旋转磁场存在，它是由三相对称交流电流通入对称定子绕组产生的，其空间分布是正弦波，其转速为 $n_0 = 60f/P$，转向由绕组的空间排列和电流的相序决定；二是转子绕组中有感应电流存在，进而产生电磁转矩，驱动转子旋转，转子转速为 n，$n<n_0$，其转差率为 $s =（n_0-n）/n_0$，电动状态时 $0<s<1$。

3）三相异步电动机定子绕组的联结方法有星形（Y）联结和三角形（△）联结两种。

4）额定值规定了电动机的正常运行状态和条件，是选用、维护电动机的依据。一般有额定功率、额定电压、额定电流、额定频率、额定转速、额定效率等。

5）三相异步电动机的起动方法有全压起动和减压启动两种。一般 10kW 及以下的电动机采用全压起动，大容量的电动机采用减压起动。减压起动常用的方法有定子串电阻或电抗减压起动、自耦变压器减压起动和Y-△减压起动。

6）三相异步电动机调速的基本方法有变极调速、变频调速、变转差率调速三种。

7）三相异步电动机除运转在电动状态外，还可以根据生产工艺要求运行在制动状态，制动状态的特点是电动机的电磁转矩和转速方向相反。制动方法有机械制动和电力制动两大类。

8）三相异步电动机具有结构简单、运行可靠、维护方便、价格便宜等优点，随着晶闸管元件和变流技术的发展，三相异步电动机的变频调速已成为三相异步电动机调速的发展方向。

习　题

一、填空题（将正确答案填在空格中）

1．异步电动机由两个基本部分组成，一个是固定不动的部分，称为________；另一个是________部分，称为转子。

2．定子就是电机中固定不动的部分，由机座、________、________和端盖等组成。

3．转子绕组的作用是切割定子________，产生感应电动势及电流，并形成电磁转矩而使电动机________。

4．异步电动机的端盖起________作用，风扇起________电动机的作用。

5．型号 Y112M-2 的意义：Y 表示________，112 表示________，M 表示________，2 表示________。

6．电动机的基本运行方式有________、________和________。

7．全压起动是将笼形异步电动机定子绕组直接接到额定电压的电源上，故又称________。

8．减压起动常用的方法有________串电阻或电抗减压起动、自耦变压器减压起动和________减压起动。

9. 电动天窗是由________直流电动机控制开闭和调节位置的车顶天窗。

10. 采用反接制动时，当电动机的转速接近零时，应立即切断________电源，否则电动机会反转。实际控制中采用________来自动切除制动电源。

二、判断题（正确的在括号中打“√”错误的在括号中打“×”）

1. 电动机是根据电磁感应原理，把机械能转换成电能并输出电能的原动机。（　　）
2. 电动机按其作用原理又分为同步电动机和异步电动机。（　　）
3. 电动机所输入的交流电频率与转速之比为恒定值。（　　）
4. 三相异步电动机定子的作用是产生磁场。（　　）
5. 三相异步电动机铭牌上所标的电压值是指电动机在额定运行时定子绕组上应加的相电压。（　　）
6. 异步电动机名牌上所标的功率值是指电动机在额定运行时轴上输入的机械功率值。（　　）
7. 异步电动机的转子电流是由定子旋转磁场感应产生的。（　　）
8. 运行中的三相异步电动机断相时，运行时间过长就有烧毁电动机的可能。（　　）
9. 三相异步电动机的转子旋转方向与定子旋转磁场的旋转方向相同。（　　）
10. 改变电源的频率可以改变电动机的转速。（　　）

三、选择题（选择正确答案的标号填入括号中）

1. 异步电动机旋转磁场的转向取决于（　　）。
　A. 电源相序　　B. 转子转速　　C. 电源频率
2. 当三相异步电动机的机械负载增加时，若定子端电压不变，其旋转磁场速度应（　　）。
　A. 不变　　B. 减小　　C. 增大
3. 当三相异步电动机的机械负载增加时，若定子端电压不变，其转子的转速应（　　）。
　A. 减小　　B. 增大　　C. 不变
4. 当三相异步电动机的机械负载增加时，若定子端电压不变，其定子电流应（　　）。
　A. 增大　　B. 减小　　C. 不变
5. 当三相异步电动机的机械负载增加时，若定子端电压不变，其输入功率应（　　）。
　A. 增大　　B. 减小　　C. 不变
6. 笼形异步电动机空载运行与满载运行时相比，其电流应（　　）。
　A. 减小　　B. 增大　　C. 相同

7．笼形异步电动机空载起动与满载起动时相比，起动转矩应（　　）。

A．不变　　B．减小　　C．增大

8．三相异步电动机形成旋转磁场的条件是（　　）。

A．在三相对称绕组中通以三相对称的正弦交流电流

B．在三相对称绕组中通以三个相等的电流

C．在三相绕组中通以任意的三相电流

9．降低电源电压后，三相异步电动机的起动转矩将（　　）。

A．减小　　B．不变　　C．增大

10．降低电源电压后，三相异步电动机的起动电流将（　　）。

A．减小　　B．不变　　C．增大

四、简答题

1．三相异步电动机的旋转磁场如何产生？

2．三相异步电动机旋转磁场的转速由什么决定？对于工频下的 2 极、4 极、6 极、8 极、10 极的三相异步电动机，同步转速分别为多少？

3．电网电压太高或太低都会使三相异步电动机定子绕组过热而损坏，为什么？

4．简述三相异步电动机的转动原理，并解释“异步”的意义。

5．为什么变极调速时要同时改变电源相序？

6．三相笼形异步电动机定子回路串电阻起动和串电抗起动相比，哪一种好？为什么？

7．三相异步电动机的机械负载增加时，为什么定子电流会随转子电流的增加而增加？

8．三相异步电动机与变压器相比有何异同？

第 5 章　直流电动机

知识目标

1）了解直流电动机的基本结构。
2）熟悉直流电动机的工作原理。
3）了解直流电动机的分类和机械特性。

技能目标

1）根据电动机的联结方式，选择电动机的控制方式。
2）会对直流电动机进行起动、反转、调速和制动。
3）熟悉直流电动机在汽车上的应用。

5.1　直流电动机的结构

直流电动机由静止的定子和旋转的转子两部分组成，在定子和转子之间有一定大小的间隙（称为气隙），如图 5-1 所示。

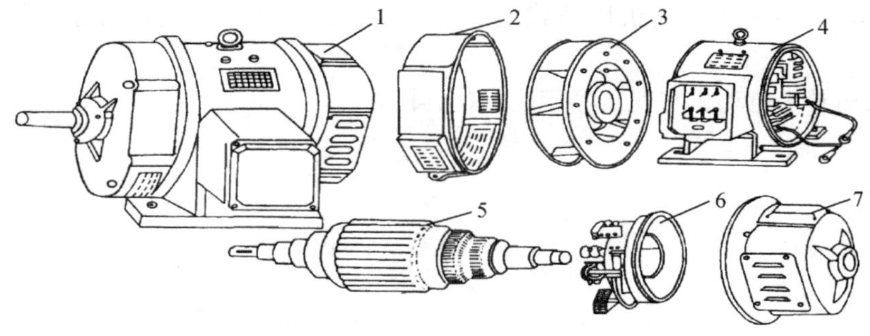

图 5-1　直流电动机的结构

1—直流电动机总成；2—后端盖；3—通风机；4—定子总成；
5—转子（电枢）总成；6—电刷装置；7—前端盖

5.1.1　定子

直流电动机定子的作用是产生磁场并作为电动机的机械支撑，主要由机座、主磁极、换向极和电刷装置等组成。

1. 机座

机座起机械支撑和导磁磁路两个作用。它既用来作为安装电动机所有零件的外壳，又是联系各磁极的导磁铁轭。机座通常为铸钢件，也有采用钢板焊接而成的。

2. 主磁极

主磁极是一个电磁铁，如图 5-2 所示，主要由主磁极铁芯和主磁极绕组组成。主磁极铁芯一般用 1～1.5mm 厚的薄钢板冲片叠压后再用铆钉钉紧成一个整体。小型电动机的主磁极绕组用绝缘铜线（或铝线）绕制而成，大中型电动机的主磁极绕组用扁铜线绕制而成，并进行绝缘处理，然后套在主磁极铁芯外面。整个主磁极用螺钉固定在机座内壁。

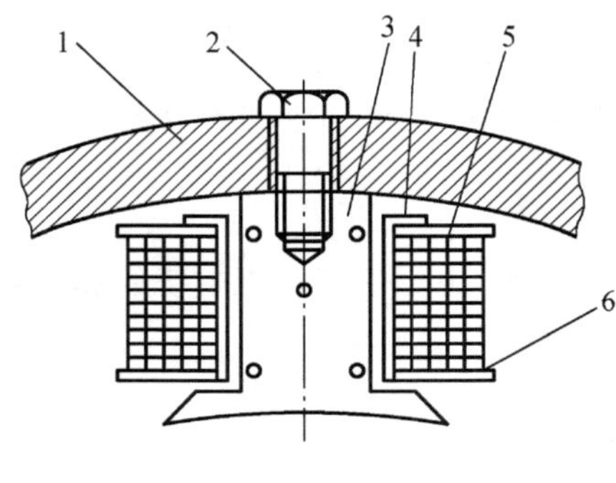

图 5-2　主磁极

1—机座；2—主磁极螺钉；3—主磁极铁芯；4—框架；5—主磁极绕组；6—绝缘垫衬

3. 换向极

换向极又称附加极，它装在两个主磁极之间，用来改善直流电动机的换向性能。换向极由换向极铁芯和换向极绕组构成。换向极铁芯大多用整块钢加工而成，但在整流电源供电的功率较大的电动机中，为了更好地改善电动机的换向性能，换向极铁芯也采用叠片结构。换向极绕组与主磁极绕组一样也是用圆铜线或扁铜线绕制而成的，经绝缘处理后套在换向极铁芯上，最后用螺钉将换向极固定在机座内壁。

4. 电刷装置

电刷装置的作用是通过电刷与换向器表面滑动接触，把转动的电枢绕组与外电路相连。电刷装置一般由电刷、刷握、刷杆、刷杆座等部分组成，如图 5-3 所示。电刷一般用石墨粉压制而成。电刷放在刷握内，用弹簧压紧在换向器上，刷握固定在刷杆上，刷杆装在刷杆座上，成为一个整体部件。

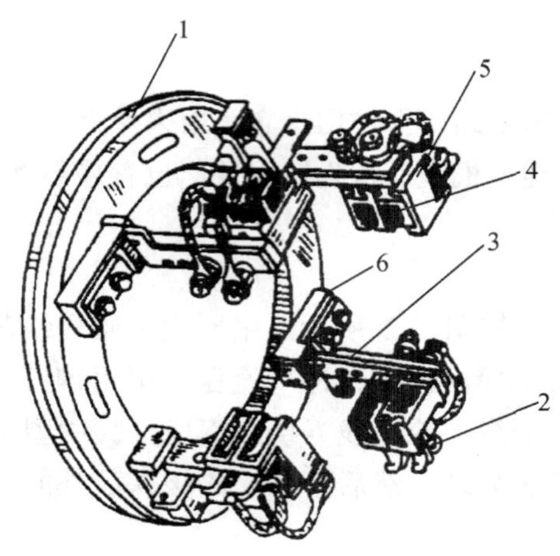

图 5-3 电刷装置

1—刷杆座；2—弹簧；3—刷杆；4—电刷；5—刷握；6—绝缘杆

5.1.2 转子

转子又称电枢，主要由转轴、电枢铁芯、电枢绕组和换向器等组成。

1. 转轴

转轴的作用是传递转矩，一般用合金钢锻压而成。

2. 电枢铁芯

电枢铁芯是电动机磁路的一部分，也是承受电磁力作用的部件。当电枢在磁场中旋转时，在电枢铁芯中将产生涡流和磁滞损耗，为了减小这些损耗的影响，电枢铁芯通常用 0.5mm 厚表面涂有绝缘材料的硅钢片叠压而成。电枢铁芯固定在转子支架或转轴上。电枢铁芯冲片如图 5-4 所示，沿铁芯外圈有均匀分布的开槽，在槽内嵌放电枢绕组。

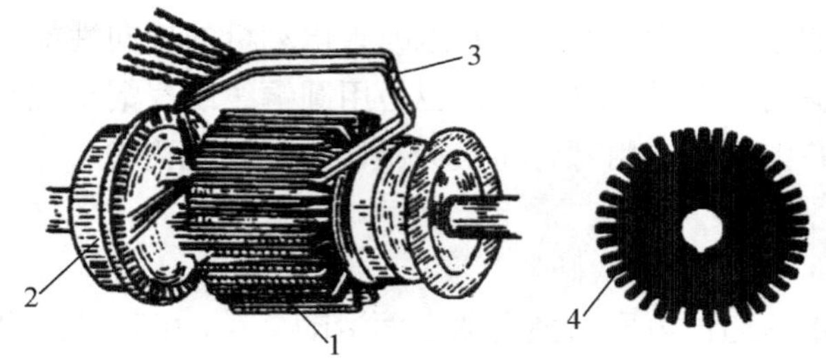

图 5-4 电枢铁芯

1—电枢铁芯；2—换向器；3—绕组元件；4—铁芯冲片

3. 电枢绕组

电枢绕组的作用是产生感应电动势和通过电流产生电磁转矩，实现机电能量转换。它是直流电动机的主要电路部分。电枢绕组通常都用圆形或矩形截面的导线绕制而成，再按一定规律嵌放在电枢槽内，上、下层之间及电枢绕组与铁芯之间都要妥善地绝缘。为了防止离心力将绕组甩出槽外，槽口处需用槽楔将绕组压紧，伸出槽外的绕组端接部分用无纬玻璃丝带绑紧。绕组端头则按一定规律嵌放在换向器钢片的升高片槽内，并用锡焊或氩弧焊焊牢。

4. 换向器

换向器又称为整流子，是直流电机的特有装置。其作用是，在直流电动机中，将外加的直流电流逆变成绕组内的交流电流；在直流发电机中，它将绕组内的交流电动势整流成电刷两端的直流电动势。换向器的结构如图 5-5 所示。换向器由许多换向片组成，换向片间用云母片绝缘。换向片凸起的一端称为升高片，用于与电枢绕组端头相连，换向片下部做成燕尾形，利用换向器套筒、V 形压圈及螺旋压圈将换向片、云母片紧固成一个整体。在换向片与换向器套筒、压圈之间用 V 形云母环绝缘，最后将换向器压装在转轴上。

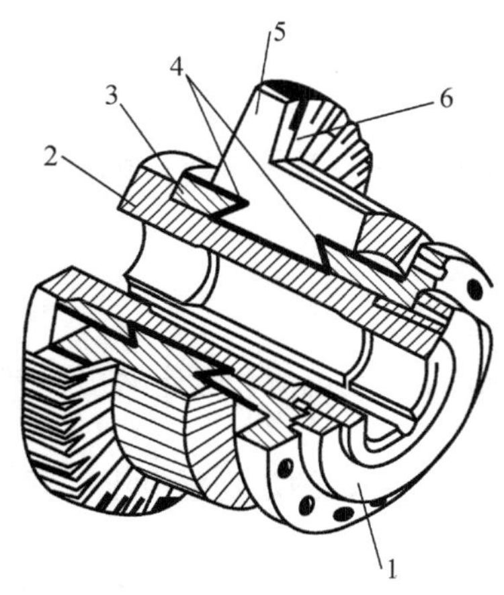

图 5-5　换向器的结构

1—螺旋压圈；2—换向器套筒；3—V 形压圈；4—V 形云母环；5—换向铜片；6—云母片

5.1.3　气隙

气隙是电动机磁路的重要部分。转子要旋转，定子与转子之间必须要有气隙，故气隙称为工作气隙。气隙路径虽短，但由于气隙磁阻远大于铁芯磁阻（一般小型电机气隙为 0.7～5mm，大型电机为 5～10mm），因此对电动机性能有很大影响。

5.1.4 直流电动机的额定值

每台电动机都有一块铭牌，上面标注着各种额定参数，简要地介绍这台电动机的型号、规格和性能，这些参数是用户合理选择和正确使用电动机的依据。

根据国家标准要求而设计和试验所得的一组反映电动机性能的主要数据，称为电动机的额定值。

1. 额定功率 P_N

额定功率指电机按规定的工作方式运行时所能提供的输出功率。对于发电机，额定功率是指接线端子处的输出功率；对于电动机，额定功率是指电动机转轴的有效机械功率，单位为 kW。额定功率、额定电压和额定电流的关系为

发电机
$$P_N = U_N I_N \tag{5-1}$$

电动机
$$P_N = U_N I_N \eta_N \tag{5-2}$$

式中 η_N——额定效率。

2. 额定电压 U_N

额定电压指在额定输出时电机接线端子间的电压，单位为 V。

3. 额定电流 I_N

额定电流指电机按照规定的工作方式运行时，电机绕组允许流过的最大安全电流，单位为 A。

4. 额定转速 n_N

额定转速指电机在额定电压、额定电流和额定输出功率时的旋转速度，单位为 r/min（转/分）。

此外，还有工作方式、励磁方式、额定励磁电压、额定温升、额定效率等。

5.2 直流电动机的工作原理

图 5-6 所示是一个最简单的直流电动机模型。在一对静止的磁极 N 和 S 之间装设一个可以绕 Z-Z'轴转动的圆柱形铁芯，在它上面装有矩形的线圈 abcd。这个转动的部分通常称为电枢。线圈的两端 a 和 d 分别接到换向片的两个半圆形铜环 1 和 2 上。换向片 1 和 2 之间是彼此绝缘的，它们和电枢装在同一根轴上，可随电枢一起转动。A 和 B 是两个固定不动的炭质电刷，它们和换向片之间是滑动接触的。来自直流电源的电流通过

电刷和换向片流到电枢的线圈里。

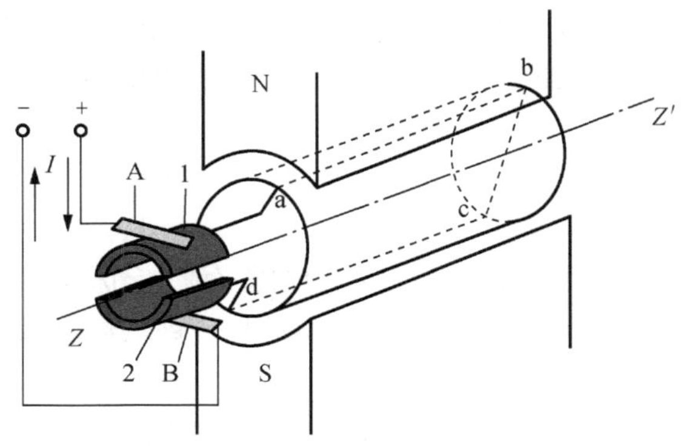

图 5-6 直流电动机模型

1、2—换向片

根据电磁力定律，载流导体在磁场中受到电磁力的作用，其方向可用左手定则确定。ab 导体所受电磁力方向向左，而导体 cd 所受电磁力方向向右，这样就产生了一个转矩。在转矩的作用下，电枢便按逆时针方向旋转起来。当位置绕过 90° 时，这时线圈磁感应强度为零，因而使电枢旋转的转矩消失，但由于机械惯性，电枢仍能转过一个角度，使电刷 A、B 分别与换向片 2、1 接触，于是线圈中又有电流流过。此时电流从正极流出，经过电刷 A、换向片 2、线圈到换向片 1 和电刷 B，最后回到电源负极，此时导体 ab 中的电流改变了方向，同时导体 ab 已由 N 极下转到 S 极下，其所受电磁力方向向右。同时，处于 N 极下的导体 cd 所受的电磁力方向向左。因此，在转矩的作用下，电枢继续按逆时针方向旋转，这样电枢便一直旋转下去，这就是直流电动机的工作原理。

5.3 直流电动机的分类和机械特性

5.3.1 直流电动机的分类

直流电动机按结构及工作原理可分为无刷直流电动机和有刷直流电动机。

1. 无刷直流电动机

无刷直流电动机将普通直流电动机的定子与转子进行了互换，其转子为永久磁铁，产生气隙磁通；定子为电枢，由多相绕组组成。在结构上，它与永磁同步电动机类似。无刷直流电动机定子的结构与普通的同步电动机或感应电动机相同，在铁芯中嵌入多相绕组（三相、四相、五相不等），绕组可接成星形或三角形，并分别与逆变器的各功率管相连，以便进行合理换相。转子多采用钐钴或钕铁硼等高矫顽力、高剩磁密度的稀土料，根据磁极中磁性材料所放位置的不同，可以分为表面式磁极、嵌入式磁极和环形磁极。由于电动机本体为永磁电机，所以习惯上把无刷直流电动机也称为永磁无刷直流电动机。

2. 有刷直流电动机

有刷直流电动机可分为永磁直流电动机和电磁直流电动机。

1）永磁直流电动机可分为稀土永磁直流电动机、铁氧体永磁直流电动机和铝镍钴永磁直流电动机。

稀土永磁直流电动机：体积小且性能更好，但价格昂贵，主要用于航天、计算机、井下仪器等。

铁氧体永磁直流电动机：由铁氧体材料制成的磁极体，廉价且性能良好，广泛用于家用电器、汽车、玩具、电动工具等领域。

铝镍钴永磁直流电动机：需要消耗大量的贵重金属，价格较高，但对高温的适应性好，用于环境温度较高或对电动机的温度稳定性要求较高的场合。

2）电磁直流电动机可分为串励直流电动机、并励直流电动机、他励直流电动机和复励直流电动机。

串励直流电动机：励磁绕组和电枢是串联的，所以这种电动机内磁场随着电枢电流的改变有显著的变化。为了使励磁绕组中不致引起大的损耗和电压降，励磁绕组的电阻越小越好，所以直流串励电动机通常用较粗的导线绕成，匝数较少。

并励直流电动机：励磁绕组和电枢绕组是并联的，励磁绕组与电枢共用同一电源，从性能上讲与他励直流电动机相同。

他励直流电动机：励磁绕组与电枢没有电的联系，励磁电路是由另外的直流电源供给的。因此励磁电流不受电枢端电压或电枢电流的影响。

复励直流电动机：有并励和串励两个励磁绕组，若串励绕组产生的磁通势与并励绕组产生的磁通势方向相同，则称为积复励；若两个磁通势方向相反，则称为差复励。

5.3.2 直流电动机的机械特性

负载的转矩特性就是负载的机械特性，简称负载特性。

1. 恒转矩负载特性

恒转矩负载特性是指生产机械的负载转矩与转速无关的特性，分为反抗性恒转矩负载和位能性恒转矩负载两种，如图 5-7 所示。

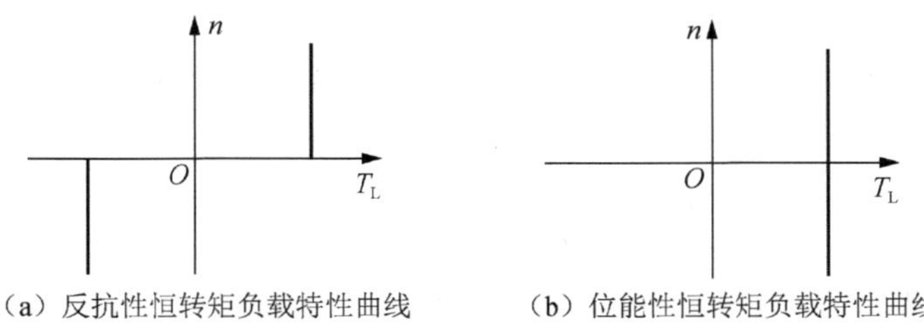

（a）反抗性恒转矩负载特性曲线　　（b）位能性恒转矩负载特性曲线

图 5-7　恒转矩负载特性曲线

2. 恒功率负载特性

恒功率负载的特点是负载转矩与转速的乘积为一常数，即 T_L 与 n 成反比，特性曲线为一条双曲线，如图 5-8 所示。

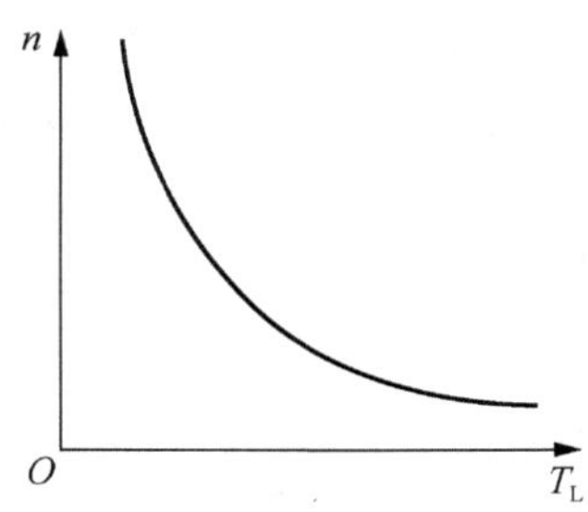

图 5-8　恒功率负载特性曲线

3. 泵与风机类负载特性

负载转矩 T_L 基本上与转速 n 的平方成正比，负载特性曲线为一条抛物线，如图 5-9 所示。

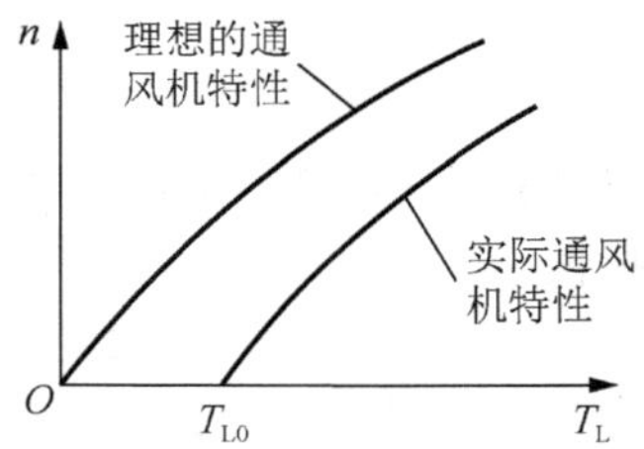

图 5-9　泵与风机类负载特性曲线

4. 机械特性的表达式

直流电动机的机械特性是指电动机在电枢电压、励磁电流、电枢回路电阻为恒值的条件下，即电动机处于稳态运行时，电动机的转速与电磁转矩之间的关系：

$$n = f(T_{em})$$

机械特性的表达式为

$$n = \frac{U}{C_e\Phi} - \frac{R}{C_eC_T\Phi^2}T_{em}$$
$$= n_0 - \beta T_{em}$$

式中，n_0称为理想空载转速，实际空载转速为

$$n_0' = \frac{U}{C_e\Phi} - \frac{R}{C_eC_T\Phi^2}T_0$$

5. 固有机械特性

$U = U_N$，$\Phi = \Phi_N$，$R = R_a$时的机械特性称为固有机械特性，有

$$n = \frac{U_N}{C_e\Phi_N} - \frac{R_a}{C_eC_T\Phi_N^2}T_{em}$$

由于电枢电阻很小，特性曲线斜率很小，所以固有机械特性是硬特性。如图 5-10 所示，当 $T = T_N$时，$n = n_N$，此点为电动机的额定工作点，转速差$\Delta n = n_0 - n_N$为额定转速差。当$n = 0$时，即电动机起动时，电磁转矩$T_{em} = T_s$，称为起动转矩。

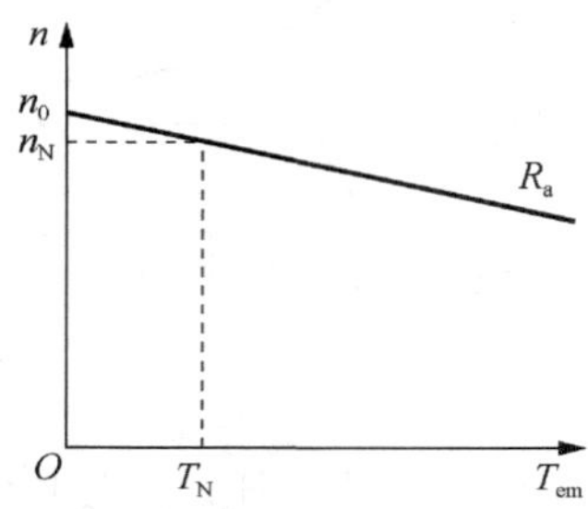

图 5-10 固有机械特性曲线

6. 人为机械特性

改变U或R_a或Φ得到的机械特性称为人为机械特性。

（1）电枢串电阻人为机械特性

电枢串电阻人为机械特性是保持$U = U_N$、$\Phi = \Phi_N$不变，只在电枢回路中串入电阻R_s的人为特性。电枢串电阻人为机械特性曲线是通过理想空载点的一簇放射性直线。

（2）降低电枢电压人为机械特性

降低电枢电压人为机械特性是保持$U = U_N$、$\Phi = \Phi_N$不变，只改变电枢电压U的人为特性。降低电枢电压人为机械特性曲线是一组平行于固有机械特性的直线。

（3）减弱励磁磁通人为机械特性

减弱励磁磁通人为机械特性是保持$U = U_N$、$\Phi = \Phi_N$不变，只改变励磁回路调节电阻R_{sf}的人为特性。

5.4　直流电动机的起动、反转与制动

5.4.1　直流电动机的起动

生产机械对直流电动机的起动要求是起动转矩 T_{ST} 足够大，因为只有 T_{ST} 大于负载转矩 T_L 时，电动机才可起动；起动电流 I_S 不可太大；起动设备操作方便，起动时间短，运行可靠，成本低廉。

直流电动机的起动方法介绍如下。

1. 全压起动

全压起动是在电动机磁场磁通为 Φ_N 的情况下，在电动机电枢上直接加以额定电压的起动方式。起动瞬间电动机转速 $n = 0$，电枢绕组感应电动势为

$$E_a = C_e\Phi_N n=0$$

由电动势平衡方程式 $U = E_a+I_aR_a$ 可知，起动电流 I_{ST} 为

$$I_{ST} = U_N/R_a \tag{5-3}$$

起动转矩 T_{ST} 为

$$T_{ST} = C_T\Phi_N I_{ST} \tag{5-4}$$

由于电枢电阻 R_a 阻值很小，额定电压下的起动电流很大，通常可达额定电流的 10～20 倍，起动转矩也很大。过大的起动电流引起电网电压下降，影响其他用电设备的工作，同时电动机自身的换向器会产生剧烈的火花。起动转矩过大可能会使轴上生产机械受到不允许的机械冲击。所以全压起动只适用于容量很小的直流电动机。

2. 减压起动

减压起动是起动前将施加在电动机电枢两端的电源电压降低，以减小起动电流 I_{ST} 的起动方法。为了获得足够大的起动转矩，起动时通常将电流限制在（1.5～2）I_N 内，则起动电压应为

$$U_{ST} = I_{ST}R_a = (1.5\sim2)I_N R_a \tag{5-5}$$

随着转速 n 的上升，电动势 E_a 逐渐增大，I_a 相应减小，起动转矩也减小。为使 I_{ST} 保持在（1.5～2）I_N 范围，即保证有足够大的起动转矩，起动过程中电压 U 必须逐渐升高，直到升至额定电压 U_N，电动机进入稳定运行状态，起动过程结束。

3. 电枢回路串电阻起动

电枢回路串电阻起动是电动机电压为额定值且恒定不变时，在电枢回路串接一起动电阻 R_{ST} 来达到限制起动电流的目的，此时 I_{ST} 为

$$I_{ST}=U_N/(R_a+R_{ST}) \tag{5-6}$$

起动过程中，由于转速 n 上升，电枢电动势 E_a 上升，起动电流 I_a 下降，起动转矩 T_{ST} 下降，电动机的加速度逐渐减小，致使转速上升变得缓慢，起动过程延长。要想在起动过程中保持加速度不变，必须要求电动机的电枢电流和电磁转矩在起动过程中保持不变，即随着转速上升，起动电阻应该平滑均匀地减小。

在实际中，如果能够做到适当选用各级起动电阻，那么串电阻起动由于其起动设备简单、经济和可靠，同时可以做到平滑快速起动，因而得到广泛应用。不同类型和规格的直流电动机对起动电阻的级数要求也不尽相同。

由以上分析可知，为使电动机起动时获得均匀加速、减少机械冲击，应合理选择各级起动电阻，以使每级切换转矩 T_{ST1}、T_{ST2} 数值相同。一般 $T_{ST1}=(1.5\sim2.0)T_N$，$T_{ST2}=(1.1\sim1.3)T_N$。

5.4.2 直流电动机的反转

要使直流电动机反转，也就是使电磁转矩方向改变，而电磁转矩的方向是由磁通方向和电枢电流方向决定的。所以，只要将磁通 Φ 和电枢电流 I_a 任意一个的方向改变，电磁转矩的方向就改变。在电气控制中，直流电动机有以下两种反转方法：

1）改变励磁电流方向。保持电枢两端电压极性不变，将电动机励磁绕组反接，使励磁电流反向，从而使磁通 Φ 方向改变。

2）改变电枢电压极性。保持励磁绕组电压极性不变，将电动机电枢绕组反接，电枢电流 I_a 即改变方向。

由于直流他励电动机励磁绕组匝数多、电感大，励磁电流从正向额定值变到负向额定值的时间长，反向过程缓慢，而且在励磁绕组反接断开瞬间，绕组中将产生很大的自感电动势，可能造成绝缘击穿。所以，实际应用中大多数采用改变电枢电压极性的方法来实现电动机的反转。但是在电动机容量很大，对反转过程快速性要求不高的场合，由于励磁电路的电流和功率小，为减小控制装置容量，也可以采用改变励磁绕组极性的方式来实现电动机的反转。

5.4.3 直流电动机的制动

1. 能耗制动

制动原理：能耗制动把正在运行的直流他励电动机的电枢从电网上切除，并接到一个外加的制动电阻 R_c 上构成回路。制动时，保持磁通大小、方向均不变，接触器 KM_1 线圈断电释放，其常开触头断开，切断电枢电源；常闭触头闭合，电枢接入制动电阻 R_c，电动机进入制动状态，如图 5-11 所示。

电动机开始制动的瞬间，由于惯性作用，转速 n 仍保持原来的大小和方向，电枢电动势 E_a 亦保持电动状态时的大小和方向，但由于此时电枢电压 U=0，则此时电枢电流

$$I_a=(U-E_a)/(R_a+R_c)=-E_a/(R_a+R_c) \tag{5-7}$$

电枢电流为负值，其方向与电动状态时的电枢电流相反，称为制动电流 I_c，此时产生的电磁转矩 T 也反向，与转速 n 方向相反，称为制动转矩，在其作用下电动机迅速停转。在制动过程中，电动机把拖动系统的动能转变为电能并消耗在电枢回路电阻 R_c 上，故称为能耗制动。

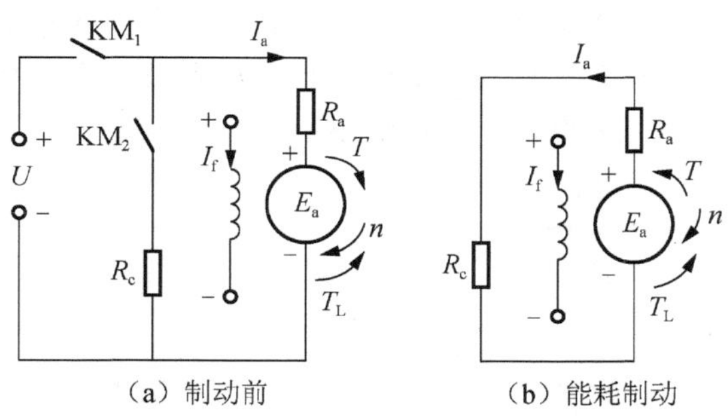

图 5-11　能耗制动

2. 反接制动

反接制动有电枢反接制动和倒拉反接制动两种方式。

（1）电枢反接制动

电枢反接制动是在制动时将电枢反接在电源上，同时电枢回路要串接制动电阻，如图 5-12 所示。

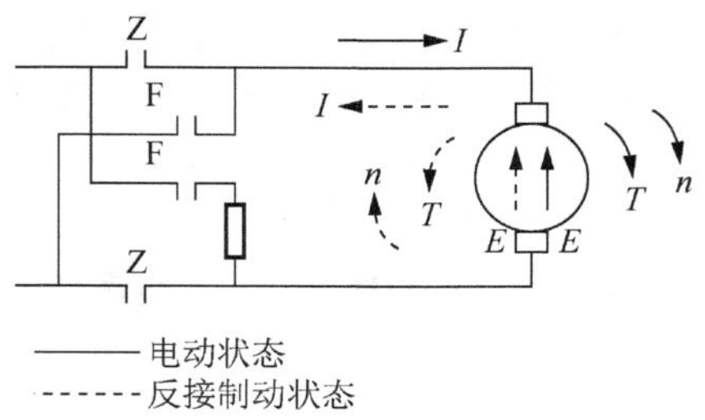

图 5-12　电枢反接制动

电枢电压或电动势极性突然改变（励磁反向），电枢电压和电动势顺极性串联；反接时必须采取限制电枢电流的措施。

反接制动时，电枢电流 I_a 的计算公式为

$$I_a = \frac{-U_N - E_a}{R_a + R_c} = -\frac{U_N + E_a}{R_a + R_c} \tag{5-8}$$

反接制动时的功率平衡方程为

$$UI_a + E_a I_a = (R_a + R_c) I_a^2 \Rightarrow P_1 + P_{em} = P_{Cu} \tag{5-9}$$

功率平衡：轴上机械功率通过电动机转换为电磁功率后，连同电网输入功率全部消

耗于电阻。

（2）倒拉反接制动

他励电动机拖动位能性恒转矩负载运行。如图 5-13 所示，电枢支路突然传入较大的电阻，则工作点 $A\to B\to C\to D$，D 点位于第Ⅳ象限，转速为负，电磁转矩为正，属于制动运行。在 C 点后，负载转矩大于电磁转矩，转速反向，感应电动势也反向，所以又称为电动势反接制动。这种运行方式通常用在起重设备低速下放物体的场合。电动机的电磁转矩起制动作用，限制了重物的下放速度。

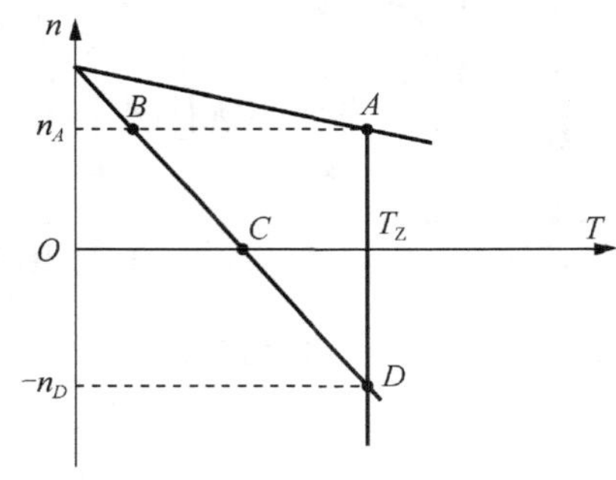

图 5-13　倒拉反接制动

3. 发电回馈制动

当电动机转速高于理想空载转速，即 $n>n_0$ 时，电枢电动势 E_a 大于电枢电压 U，电枢电流 $I_a=(U-E_a)/R<0$，电枢电流的方向与电动状态时相反，为制动性质。此时电动机运行状态称为发电回馈制动。发电回馈制动可出现在位能负载高速拖动电动机的场合与降低电枢电压调速时。

5.5　直流电动机的调速

5.5.1　电枢串电阻调速

他励直流电动机拖动负载运行时，保持电源电压及励磁电流为额定值不变，在电枢回路中串入不同值的电阻，电动机将运行于不同的转速，如图 5-14 所示，图中的负载为恒转矩负载。

从图 5-14 中可以看到，当电枢回路串入电阻时，电动机机械特性的斜率将增大，电动机和负载的机械特性的交点将下移，即电动机稳定运行转速降低。

图 5-14 中串入电阻时的交点 A_2 的转速 n_2 低于交点 A_1 的转速 n_1，它们都比原来没有外串电阻的交点 A 的转速 n 低。

电枢回路串接电阻调速方法的优点是设备简单、调节方便。缺点是调速范围小；串入电阻一般是分段串入，使其调速为有级调速，调速的平滑性差；串入电阻后速度只能降低且串入电阻越大，特性越“软”，特别是低速运行时，当负载波动时，电动机的转速波动大，低速运行下限受到限制，从而其调速范围受限制；电枢回路串入电阻后电动机的机械特性变“软”，使负载变动时电动机产生较大的转速变化，即转速稳定性差，而且调速效率较低。

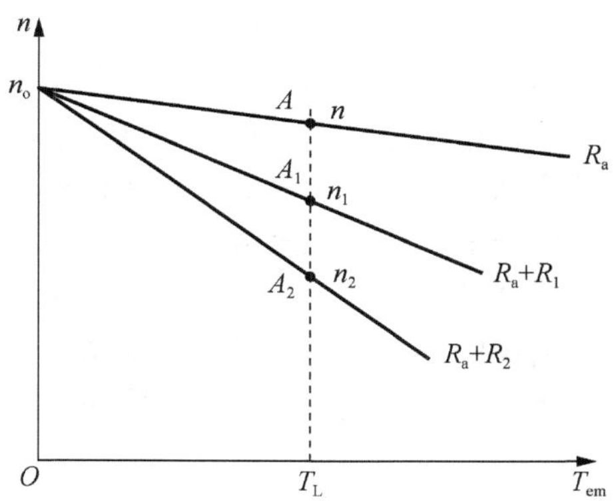

图 5-14　电枢串电阻调速机械特性曲线

电枢串电阻调速方法适用于小容量电动机的调速，但调速电阻不能用起动变阻器代替，因为起动电阻是短时使用的，而调速电阻是连续工作的。

5.5.2　改变电枢电源电压调速

他励直流电动机的电枢回路不串接电阻，由一可调节的直流电源向电枢供电，最高电压不应超过额定电压。励磁绕组由另一电源供电，一般保持励磁磁通为额定值。电枢电源电压不同时，电动机拖动负载将运行于不同的转速上，如图 5-15 所示，图中的负载为恒转矩负载。

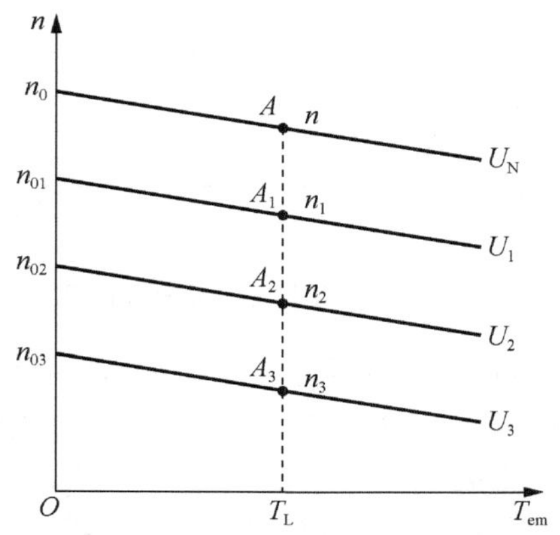

图 5-15　改变电枢电压调速机械特性曲线

从图 5-15 中可以看出，当电枢电源电压为额定值时，电动机和负载的机械特性的交点为 A，转速为 n；电压降到 U_1 后，交点为 A_1，转速为 n_1；电压为 U_2，交点为 A_2，转速为 n_2；电压为 U_3，交点为 A_3，转速为 n_3。电枢电源电压越低，转速也越低。同样，改变电枢电源电压调速方法的调速范围也只能在额定转速与零转速之间调节。

改变电枢电源电压调速时，电动机机械特性“硬度”不变，因此，即使电动机在低速运行时，转速随负载变动而变化的幅度较小，即转速稳定性好。当电枢电源电压连续调节时，转速变化也是连续的，所以这种调速称为无级调速。

改变电枢电源电压调速方法的优点是调压调速机械特性“硬度”不变，调速性能稳定，调速范围广；电源电压便于平滑调节，故调速平滑性好，即可实现无级调速，调速效率高，转速稳定性好；调压调速是通过减小输入功率来降低转速的，故低速时损耗减小，调速经济性好。缺点是所需的可调压电源设备较复杂，投资较高。

改变电枢电源电压调速方法在直流电力拖动系统中被广泛应用。

5.5.3 改变励磁电流调速

保持他励直流电动机电枢电源电压不变，电枢回路也不串接电阻，在电动机拖动负载转矩不很大（小于额定转矩）时，减少直流电动机的励磁磁通，可使电动机转速升高。他励直流电动机带恒转矩负载时的弱磁调速机械特性曲线如图 5-16 所示。

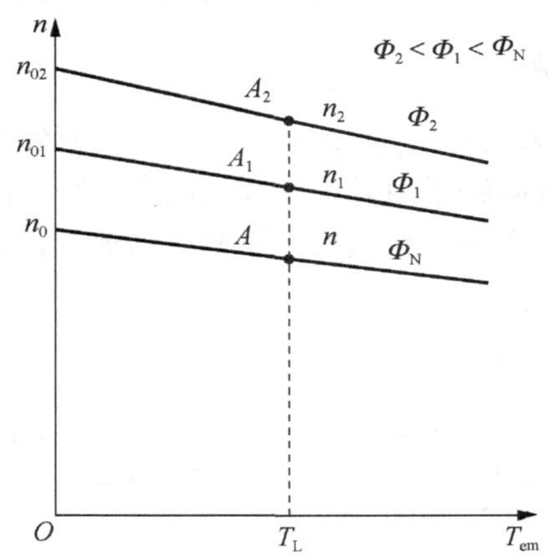

图 5-16 弱磁调速机械特性曲线

从图 5-16 可以看出，当励磁磁通为额定值时，电动机和负载的机械特性的交点为 A，转速为 n；励磁磁通减少为 Φ_1 时，理想空载转速增大，同时机械特性曲线的斜率也变大，交点为 A_1，转速为 n_1；励磁磁通减少为 Φ_2 时，交点为 A_2，转速为 n_2。弱磁调速是在额定转速与电动机所允许最高转速之间进行调节，电动机所允许的最高转速值受换向与机械强度限制，一般约为 $1.2n_N$，特殊设计的调速电动机，可达 $3n_N$ 或更高。单独使用弱磁调速方法，调速的范围不会很大。

弱磁调速的优点是设备简单、调节方便，运行效率也较高，适用于恒功率负载；缺点是励磁过弱时，机械特性曲线的斜率大，转速稳定性差，拖动恒转矩负载时，可能会使电枢电流过大。

在实际电力拖动系统中，可以将几种调速方法结合起来，这样可以得到较宽的调速范围，电动机可以在调速范围内的任何转速上运行，而且调速时损耗较小，运行效率较高，能很好地满足各种生产机械对调速的要求。

5.6　直流电动机在汽车中的运用

电动机的作用是把电能转换成机械能，带动设备运转。在汽车上，除起动发动机的起动机外，其余分布在车上各个地方的电动机都是微型直流电动机。

在过去，汽车微型电动机仅作为刮水器、风窗玻璃洗涤器、电动油泵、自动天线等部件总成的动力源，数量比较少。而现在的轿车着力追求乘用舒适性和自动操纵性，微型电动机已成为现代轿车不可缺少的部件。有些轿车安装了 20 个以上微型直流电动机，可活动的设备无论是做圆周运动，还是做横向摆动或直线移动，一般都有微型电动机作动力源。例如，电动座椅坐垫的位置移动、靠背和头枕角度的变化、后视镜的摆动、照明大灯的洗涤、玻璃窗的开启和关闭、电动车门锁的操纵、水箱冷却风扇的转动等。

汽车微型直流电动机，顾名思义就是小型化的直流电动机，功率一般在 100W 以下。由于汽车运行的特殊要求和环境的严酷性，使用者对汽车微型电动机的要求是苛刻的。对于电动机来讲，电动机质量的高低除了设计构造和加工工艺外，关键在于机芯的磁性材料。目前，轿车上使用的新型电动机采用了一种含稀有元素的永磁材料，其主要成分有铁、硼、钕等，它的神奇之处在于强磁性，不论加工成什么形状，磁性都比普通的铁磁材料强 2～10 倍，这意味着用这种永磁材料做成的电动机，功率大，体积小，质量小，效率高，在车上大量使用这种微型电动机，整车质量会相对减少，等于提高了承载能力。

通用汽车公司前总裁罗杰·史密斯曾经说过，现在汽车工业一天也离不开电磁材料，对于使用磁性材料的工业来说，电磁材料的重要性就像半导体材料对于电子工业一样，在这一领域的每一项重大突破都有可能改变我们的生活。

汽车微型直流电动机的职责是带动设备运动，因此一般要附带一套变换机构，做减速和变向作用。例如，刮水器电动机伺服机构就是采用蜗轮蜗杆传动形式使电轴转动减速和变向；中控门锁的电动机采用齿轮齿条传动形式，起到减速并将旋转改变为直线移动。这些形式是比较常用的变换机构。

现代轿车微型直流电动机的使用范围越来越大，在一些轿车 ABS、电控悬挂系统、电控助力方向机和电子节气门中都要使用到微型直流电动机。随着汽车电子化的发展，微型电动机也越发重要。实际应用中，汽车中除了使用串励电动机外，用永磁铁构成定子的永磁电动机也常常得到广泛的应用，如在电动刮水器、电动车窗等汽车部件中都有应用。

小 结

1）直流电动机由静止的定子和旋转的转子两部分组成。定子主要由机座、主磁极、换向极和电刷装置等组成；转子又称电枢，主要由转轴、电枢铁芯、电枢绕组和换向器等组成。

2）直流电动机的额定值主要有额定功率、额定电压、额定电流、额定转速等。

3）直流电动机的机械特性包括恒转矩负载特性、恒功率负载特性、泵与风机类负载特性三类。

4）直流电动机的起动方法有全压起动、减压起动和电枢回路串电阻起动。

5）直流电动机由于电枢电阻 R_a 很小，额定电压下直接起动的起动电流可达额定电流的 10～20 倍，通常采用减压起动与电枢回路串电阻 R_{ST} 起动。

6）直流电动机反转可采取改变励磁电流反转或改变电枢电压反转。

7）直流他励电动机的制动：当电动机的电磁转矩 T 与转速 n 的方向相反时，电动机处于制动状态。

8）直流他励电动机的调速方法有电枢串电阻调速、降压调速和弱磁调速三种，其调速性能各有优缺点，可根据生产机械的要求合理选择调速方法。

习 题

一、填空题（将正确答案填在空格中）

1．直流电机的励磁方式分为________、________、________和________。

2．直流电动机的起动方法有________、________和________。

3．他励直流电动机在总负载转矩不变时，在励磁回路增加调节电阻可使转速________，而在电枢回路增加调节电阻可使转速________。

4．直流电动机定子的作用是产生磁场和作为电动机的机械支撑，主要由机座、________、________和________等组成。

5．________的作用是通过电刷与换向器表面滑动接触，把转动的电枢绕组与外电路相连。

6．________又称电枢，主要由转轴、电枢铁芯、电枢绕组和换向器等组成。

7．当电枢在磁场中旋转时，在电枢铁芯中将产生________和________损耗，为了减小这些损耗的影响，电枢铁芯通常用 0.5mm 厚表面涂有绝缘的硅钢片叠压而成，电枢铁芯固定在转子支架或转轴上。

8．电枢绕组的作用是产生感应电动势和通过电流产生________，实现机电能量转换。

9．________又称为整流子，是直流电动机的特有装置。其作用是，在直流电动机中，它将外加的直流电流逆变成绕组内的交流电流；在直流发电机中，它将绕组内的交流电动势整流成电刷两端的直流电动势。

10．________是电动机磁路的重要部分。转子要旋转，定子与转子之间必须要有它。

二、判断题（正确的在括号中打“√”，错误的在括号中打“×”）

1．电动机是根据电磁感应原理，把机械能转换成电能，输出电能的原动机。（　　）

2．一台并励直流发电机，正转能自励，若反转也能自励。（　　）

3．直流发电机，若把电枢固定，而电刷与磁极同时旋转，则在电刷两端仍能得到直流电压。（　　）

4．一台并励直流电动机，若改变电源极性，则电动机转向也改变。（　　）

5．电动机的电磁转矩是驱动性质的，因此稳定运行时，大的电磁转矩对应的转速就高。（　　）

6．发电机主磁极磁通产生的感应电动势存在电枢绕组中。（　　）

7．直流发电机电刷在几何中线上，如果磁路不饱和，这时电枢反应是不去磁也不助磁。（　　）

8．如果并励直流发电机的转速上升 20%，则空载时发电机的端电压 U_0 升高 20%。（　　）

9．电磁转矩和电枢旋转方向相反，电枢感应电动势和电枢电流方向相反。（　　）

10．电磁转矩和电枢旋转方向相同，电枢感应电动势和电枢电流方向相反。（　　）

三、选择题（选择正确答案的标号填入括号中）

1．并励直流发电机希望改变电枢两端正负极性，采用的方法是（　　）。

A．改变原动机的转向

B．改变励磁绕组的接法

C．既改变原动机的转向又改变励磁绕组的接法

D．以上均不正确

2．直流电动机起动时电枢回路串入电阻是为了（　　）。

A．增加起动转矩　　B．限制起动电流

C．增加主磁通　　D．减少起动时间

3．一台并励直流电动机若改变电源极性，则电动机的转向（　　）。

A．改变　　B．不变　　C．无法确定

4．要改变并励直流电动机的转向，可以（　　）。

A．增大励磁

B．改变电源极性

C．改变励磁绕组连接方向

D．以上均不正确

5．负载转矩不变时，在他励直流电动机的励磁回路中串入电阻，稳定后，电枢电流将（　　）。

A．增大　　B．减小　　C．不变　　D．无法确定

6．直流电动机降压调速稳定后，如果磁场和总负载转矩不变，则（　　）不变。

A．输入功率　　B．输出功率　　C．电枢电流　　D．以上均不正确

7．一台并励电动机拆装时不慎变动了电刷位置，以致负载增大时转速越来越高，其原因是（　　）。

A．电刷逆着电枢转向移动了一个角度

B．电刷顺电枢转向移动了一个角度

C．励磁回路电阻太大

D．电源电压越来越高

8．起动直流电动机时，磁路回路应（　　）电源。

A．与电枢回路同时接入

B．比电枢回路先接入

C．比电枢回路后接入

9．一台并励直流电动机将单叠绕组改接为单波绕组，保持其支路电流不变，电磁转矩将（　　）。

A．变大　　B．不变　　C．变小　　D．无法确定

四、简答题

1．直流电动机中为何要用电刷和换向器，它们有何作用？

2．简述直流电动机的工作原理。

3．简述直流电动机的励磁方式，并画出其电路。

4．直流电动机为什么一般不允许采用全压起动？

5．什么是能耗制动？有何特点？

6．他励直流电动机实现反转的方法有哪两种？实际应用中大多采用哪种方法？

7．简述倒拉反接制动的工作原理。

8．在什么情况下出现发电回馈制动？

第 6 章　电工测量仪器仪表

知识目标

1）了解电工测量仪器仪表的分类及符号。

2）熟悉电压表、电流表、万用表、兆欧表的使用方法。

3）了解示波器、信号发生器等电工测量仪表。

技能目标

1）学会用万用表测量电阻、电流及电压。

2）会使用示波器。

3）熟悉测量仪表在电路中的应用。

6.1　电工测量仪器仪表的分类和常用符号

6.1.1　电工测量仪器仪表的分类

电工仪表分为电工测量指示仪表、比较仪表和数字式仪表三类。在电工测量的过程中，不需要度量器直接参与工作，而能够随时指示出被测量数值的仪表称为指示仪表，又称为直读仪表，如电压表、电流表、电能（度）表、万用表、兆欧表等都是指示仪表。在电工测量过程中，需要度量器直接参与工作才能确定被测量数值的仪表称为较量仪表，如电桥、电位差计等。除了这两大类之外，电工仪表还包括数字仪表、记录式仪表、机械示波器等。由于电工指示仪表种类繁多，按照不同的功能又可分为各种类型的电工指示仪表，常用的分类方法有以下几种。

1）按仪表测量机构的结构和工作原理可分为：①磁电系仪表，根据通电导体在磁场中产生电磁力的原理制成；②电磁系仪表，根据铁磁物质在磁场中被磁化后产生电磁吸力的原理制成；③电动系仪表，根据两个通电线圈之间产生电动力的原理制成；④感应系仪表，根据交变磁场中的导体感应产生涡流与磁场产生电磁力的原理制成。

2）按被测量电工量分类，有电流表、电压表、电能表、兆欧表等。

3）按使用方法分类，有安装式仪表和便携式仪表。

4）按准确度等级分类，有 0.1、0.2、0.5、1.0、1.5、2.5、5.0 七个准确度等级类型的仪表。

5）按使用条件分类，有 A、B、C 三组类型的仪表。A 组适合用于环境温度为 0～40℃，相对湿度为85%条件范围内；在同样相对湿度条件下，B组为20～50℃，C组为40～60℃。

6.1.2 电工测量仪器仪表的常用符号

不同类型的电工仪表具有不同的技术特性，为了便于选择和使用仪表，通常把这些技术特性用不同的符号标示在仪表的刻度盘或面板上。根据国家标准的规定，每只仪表应有测量对象单位、准确度等级、工作原理系别、使用条件组别、工作位置、绝缘强度试验电压和各类仪表的标志。使用仪表时，必须首先看清各种标记，以确定该仪表是否符合测量要求。

常用电气测量仪表按工作原理分组的名称及符号见表6-1，按外界条件分组的名称及符号见表6-2，准确度等级及工作位置符号见表6-3，各类电源、端钮及调零器的符号见表6-4。

表6-1 常用电气测量仪表按工作原理分组的名称及符号

名称	符号	名称	符号
磁电系仪表		铁磁电动系仪表	
磁电系比率表		铁磁电动系比率表	
电磁系仪表		感应系仪表	
电磁系比率表		静电系仪表	
电磁系仪表		整流系仪表	
电动系比率表		热电系仪表	

表6-2 常用电气测量仪表按外界条件分组的名称及符号

名称	符号	名称	符号
Ⅰ级防外磁场（如磁电系）		A组仪表	A
Ⅰ级防外电场（如静电系）		A_1组仪表	A_1
Ⅱ级防外磁场及电场	Ⅱ Ⅱ	B组仪表	B
Ⅲ级防外磁场及电场	Ⅲ Ⅲ	B_1组仪表	B_1
Ⅳ级防外磁场及电场	Ⅳ Ⅳ	C组仪表	C

表 6-3　准确度等级及工作位置符号

名称	符号	名称	符号
以标度尺上量程百分数表示的准确度等级，如 1.5 级	1.5	标度尺位置为垂直的	⊥
以标度尺长度百分数表示的准确度等级，如 1.5 级	$\vee$ 1.5	标度尺位置为水平的	⊓
以指示值的百分数表示的准确度等级，如 1.5 级	(1.5)	标度尺位置与水平面倾斜成一角度，如 60°	∠60°

表 6-4　电源、端钮及调零器的符号

名称	符号	名称	符号
直流	—	与屏蔽相连接的端钮	
交流单相	~	接地端钮	⏚
直流和交流		注意：遵照使用说明书及质量合格证明书规定	⚠
具有单元件的三相平衡负载的交流	≋	与外壳相连接的端钮	
公共端钮（多量程仪表）	✳	与仪表可动线圈连接的端钮	
电源端钮（功率表、无功功率表、相位表）	✳	调零器	

6.2　电压表和电流表

6.2.1　电压表

电压表指固定安装在电力、电信、电子设备面板上使用的仪表，用来测量交、直流电路中的电压。

1. 电压表的正确使用

1）机械调零（把指针调到零刻度）。

2）并联（电压表内阻很大，串联在电路中会造成断路），正进负出（使电流从正极接入流进，从负极接入流出）。

3）选择量程（被测电压不能超过电压表的量程）。

注意： 如果不能估计电路上的电压，先用大的量程试触，粗略测得电压后，再用适合的量程，这样可以防止电压过大而打弯指针。

4）直流电压表的符号要在 V 下加一个“—”，交流电压表的符号要在 V 下加一个波浪线“～”。电压表有 3 个接线柱：1 个负接线柱，2 个正接线柱。交流电压表不分正负极，正确选择量程，直接把电压表并联在被测电路的两端。交流电压表测得的电压是交流电压的有效值。

2. 电压表的工作原理

在电压表内有一个磁铁和一个导线线圈，通过电流后，线圈产生磁场，这样线圈通电后在磁铁的作用下会旋转，这就是电流表、电压表的表头部分。这个表头所能通过的电流很小，两端所能承受的电压也很小（肯定远小于 1V，可能只有零点零几伏甚至更小），为了能测量实际电路中的电压，给这个表头串联一个比较大的电阻，做成电压表。这样，即使两端加上比较大的电压，也可使大部分电压作用在所加的这个大电阻上，表头上的电压就会很小。可见，电压表是一种内部电阻很大的仪表，一般应该大于几千欧。

3. 电压表的分类

电压表按其工作原理和读数方式分为模拟式电压表和数字式电压表两大类。

（1）模拟式电压表

模拟式电压表又称指针式电压表，一般采用磁电式直流电流表头作为被测电压的指示器。测量直流电压时，可直接或经放大或经衰减后变成一定量的直流电流驱动直流表头的指针偏转指示。测量交流电压时，必须经过交流-直流转换器即检波器，将被测交流电压先转换成与之成比例的直流电压后，再进行直流电压的测量。模拟式电压表按不同方式又分为如下几种类型：

1）按工作频率分类：分为超低频（1kHz 以下）、低频（1MHz 以下）、视频（30MHz 以下）、高频或射频（300MHz 以下）、超高频（300MHz 以上）电压表。

2）按测量的电压量级分类：分为电压表（基本量程为 V 量级）和毫伏表（基本量程为 mV 量级）。

3）按检波方式分类：分为均值电压表、有效值电压表和峰值电压表。

4）按电路组成形式分类：分为检波-放大式电压表、放大-检波式电压表、外差式电压表。

（2）数字式电压表

数字式电压表是采用数字化测量技术，把连续的模拟信号转换成不连续、离散的数字形式，并加以显示的仪表。

特点：显示清晰直观，读数准确；准确度高；分辨率高；扩展能力强；测量速度快；抗干扰能力强；集成度高，微功耗。

6.2.2　电流表

1. 电流表的工作原理

电流表由一只电阻和一只电压表头组成，当电流经过电阻时，电阻两端产生一个电压，表头指示的读数就是电压的读数，只不过表盘上人为地标上电流罢了，如图 6-1 所示。需要测量大电流时这只电阻的阻值要小，需要测量小电流时这只电阻的阻值就要大。

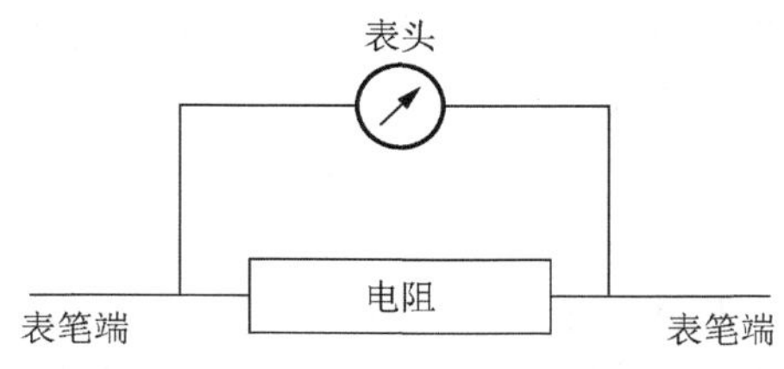

图 6-1　电流表的工作原理

2. 测量电流的接线

1）直流电流的测量：测量直流电流时，要注意仪表的极性和量程。在带有分流器的仪表测量时，应将分流器的电流端钮接入电路中。

2）交流电流的测量：在测量大容量的交流电时，常借助于电流互感器来扩大电流表的量程。电流表内阻越小，测量结果越准确。

6.3　万　用　表

万用表是电工电子爱好者必备的工具，此节着重讲述其电路部分的原理与应用。

6.3.1　万用表的结构

万用表主要由三部分组成：表头、测量电路和转换装置。

表头是一只直流微安表，它是万用表的核心，万用表的很多重要性能，如灵敏度、准确度等级、阻尼及指针回零等大多取决于表头的性能。表头的灵敏度是以满刻度时的测量电流来衡量的，此电流又称满偏电流，表头的满偏电流越小，灵敏度就越高。

测量电路的作用是把被测的电量转化至适合于表头要求的满偏电流以内。测量电路一般包括分流电路、分压电路和整流电路等。分流电路的作用是把被测量的大电流通过分流电阻变成表头所需的微小电流；分压电路是将被测高电压通过分压电阻分压变换成表头所需的低压；整流电路将被测的交流通过二极管整流变成表头所需的直流。

万用表的各种测量种类及量程的选择是靠转换装置来实现的，其主要部件是转换开关。转换开关的好坏直接影响万用表的使用效果，好的转换开关应转动灵活、手感好、旋转定位准确、触点接触可靠，这也是选购万用表时应重点检查的一个项目。

6.3.2 万用表的工作原理

1. 直流电流的测量

由于表头只能流过较小的直流电流，为了能测量较大的电流，一般采用并联电阻分流法，使多余的电流从并联的电阻中流过，而通过表头的电流保持在规定小电流以内。并联的电阻越小，可测量的电流就越大。其多量程的测量是通过转换开关及不同的插孔来改变分流电阻的大小来实现的。

2. 直流电压的测量

在直流电路中，电流、电阻、电压是密不可分的，既然表头可流过电流使指针偏转，而表头自身又有一定的电阻，所以万用表的表头实际上也是一只直流电压表（$U=IR$），只不过测量范围很小，一般只有零点几伏。实际电路中，万用表是通过串联电阻分压来达到扩大量程的目的的。所串联电阻越大，则可测量的电压就越高，电压挡不同的量程就是通过转换开关获得不同的分压电阻来实现的。

3. 交流电压的测量

由于表头只能流过直流电，因此测量交流时还需要一个整流电路。万用表一般采用二极管半波整流的形式将交流变为直流。

4. 电阻的测量

万用表电阻的测量是依据欧姆定律进行的。利用通过被测电阻的电流及其两端的电压来反映被测电阻的大小，使电路中的电流大小取决于被测电阻的大小，即流经表头的电流由被测电阻所决定，此电流反映在表盘上，通过欧姆标度尺即得到被测电阻的阻值。

5. h_{FE}的测量

万用表对晶体管h_{FE}的测量，除利用了晶体管基本放大电路外，基本原理同电阻的测量相同。由于万用表在面板上将 e、b、c 三个插孔排在一条线上，在实际使用中，当晶体管的引脚排列顺序与之不相同时，测量晶体管的h_{FE}就显得不太方便。

6.3.3 万用表的使用注意事项

1）在使用万用表之前，应先进行“机械调零”，即在没有接入被测电量时，使万用表指针指在零电压或零电流的位置上。

2）在使用万用表过程中，不能用手去接触表笔的金属部分，这样一方面可以保证测量的准确，另一方面也可以保证人身安全。

3）在测量某一电量时，不能在测量的同时换挡，尤其是在测量高电压或大电流时，更应注意；否则，会毁坏万用表。如需换挡，应先将表笔与被测电路断开，换挡后再去测量。

4）万用表在使用时，必须水平放置，以免造成误差。同时，还要注意到避免外界磁场对万用表的干扰。

5）万用表使用完毕，应将转换开关挡位置于交流电压的最大挡。如果长期不使用，还应将万用表内部的电池取出来，以免电池腐蚀表内其他器件。

6.4　兆　欧　表

兆欧表又称绝缘电阻表，是一种测量高电阻的可携带的仪表，经常用它测量电气设备或供电线路的绝缘电阻值。兆欧表的表盘刻度以兆欧（MΩ）为单位。

1. 兆欧表的选择

兆欧表用来测量电气设备的绝缘电阻，是检查设备绝缘状态最简便和最基本的方法。在现场普遍用兆欧表测量绝缘电阻。绝缘电阻值的大小常能灵敏地反映绝缘情况，能有效地发现设备局部或整体受潮、绝缘击穿和严重过热老化等缺陷。

使用兆欧表时，主要是选择适合其电压及测量范围，高压电气设备需使用电压高的兆欧表，低压电气设备需使用电压低的兆欧表。

一般选择原则：500V 以下的电气设备选用 500～1000V 的兆欧表，瓷绝缘子、母线、刀开关应选用 2500V 以上的兆欧表，即选用的兆欧表测量范围应适于被测绝缘电阻的数值，避免读数时产生较大的误差。有些兆欧表的读数不是从零开始，而是从 1MΩ或 2MΩ开始的，这种兆欧表就不适宜用于测定处在潮湿环境中的低压电气设备的绝缘电阻。因为这种设备的绝缘电阻有可能小于 1MΩ，使仪表得不到读数，这样容易误认为绝缘电阻为零，从而得出错误结论。

电阻量程范围的选择：兆欧表的表盘刻度线上有两个小黑点，小黑点之间的区域为准确测量区域，所以在选兆欧表时应使被测设备的绝缘电阻值在准确测量区域内。

2. 兆欧表的分类及电压等级

（1）兆欧表的分类

兆欧表按电源型通常可分为发电机型和整流电源型两大类。发电机型一般为手摇（或电动）直流发电机或交流发电机经倍压整流后输出直流电压；整流电源型由低压 50Hz 交流电（或干电池）经整流稳压、晶体管振荡器升压和降压整流后输出直流电压。

（2）兆欧表的电压等级

兆欧表的电压通常有 100V、250V、500V、1000V、2500V、5000V、10000V 等多

种，也有可连续改变输出电压的，应按照《电气设备预防性试验规程》的有关规定选用适当的电压。

（3）兆欧表的容量

兆欧表的容量即最大输出电流值（输出端经毫安表短路测得），对吸收比和极化指数测量有一定的影响。测量吸收比和极化指数时应尽量采用大容量的兆欧表，即选用最大输出电流 1mA 及以上的兆欧表，以期得到较准确的测量结果。

3. 兆欧表使用注意事项

兆欧表在工作时，自身产生高电压，而测量对象又是电气设备，所以必须正确使用，否则就会造成人身或设备事故。使用兆欧表时，要做好以下各种准备：

1）测量前必须将被测设备电源切断，并对地短路放电，决不允许测量带电设备，以保证人身和设备的安全。

2）对可能感应出高压电的设备，消除这种可能性后，才能进行测量。

3）被测物表面要清洁，减少接触电阻，确保测量结果的准确性。

4）测量前要检查兆欧表是否处于正常工作状态，主要检查其“0”和“∞”两点。摇动手柄，使电机达到额定转速，兆欧表指针在短路时应指在“0”位置，开路时应指在“∞”位置。

5）兆欧表引线应用多股软线，而且应有良好的绝缘。

6）兆欧表使用时应放在平稳、牢固的地方，且远离大的外电流导体和外磁场。

4. 使用兆欧表测量电阻时的步骤

1）兆欧表的选择：主要根据不同的电气设备选择兆欧表的电压及其测量范围。例如，对于额定电压在 500V 以下的电气设备，应选用电压等级为 500V 或 1000V 的兆欧表；对于额定电压在 500V 以上的电气设备，应选用 1000～2500V 的兆欧表。

2）测试前的准备：测量前将被测设备切断电源，并短路接地放电 3～5min，特别是电容量大的，更应充分放电，以消除残余静电荷引起的误差，保证正确的测量结果，以及人身和设备的安全；被测物表面应擦干净，绝缘物表面污染、潮湿对绝缘的影响较大，而测量的目的是了解电气设备内部的绝缘性能，一般都要求测量前用干净的布或棉纱擦净被测物，否则达不到检查的目的。

兆欧表在使用前应平稳放置在远离大电流导体和有外磁场的地方，测量前对兆欧表本身进行检查。开路检查：两根线不要绞在一起，将发电机摇动到额定转速，指针应指在“∞”位置。短路检查将表笔短接，缓慢转动发电机手柄，看指针是否到“0”位置。若零位或无穷大达不到，说明兆欧表有毛病，必须进行检修。

3）接线：一般兆欧表上有三个接线柱，L 表示“线”或“相线”接线柱，E 表示“地”接线柱，G 表示屏蔽接线柱。一般情况下，用有足够绝缘强度的单相绝缘线将 L 和 E 接线柱分别接到被测物导体部分和被测物的外壳或其他导体部分（如测相间绝缘）。在特殊情况下，如被测物表面受到污染不能擦干净、空气太潮湿或者有外电磁场干扰等，就必须将 G 接线柱接到被测物的金属屏蔽保护环上，以消除表面漏流或干扰对测量结果的影响。

4）测量：摇动兆欧表手柄使转速达到额定转速（120r/min）并保持稳定，待指针稳定后读取数值。

5）测量电动机的绝缘电阻时，E 端接电动机的外壳，L 端接电动机的绕组。

6）测量完成之后，要对被测设备进行放电。

6.5 示 波 器

在数字电路实验中，需要使用若干仪器仪表观察实验现象和结果。常用的电子测量仪器仪表有万用表、逻辑笔、普通示波器、存储示波器、逻辑分析仪等。万用表和逻辑笔使用方法比较简单，而逻辑分析仪和存储示波器目前在数字电路教学实验中应用还不十分普遍。示波器是一种使用非常广泛且使用相对复杂的仪器。本节内容从使用的角度介绍示波器的原理和使用方法。

6.5.1　示波器的工作原理

示波器是利用电子示波管的特性，将人眼无法直接观测的交变电信号转换成图像显示在荧光屏上以便测量的电子测量仪器。它是观察数字电路实验现象、分析实验中的问题、测量实验结果必不可少的重要仪器。示波器由示波管和电源系统、同步系统、*X* 轴偏转系统、*Y* 轴偏转系统、延迟扫描系统、标准信号源组成。

1. 示波管

阴极射线管（CRT）简称示波管，是示波器的核心，它将电信号转换为光信号。如图 6-2 所示，电子枪、偏转系统和荧光屏三部分密封在一个真空玻璃壳内，构成了一个完整的示波管。

2. 荧光屏

现在的示波管屏面通常是矩形平面，内表面沉积一层磷光材料构成荧光膜。在荧光膜上常又增加一层蒸发铝膜。高速电子穿过铝膜，撞击荧光粉而发光形成亮点。铝膜具有内反射作用，有利于提高亮点的辉度；铝膜还有散热等其他作用。荧光屏是示波管的显示部分，屏上水平方向和垂直方向各有多条刻度线，指示出信号波形的电压和时间之间的关系。水平方向指示时间，垂直方向指示电压。水平方向分为 10 格，垂直方向分为 8 格，每格又分为 5 份。垂直方向标有 0%、10%、90%、100%等标志，水平方向标有 10%、90%标志，供测直流电平、交流信号幅度、延迟时间等参数使用。根据被测信号在屏幕上占的格数乘以适当的比例常数（V/DIV，TIME/DIV）能得出电压值与时间值。

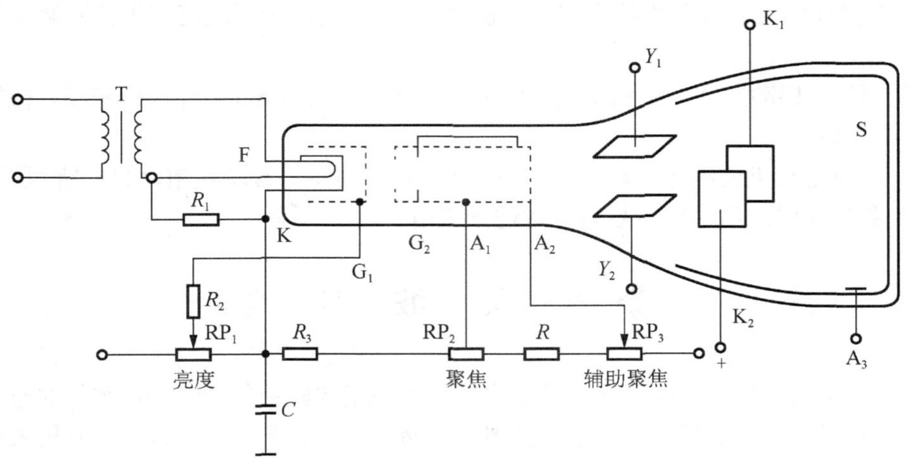

图 6-2　示波管的内部结构和供电图示

当电子停止轰击后，亮点不能立即消失而要保留一段时间。亮点辉度下降到原始值的 10%所经过的时间称为余辉时间。余辉时间短于 10μs 为极短余辉，10μs～1ms 为短余辉，1ms～0.1s 为中余辉，0.1～1s 为长余辉，大于 1s 为极长余辉。一般的示波器配备中余辉示波管，高频示波器选用短余辉，低频示波器选用长余辉。

由于所用磷光材料不同，荧光屏上能发出不同颜色的光。一般示波器多采用发绿光的示波管，以保护人的眼睛。

3. 电子枪及聚焦

电子枪由灯丝（F）、阴极（K）、栅极（G_1）、前加速极（G_2）（或称第二栅极）、第一阳极（A_1）和第二阳极（A_2）组成。它的作用是发射电子并形成很细的高速电子束。灯丝通电加热阴极，阴极受热发射电子。栅极是一个顶部有小孔的金属圆筒，套在阴极外面。由于栅极电位比阴极低，对阴极发射的电子起控制作用，一般只有运动初速度大的少量电子在阳极电压的作用下能穿过栅极小孔，奔向荧光屏。初速度小的电子仍返回阴极。如果栅极电位过低，则全部电子返回阴极，即管子截止。调节电路中的 RP_1 电位器，可以改变栅极电位，控制射向荧光屏的电子流密度，从而达到调节亮点的辉度。第一阳极、第二阳极和前加速极都是与阴极在同一条轴线上的三个金属圆筒。前加速极 G_2 与 A_2 相连，所加电位比 A_1 高。G_2 的正电位对阴极电子奔向荧光屏起加速作用。

电子束从阴极奔向荧光屏的过程中，经过两次聚焦过程。第一次聚焦由 K、G_1、G_2 完成，K、G_1、G_2 称为示波管的第一电子透镜。第二次聚焦发生在 G_2、A_1、A_2 区域，调节第二阳极 A_2 的电位，能使电子束正好会聚于荧光屏上的一点，这是第二次聚焦。

A_1 上的电压称为聚焦电压，所以 A_1 又称为聚焦极。有时调节 A_1 的电压仍不能良好聚焦，需微调第二阳极 A_2 的电压，A_2 又称为辅助聚焦极。

4. 偏转系统

偏转系统控制电子射线方向，使荧光屏上的光点随外加信号的变化描绘出被测信号的波形。Y 轴偏转板在前，X 轴偏转板在后，因此 Y 轴灵敏度高（被测信号经处理后加到 Y 轴）。两对偏转板分别加上电压，使两对偏转板间各自形成电场，分别控制电子束在垂直方向和水平方向的偏转。

5. 示波管的电源

为使示波管正常工作，对电源供给有一定要求。规定第二阳极与偏转板之间电位相近，偏转板的平均电位为零或接近为零。阴极必须工作在负电位上。由于示波管各电极电流很小，可以用公共高压经电阻分压器供电。

6.5.2 示波器的基本组成

示波器的基本组成框图如图 6-3 所示，由示波管、Y 轴系统、X 轴系统、Z 轴系统和电源五部分组成。

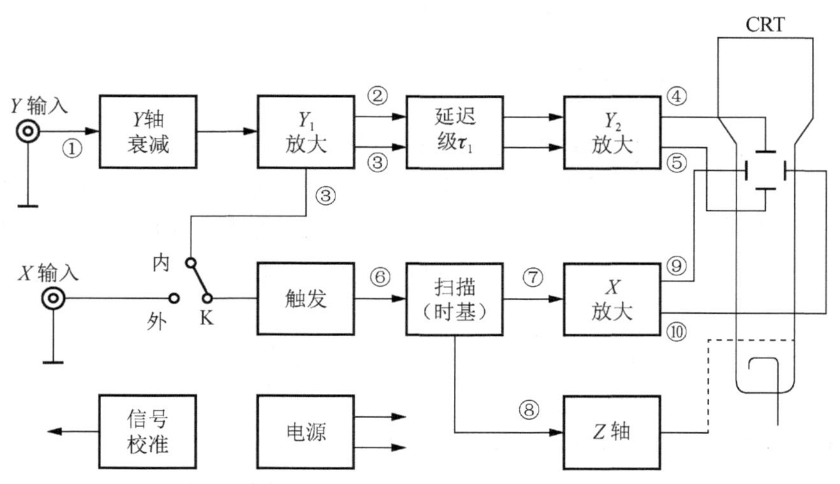

图 6-3　示波器的基本组成框图

被测信号①接到 Y 输入端，经 Y 轴衰减器适当衰减后送至 Y_1 放大器（前置放大），推挽输出信号②和③。经延迟级延迟 τ_1 时间，到 Y_2 放大器。放大后产生足够大的信号④和⑤，加到示波管的 Y 轴偏转板上。为了在屏幕上显示出完整的稳定波形，将 Y 轴的被测信号③引入 X 轴系统的触发电路，在引入信号的正（或者负）极性的某一电平值产生触发脉冲⑥，启动锯齿波扫描电路（时基发生器），产生扫描电压⑦。由于从触发到启动扫描有一时间延迟τ_2，为保证 Y 轴信号到达荧光屏之前 X 轴开始扫描，Y 轴的延迟时间τ_1应稍大于 X 轴的延迟时间τ_2。扫描电压⑦经 X 轴放大器放大，产生推挽输出⑨和⑩，加到示波管的 X 轴偏转板上。Z 轴系统用于放大扫描电压正程，并且变成正向矩形波，送到示波管栅极。这使得在扫描正程显示的波形有某一固定辉度，而在扫描回程进行抹迹。

双踪显示则是利用电子开关将 Y 轴输入的两个不同的被测信号分别显示在荧光屏上。由于人眼的视觉暂留作用，当转换频率高到一定程度后，看到的是两个稳定的、清晰的信号波形。示波器中往往有一个精确稳定的方波信号发生器，供校验示波器用。

6.5.3　示波器及其面板旋钮的功能

1. 示波器的功能

1）可以测量直流信号、交流信号的电压幅度。

2）可以测量交流信号的周期，并以此换算出交流信号的频率。

3）可显示交流信号的波形。

4）可以用两个通道分别进行信号测量。

5）可以在屏幕上同时显示两个信号的波形，即双踪测量功能。此功能能够测量两个信号之间的相位差，以及波形之间形状的差别。

2. 示波器面板旋钮的功能

1）扫描速度旋钮：可以改变示波器扫描线从左向右移动的速度。

2）电压选择旋钮：可以改变输入电压使扫描线在示波器屏幕 Y 轴方向的偏转幅度。

3）上下调整旋钮、左右调整旋钮：可以改变扫描线在屏幕中上下、左右方向的位置。

4）电压标准旋钮：向顺时针方向达到最大值的状态为标准状态。其他位置为非标准状态。

5）扫描速度标准旋钮：向顺时针方向达到最大值的状态为标准状态。其他位置为非标准状态。

6）同步旋钮：能使示波器的波形稳定下来。

7）功能选择键 1：为 CH1 通道选择、CH2 通道选择、双踪功能选择。

8）功能选择键 2：为 CH1 信号同步、CH2 信号同步。

9）测量功能选择开关：能使测量处于直流（DC）、交流（AC）和接地（GND）三种状态。当处于直流状态时，无论是直流信号还是交流信号都能够进行测量。当处于交流状态时，示波器测量接口的内部被串上一个电容，此时信号中的直流成分被电容阻隔，而交流成分却可以通过电容而被测量。当处于接地状态时，示波器的测量接口在示波器内部与地短路，此时外部信号不能进入示波器。

10）亮度调整旋钮：可以调整图像的亮度。

11）聚焦调整旋钮：可以使图像变得精细。

6.5.4　示波器对被测电压进行读数的方法

1. 测量电压的读数

示波器扫描线在 Y 轴方向偏离一个方格，被测量的电压值就等于电压选择旋钮所指示的电压。信号电压使示波器扫描线在 Y 轴方向偏离的格数乘以电压选择旋钮所指示的电压，就等于这个信号的电压值。

2. 测量交流电压的周期

示波器扫描线在 X 轴方向每移动一个方格，所经过的时间就等于扫描速度旋钮所指示的时间。交流电压一个完整的波形在示波器 X 轴方向所占用的格数乘以扫描速度旋钮所指示的时间，就等于这个交流电压的周期。

6.6　信号发生器

信号发生器又称信号源或振荡器，是一种能提供各种频率、波形和输出电平信号的设备。在生产和科技领域中有广泛的应用，各种波形信号可以用三角函数来表示。能够产生多种波形（如三角波、锯齿波、矩形波、正弦波）的电路称为函数信号发生器。在测量元器件的特性和参数时，用作测试的信号源或激励源。

6.6.1　信号发生器的基本原理

现代信号发生器的结构非常复杂，与早期的简易信号发生器差别很大，但总体基本结构功能单元还是类似的。信号发生器的主要部件有频率产生单元、调制单元、缓冲放大单元、衰减输出单元、显示单元、控制单元。早期的信号发生器都采用模拟电路，现代信号发生器越来越多地使用数字电路或单片机控制，内部电路结构上有了很大的变化。

频率产生单元是信号发生器的基础和核心。早期的高频信号发生器采用模拟电路 LC 振荡器，低频信号发生器则较多采用文氏电桥振荡器和 RC 移相振荡器。由于早期没有频率合成技术，所以上述 LC、RC 振荡器的优点是结构简单、可以产生连续变化的频率，缺点是频率稳定度不够高。早期产品为了提高信号发生器的频率稳定度，在可变电容的精密调节方面下了很大功夫，不少产品都设计了精密的传动机构和指示机构，所以很多早期的高级信号发生器体积大，质量大。后来，人们发现采用石英晶体构成振荡电路产生的频率稳定，但是石英晶体的频率是固定的，在没有频率合成技术的条件下，只能做成固定频率信号发生器。之后也出现过压控振荡器，虽然频率稳定度比 *LC* 振荡器好些，但依然不够理想，不过压控振荡器摆脱了 *LC* 振荡器的机械结构，可以大大缩减仪器的体积，同时电路不太复杂，成本也不高。现在一些低端的函数信号发生器依然采用这种方式。

目前的中高端信号发生器采用了更先进的 DDS 频率直接合成技术，具有频率输出稳定度高、频率合成范围宽、信号频谱纯净度高等优点。由于 DDS 芯片高度集成化，因此信号发生器的体积很小。

信号发生器的工作频率范围、频率稳定度、频率设置精度、相位噪声、信号频谱纯度都与频率产生单元有关，这些也是信号发生器性能的重要指标。

图 6-4 所示为基于 ICL8038 芯片的函数信号发生器几个核心电路的原理图。

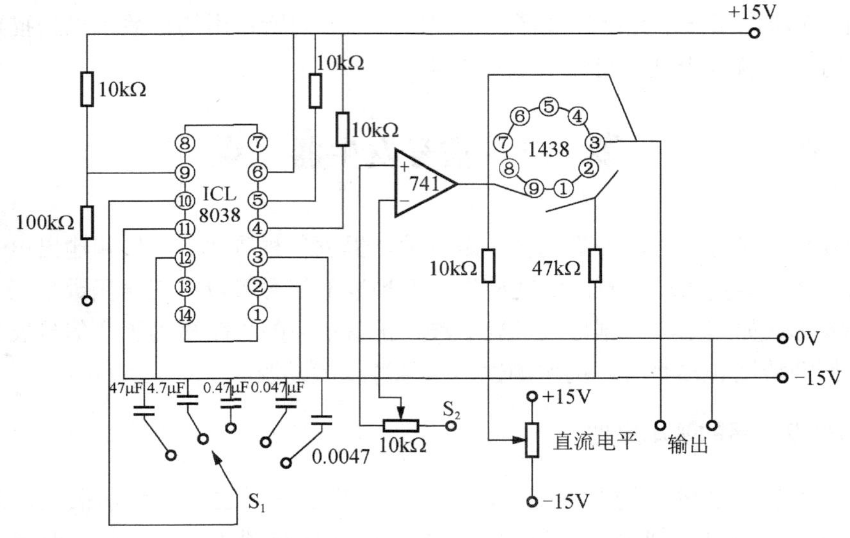

图 6-4　函数信号发生器核心电路原理图

1. 函数信号发生器显示电路方案

ICL7107 是一块应用非常广泛的集成电路。它包含 $3\frac{1}{2}$ 位数字 A/D 转换器，可直接驱动 LED 数码管，内部设有参考电压、独立模拟开关、逻辑控制、显示驱动、自动调零功能等。函数信号发生器显示电路如图 6-5 所示。

2. 函数信号发生器稳压电源部分电路

由于本系统复杂，涉及很多电路，集成芯片多，各自所需电压又不同，为了符合每一部分的电压需要，必须把电压分别转换，我们通过芯片 7812、7912 分别产生±12V 电压，用芯片 7805 产生+5V 电压。稳压电源电路如图 6-6 所示，其中输入、输出端分别接有大小电容，在电容、小电容分别作低频、高频滤波用。

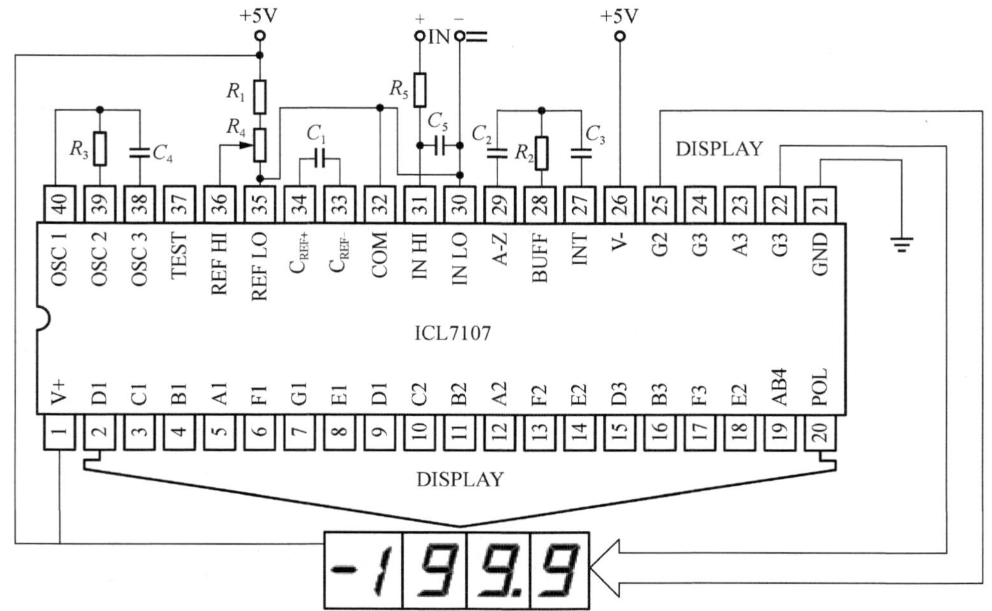

图 6-5　显示电路

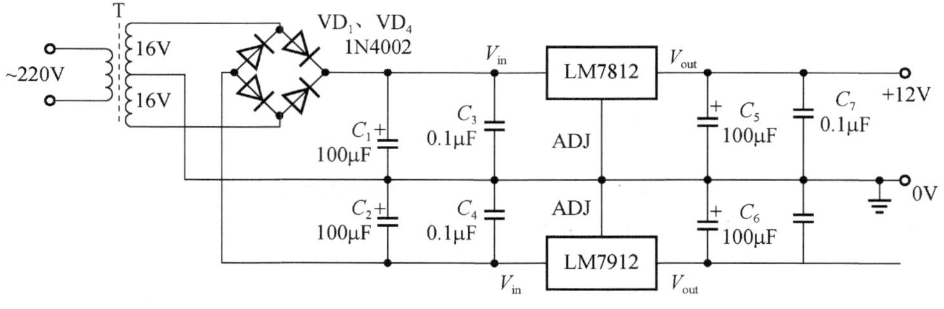

图 6-6　稳压电源电路

3. 函数信号发生器电流峰值保护电路

电流峰值保护电路：功率板上的输出电流通过电流互感器后，以电压形式表现电流大小的信号通过信号放大器后，就会立即关断输出，起到迅速保护作用，如图 6-7 所示。

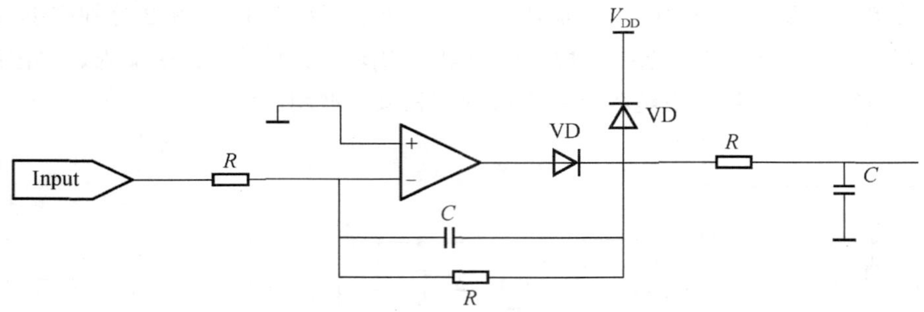

图 6-7　电流峰值保护电路

4. 函数信号发生器蜂鸣报警电路

蜂鸣报警电路：当检测到高于设定电压时，控制口 PC1 为高电平，系统发出报警，如图 6-8 所示。

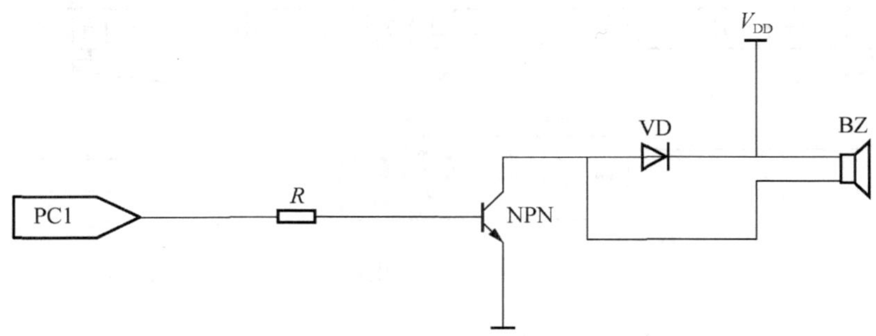

图 6-8　蜂鸣报警电路

5. 函数信号发生器熔丝熔断指示电路

如图 6-9 所示，当熔丝 FU 熔断后，220V 交流电通过用电器加至报警器上，氖泡两金属片间发生放电闪光，于是在陶瓷压电片 HA 上产生连续报警声。

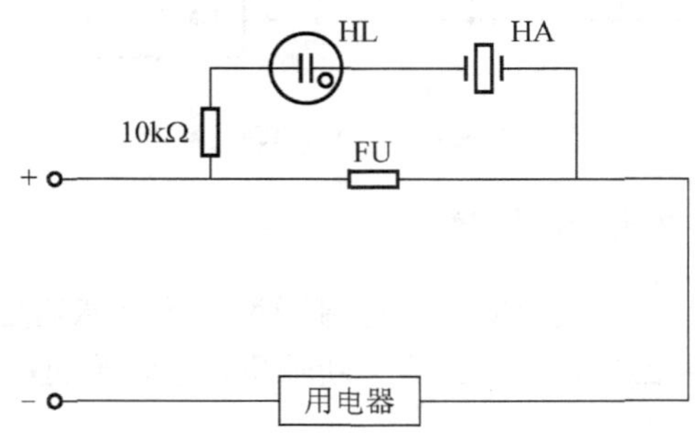

图 6-9　熔丝熔断指示电路

总之，函数信号发生器是一种给被测电路提供所需要的已知信号（各种波形），然后用其他仪表测量参数的装置。信号发生器的一大特性就是可以操控仪器输出信号的幅度，信号通过特定组合衰减量的衰减器达到预定的输出幅度。早期的衰减器是机械式的，通过刻度来读取衰减量或输出幅度。现代中高档信号发生器的衰减器单元由单片机控制继电器来切换，向电子芯片化过渡，衰减单元的衰减步进量不断缩小，精度相应提高。大频率范围的高精度衰减器和高精度信号输出属于高科技技术，这也是国内很少有企业能制造高端信号发生器的原因之一。信号发生器的信号输出范围和输出电平的精度和准确度也是信号发生器性能的重要指标。

6.6.2　信号发生器的分类与用途

信号发生器按传统工作频段分类，有超低频信号发生器、低频信号发生器、高频信号发生器、微波信号发生器。

超低频信号发生器一般是指工作频率下潜到 0.1Hz 以下的信号发生器，一般用于专业上的特殊用途。低频信号发生器一般是指工作频率主要在 1Hz～1MHz 的信号发生器，多用于音频领域。高频信号发生器也称射频信号发生器，一般是指工作频率从 100kHz 到几百兆赫的信号发生器（目前频率高的可以达到几 GHz），多用于通信和测量领域。微波信号发生器一般是指工作频率高达数 GHz 到几十 GHz 的信号发生器，多用于雷达领域。

随着频率合成技术和电路的发展，很多信号发生器都可提供更大的频率覆盖范围，做到一机多用，频段的划分渐渐成为一个模糊的观念。例如，常用的 Agilent 33250A 函数信号发生器就可以工作在 1μHz～80MHz 的范围，包含传统的超低频、低频、音频和 HF 频段。

6.7　频　率　计

频率计又称为频率计数器，是一种专门对被测信号频率进行测量的电子测量仪器。频率计主要由四部分组成：时基电路、输入电路、计数显示电路及控制电路。

所谓频率，就是周期性信号在单位时间（1s）内变化的次数，即信号周期的倒数。若在一定时间间隔 T 内测得这个周期性信号的重复变化次数为 N，则其频率可表示为 $f_x=N/T$。因此，可以将信号放大整形后由计数器累计单位时间内的信号个数，然后经译码、显示输出测量结果，这就是测频法。可见，数字频率计主要由放大整形电路、闸门电路、计数器电路、锁存器、时基电路、逻辑控制、译码显示电路等部分组成，如图 6-10 所示。

从图 6-11 可知，被测信号 V_x 经放大整形电路变成计数器所要求的脉冲信号Ⅰ，其频率与被测信号的频率 f_x 相同。时基电路提供标准时间基准信号Ⅱ，具有固定宽度 T 的方波时基信号Ⅱ作为闸门的一个输入端，控制闸门的开放时间，被测信号Ⅰ从闸门另一端输入，被测信号频率为f_x，闸门宽度T，若在闸门时间内计数器计得的脉冲个数为N，则被测信号频率$f_x=N/T$。可见，闸门时间T决定量程，通过闸门时基选择开关选择，选择的T大一些，测量准确度就高一些；T小一些，则测量准确度就低。根据被测频率选择闸门时间来控制量程。在整个电路中，时基电路是关键，闸门信号脉冲宽度是否精确直接决定了测量结果是否精确。逻辑控制电路的作用有两个：一是产生锁存脉冲Ⅳ，使显示器上的数字稳定；二是产生清“0”脉冲Ⅴ，使计数器每次测量从零开始计数。

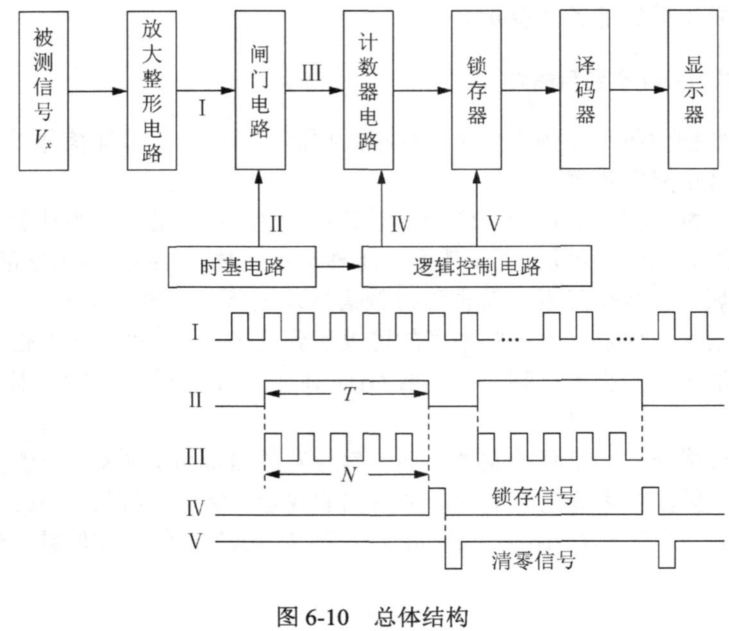

图 6-10　总体结构

小　结

本章讲述了电工测量仪器仪表的分类及符号，对电压表、电流表、万用表、兆欧表的使用方法进行了说明，对示波器、信号发生器的工作原理及用途做了介绍。

1. 电工测量仪器仪表的分类

电工仪表分为电工测量指示仪表、比较仪表和数字式仪表三类。在电工测量的过程中，不需要度量器直接参与工作，而能够随时指示出被测量数值的仪表称为指示仪表，又称为直读仪表，如电压表、电流表、电能（度）表、万用表、兆欧表等都是指示仪表。在电工测量过程中，需要度量器直接参与工作才能确定被测量数值的仪表称为较量仪表，如电桥、电位差计等。除了这两大类之外，电工仪表还包括数字仪表、记录式仪表、机械示波器等。

1）按仪表测量机构的结构和工作原理可分为以下四类：

① 磁电系仪表：根据通电导体在磁场中产生电磁力的原理制成。

② 电磁系仪表：根据铁磁物质在磁场中被磁化后产生电磁吸力的原理制成。

③ 电动系仪表：根据两个通电线圈之间产生电动力的原理制成。

④ 感应系仪表：根据交变磁场中的导体感应产生涡流与磁场产生电磁力的原理制成。

2）按被测量电工量分类，有电流表、电压表、电能表、兆欧表等。

2. 电压表

电压表指固定安装在电力、电信、电子设备面板上使用的仪表，用来测量交、直流电路中的电压。

3. 电流表

电流表由一只电阻和一只电压表头组成，当电流经过电阻时，电阻两端产生一个电压，表头指示的读数就是电压的读数。

4. 万用表

万用表主要由三部分组成：表头、测量电路和转换装置。

万用表具有用途多、量程广、使用方便等优点，是电子测量中最常用的工具。它可以用来测量电阻、交直流电压和直流电流。有的万用表还可以测量晶体管的主要参数及电容器的电容量等。掌握万用表的使用方法是电子技术领域的一项基本技能。常见的多用表有指针式多用表和数字式多用表。指针式多用表是以表头为核心部件的多功能测量仪表，测量值由表头指针指示读取。数字式多用表的测量值由液晶显示屏直接以数字的形式显示，读取方便，有些还带有语音提示功能。万用表是共用一个表头，集电压表、电流表和欧姆表于一体的仪表。

5. 兆欧表

兆欧表又称绝缘电阻表，是一种测量高电阻的可携带的仪表，经常用它来测量电气设备或供电线路的绝缘电阻值。兆欧表的表盘刻度以兆欧（MΩ）为单位。

6. 示波器

示波器是利用电子示波管的特性，将人眼无法直接观测的交变电信号转换成图像显示在荧光屏上，以便测量的电子测量仪器。它是观察数字电路实验现象、分析实验中的问题、测量实验结果必不可少的重要仪器。示波器由示波管和电源系统、同步系统、X

轴偏转系统、Y轴偏转系统、延迟扫描系统、标准信号源组成。

7. 信号发生器

信号发生器又称信号源或振荡器，是一种能提供各种频率、波形和输出电平信号的设备。在生产和科技领域中有广泛的应用，各种波形信号可以用三角函数来表示，能够产生多种波形（如三角波、锯齿波、矩形波、正弦波）的电路称为函数信号发生器。在测量元器件的特性和参数时，用作测试的信号源或激励源。

习　题

一、填空题（将正确答案填在空格中）

1. 磁电系测量机构主要由固定的________和可动的________两部分组成。
2. 磁电系电流表实际是由________与分流电阻两者________组成的。
3. 通常测量时，为保证测量结果的准确性，要使仪表的指针处在________。
4. 随机误差又叫________。
5. 模拟万用表测量之前，红表笔应接在标有________的接线柱上，黑表笔应接在________的接线柱上。测电阻时要先进行欧姆调零，即将两表笔________，并旋动________，使指针指在欧姆标度尺的________，以保证测量结果的准确性。
6. 兆欧表又称________，是用来测量________的直读式仪表，标尺以________为单位。
7. 电工仪表分为电工测量________、比较仪表和________三类。
8. 在电工测量的过程中，不需要度量器直接参与工作，而能够随时指示出被测量数值的仪表称为________，又称为直读仪表。
9. 电磁系仪表根据铁磁物质在磁场中被磁化后产生________的原理制成。
10. 在电压表内有一个磁铁和一个导线线圈，通过电流后，线圈产生磁场，这样线圈通电后在磁铁的作用下会________，这就是电流表、电压表的表头部分。

二、判断题（正确的在括号中打“√”，错误的在括号中打“×”）

1. 用万用表交流电压挡可以判别相线与中性线。（　　）
2. 电视、示波器等电子显示设备的基本波形为矩形波和锯齿波。（　　）
3. 示波器上观察到的波形由加速极电压完成。（　　）
4. 直流电位差计在效果上等于电阻为零的电压表。（　　）
5. 电流互感器的二次回路中必须加熔断器。（　　）
6. 电压互感器的二次回路中必须加熔断器。（　　）

7. 磁电系仪表的准确度高，灵敏度高。 ( )

8. 电磁系测量机构既能测交流电流，又能测直流电流。 ( )

9. 电磁系仪表的刻度是均匀的。 ( )

10. 仪表的准确度越高，测量结果也一定越准确。 ( )

三、选择题（选择正确答案的标号填入括号中）

1. 磁电系测量机构可以测量（ ）。

A. 较大电流　B. 交流电　C. 交、直流　D. 较小电流

2. 感应系电能表主要用来测量（ ）。

A. 直流电路电能　B. 交流电路电能

C. 交、直流电路电能　D. 脉动直流电能

3. 工程中一般采用（ ）误差来反映仪表的准确程度。

A. 偶然　B. 附加　C. 相对　D. 引用

4. 对由于外磁场引起的系统误差，可以采取（ ）的方法加以消除。

A. 对测量仪表进行校正　B. 正负误差补偿法

C. 替代法　D. 增加重复测量次数

5. 钳形电流表的优点是（ ）。

A. 准确度高　B. 灵敏度高

C. 可以交直流两用　D. 可以不切断电路测电流

6. 在用万用表测量电阻之前，首先应进行欧姆调零，这过程相当于测量的电阻线路中接入的电阻值为（ ）。

A. 无穷大　B. 10kΩ　C. 1kΩ　D. 0Ω

7. 判断检流计线圈的通断：（ ）。

A. 用万用表的 $R\times1$ 挡测　B. 用万用表的 $R\times10$ 挡测

C. 用电桥测　D. 不能直接用万用表或电桥测

8. 磁电系检流计的特点是（ ）。

A. 准确度高　B. 结构简单

C. 灵敏度高　D. 准确度和灵敏度高

9. 模拟万用表转换开关的作用是（ ）。

A. 把各种不同的被测电量转换为微小直流电量

B. 把过渡电量转换为指针的偏转角

C. 把测量线路转换为所需要的测量种类与量程

D. 把过渡电量转换为所需要的测量种类与量程

10. 万用表电流挡测量被测电路的电流时，万用表应与被测电路（ ）。

A. 串联　B. 并联　C. 短接　D. 断开

四、简答题

1．简述电压表的工作原理。
2．万用表的基本组成有哪些？
3．简述电流表、电压表在电路中连接时的注意事项。
4．简述万用表的使用方法。
5．示波器的作用是什么？
6．简述示波器的组成和工作原理。

第 7 章 二极管电路

知识目标

1）了解半导体的基本结构和原理。

2）熟悉二极管的伏安特性与主要参数。

3）了解二极管整流滤波电路的工作原理。

4）熟悉汽车交流发电机整流器电路。

技能目标

1）学会用指针式万用表正确检测二极管。

2）会看二极管整流滤波电路图。

3）熟悉并联型硅稳压管稳压电路。

7.1 半导体基础知识

7.1.1 导体、绝缘体和半导体

根据材料的导电能力，可以将其分为导体、绝缘体和半导体。

1. 导体

自然界中很容易导电的物质称为导体。金属、石墨和电解液具有良好的导电性能，这些材料都属于导体。

导体中存在大量可以自由移动的带电物质微粒，称为载流子。在外电场作用下，载流子做定向运动，形成了明显的电流。

金属是最常见的一类导体，金属原子最外层的价电子很容易挣脱原子核的束缚而成为自由电子，留下的正离子形成规则的点阵。

金属的导电性能由强到弱的顺序为银、铜、金、铝、锌、铂、锡、铁、铅、汞。导电性能居第一位的银，因其产量少、价格贵，只在某些电气元件中少量用到。

石墨有良好的导电性，硬度低，在空气中不燃烧，是制造电极和电刷的好材料。

金属和石墨之所以具有良好的导电性，是因为它们中存在大量的自由电子。

酸、碱和盐类的溶液也能导电。这些溶解于水或在熔化状态下能导电的物质称为电解质。电解质和水分子相互作用，能在溶液中分离为正离子和负离子，这些正、负离子

能自由活动，形成导电溶液。

2. 绝缘体

不容易导电的物体称为绝缘体。绝缘体是指在通常情况下不传导电流的物质，又称电介质。绝缘体的特点是分子中正负电荷束缚得很紧，可以自由移动的带电粒子极少，其电阻率很大，所以一般情况下可以忽略在外电场作用下自由电荷移动所形成的宏观电流，而认为是不导电的物质。绝缘体可分为气态（如氢、氧、氮及一切在非电离状态下的气体）、液态（如纯水、油、漆及有机酸等）和固态（如玻璃、陶瓷、橡胶、纸、石英等）三类。固态的绝缘体又分为晶体和非晶体两种。绝缘体在工程上大量用作电气绝缘材料、电容器的介质和特殊的电介质器件（如压电晶体）等。

3. 半导体

导电特性介于导体和绝缘体之间的物体称为半导体。

如硅、锗、硒等，其原子的最外层电子既不像金属那样容易挣脱原子核的束缚而成为自由电子，也不像绝缘体那样受到原子核的紧紧束缚，这就决定了这类物质的导电性能介于导体和绝缘体之间，并且会随着外界条件及掺入的微量杂质而显著改变。

半导体的导电性能比导体差，比绝缘体强。实际上，半导体与导体、绝缘体的区别不仅仅在于导电能力的不同，更重要的是半导体具有独特的特性。

1）在纯净的半导体中适当地掺入一定种类的极微量的杂质，半导体的导电性能就会成百万倍地增加，这是半导体最显著、最突出的特性。例如，晶体管就是利用这种特性制成的。

2）当环境温度升高时，半导体的导电能力就显著地增加；当环境温度下降时，半导体的导电能力就显著地下降。这种特性称为“热敏”，热敏电阻就是利用半导体的这种特性制成的。

3）当有光线照射某些半导体时，这些半导体就像导体一样，导电能力很强；当没有光线照射时，这些半导体就像绝缘体一样不导电，这种特性称为“光敏”。例如，用于自动化控制的光电二极管、光电晶体管和光敏电阻等，就是利用半导体的光敏特性制成的。

7.1.2 PN 结

1. 本征半导体

完全纯净的、不含其他杂质且具有晶体结构的半导体称为本征半导体。在电子器件中用得最多的材料是硅和锗。硅和锗制成单晶体后，都是共价键结构。硅和锗都是四价元素，最外层原子轨道上具有 4 个电子，称为价电子。每个硅或锗原子与其相邻的 4 个原子的价电子发生联系，使每个硅或锗原子外层有 8 个电子，达到稳定结构，如图 7-1 所示。

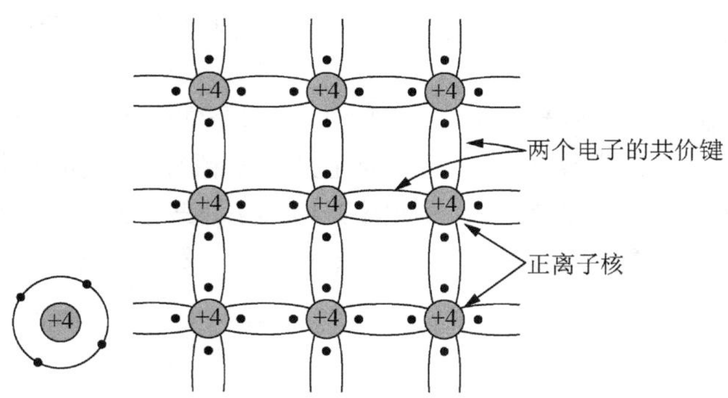

图 7-1　共价键结构示意图

（1）本征半导体的载流子——电子和空穴

在本征半导体中，原子外层价电子受到的原子核的束缚力相对较弱，少数价电子因受热而获得能量，摆脱原子核的束缚，从共价键中挣脱出来，成为自由电子。同时，在共价键中留下相同数量的空穴。空穴是半导体中特有的一种粒子，它带正电，与电子的电荷量相同。把热激发产生的这种跃迁过程称为本征激发。显然，本征激发所产生的自由电子和空穴数目是相同的，即自由电子与空穴成对出现，称为电子-空穴对，如图 7-2 所示。自由电子和空穴能自由移动，是物质内部形成电流的粒子，称为载流子。

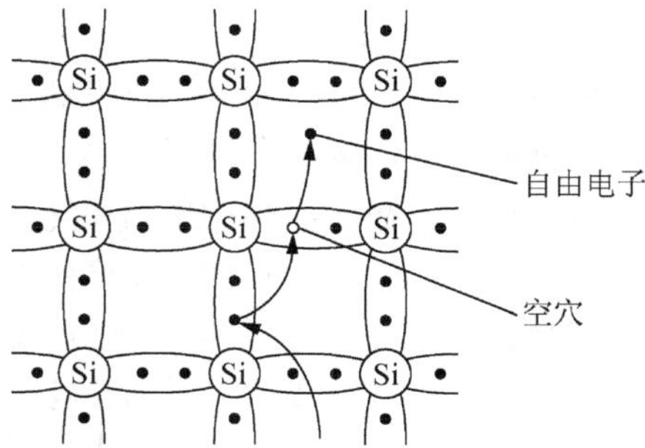

图 7-2　本征激发产生自由电子和空穴对

（2）本征半导体的热敏特性和光敏特性

当温度升高或光照增强时，本征半导体内原子的运动加剧，有较多的电子获得能量而成为自由电子，电子-空穴对增多，与此同时，又使复合的机会相应增多，最后达到一个新的相对平衡，此时，电子-空穴对的数目比原先增加了很多，温度越高或光照越强，本征半导体内载流子的数目越多，导电性能越好。

2. 杂质半导体

在本征半导体中掺入某些微量元素作为杂质，可使半导体的导电性发生显著变化，掺入的杂质主要是三价或五价元素，掺入杂质的本征半导体称为杂质半导体。

（1）P 型半导体

P 型半导体也称为空穴型半导体。P 型半导体即空穴浓度远大于自由电子浓度的杂质半导体。在纯净的本征半导体中掺入三价元素（如硼），使之取代晶格中原本征半导体原子的位子，就形成了 P 型半导体，如图 7-3 所示。在 P 型半导体中，空穴为多子，自由电子为少子，主要靠空穴导电。掺入的杂质越多，多子（空穴）的浓度就越高，导电性能就越强。

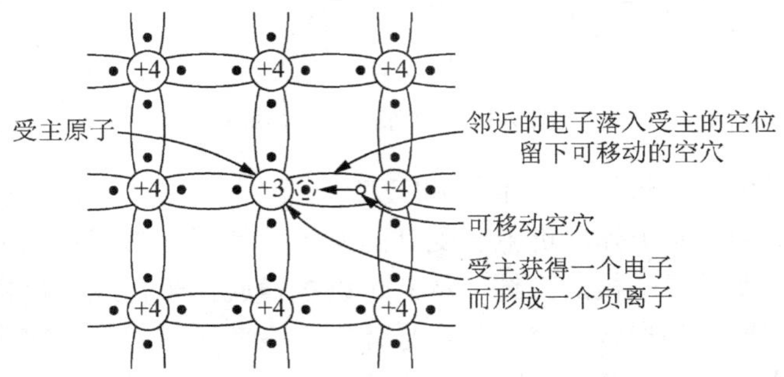

图 7-3　P 型半导体的共价键结构

在硅（或锗）的晶体内掺入少量三价元素杂质，如硼（或铟）等，因硼原子只有三个价电子，它与周围硅原子组成共价键时，因缺少一个电子，便在晶体中产生一个空位，当相邻共价键上的电子受到热振动或在其他激发条件下获得能量时，就有可能填补这个空位，使硼原子成为不能移动的负离子，而原来硅原子的共价键则因缺少一个电子，形成了空穴，半导体呈中性。因为硼原子在硅晶体中能接受电子，故称硼为受主杂质或 P 型杂质。加入硅或锗的受主杂质除硼外尚有铟和铝。在产生空穴的同时，并不产生新的自由电子，只是原来的晶体本身仍会产生少量的电子-空穴对。控制掺入杂质的多少，便可控制空穴数量。在 P 型半导体中，空穴数远大于自由电子数，在这种半导体中，以空穴导电为主，因而空穴为多数载流子，自由电子为少数载流子。

（2）N 型半导体

N 型半导体即自由电子浓度远大于空穴浓度的杂质半导体，也称为电子型半导体。

在纯净的硅晶体中掺入五价元素（如磷），使之取代晶格中硅原子的位置，就形成了 N 型半导体，如图 7-4 所示。在 N 型半导体中，自由电子为多子，空穴为少子，主要靠自由电子导电。自由电子主要由杂质原子提供，空穴由热激发形成。掺入的杂质越多，多子（自由电子）的浓度就越高，导电性能就越强。

将施主杂质或 N 型杂质掺入硅（或锗）的晶体内，施主原子在掺杂半导体的共价键结构中多余一个电子。在硅工艺中，典型的施主原子有磷、砷和锑。当一个施主原子加入半导体后，其多余的电子易于受热激发而挣脱共价键的束缚成为自由电子。自由电子参与传导电流，但它移动后，在施主原子的位置上留下一个固定的、不能移动的正离子，致使半导体仍保持中性。在产生自由电子的同时，并不产生相应的空穴。正因为掺入施主原子的半导体而会有多余的自由电子，故称为电子型半导体或 N 型半导体。在 N 型半导体中，电子为多数载流子，空穴为少数载流子。

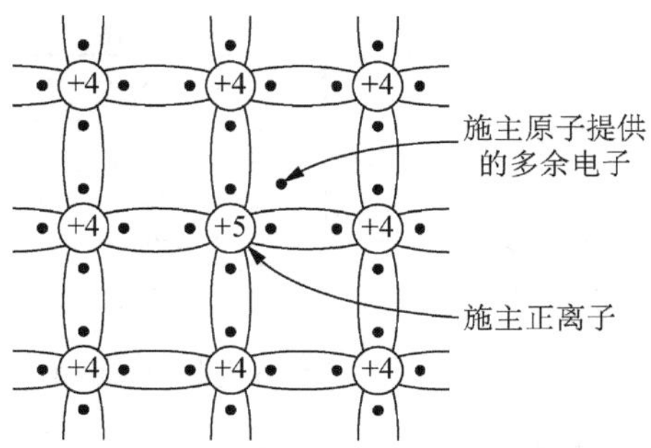

图 7-4　N 型半导体的共价键结构

（3）半导体中载流子的两种运动方式

半导体中的电子载流子与空穴载流子都能在电场作用下做定向运动，这种在电场作用下载流子的运动称为漂移运动。在半导体中，因为浓度差而引起载流子从浓度高区域向浓度低区域的运动称为扩散运动。

3. PN 结的形成及特性

（1）PN 结的形成

采用不同的掺杂工艺，通过扩散作用，将 P 型半导体与 N 型半导体制作在同一块半导体（通常是硅或锗）基片上，在它们的交界面就形成空间电荷区，称为 PN 结。PN 结是构成各种半导体器件的基础。

在 P 型半导体和 N 型半导体结合后，由于 N 型区内电子很多而空穴很少，而 P 型区内空穴很多电子很少，在它们的交界处就出现了电子和空穴的浓度差。这样，电子和空穴都要从浓度高的地方向浓度低的地方扩散。于是，有一些电子要从 N 型区向 P 型区扩散，也有一些空穴要从 P 型区向 N 型区扩散，如图 7-5 所示。它们扩散的结果就使 P 区一边失去空穴，留下了带负电的杂质离子，N 区一边失去电子，留下了带正电的杂质离子。半导体中的离子不能任意移动，因此不参与导电。这些不能移动的带电粒子在 P 区和 N 区交界面附近，形成了一个很薄的空间电荷区，就是所谓的 PN 结，如图 7-6 所示。空间电荷区有时又称为耗尽区。扩散越强，空间电荷区越宽。

在出现了空间电荷区以后，由于正负电荷之间的相互作用，在空间电荷区就形成了一个内电场，其方向是从带正电的 N 区指向带负电的 P 区。显然，这个电场的方向与载流子扩散运动的方向相反，它是阻止扩散的。

另一方面，这个电场将使 N 区的少数载流子空穴向 P 区漂移，使 P 区的少数载流子电子向 N 区漂移，漂移运动的方向正好与扩散运动的方向相反。从 N 区漂移到 P 区的空穴补充了原来交界面上 P 区所失去的空穴，从 P 区漂移到 N 区的电子补充了原来交界面上 N 区所失去的电子，这就使空间电荷减少，因此，漂移运动的结果是使空间电荷区变窄。

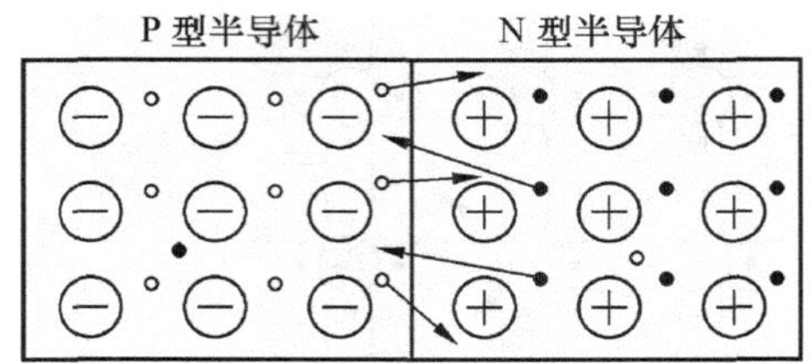

图 7-5　P 型和 N 型半导体交界处载流子的扩散运动

当漂移运动和扩散运动相等时，PN 结便处于动态平衡状态。无外加电场时，通过 PN 结的扩散电流等于漂移电流，PN 结中无电流流过，PN 结的宽度保持一定而处于稳定状态，如图 7-6 所示。

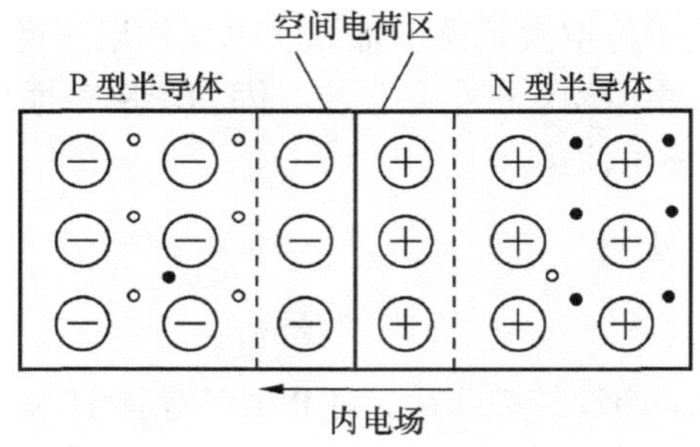

图 7-6　PN 结的形成

（2）PN 结的单向导电性

PN 结 P 端接高电位，N 端接低电位，称为 PN 结外加正向电压，又称 PN 结正向偏置，简称为正偏，如图 7-7 所示。

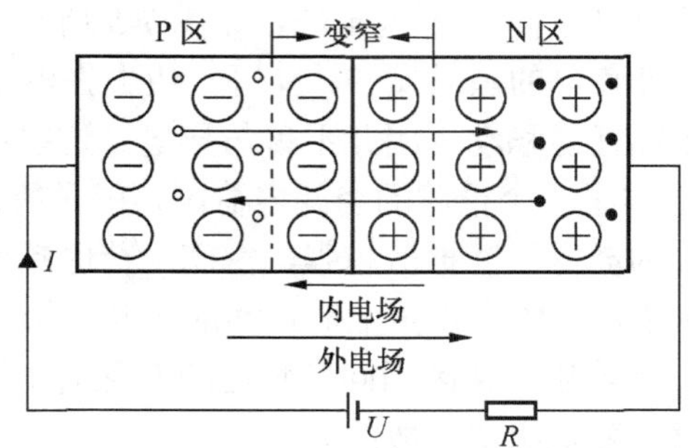

图 7-7　PN 结外加正向电压

PN 结外加正向电压（也称正向偏置）时，外加电场与内电场方向相反，内电场被削弱，多子的扩散运动大大超过少子的漂移运动，N 区的电子不断扩散到 P 区，P 区的空穴也不断扩散到 N 区，形成较大的正向电流，这时称 PN 结处于导通状态。

PN 结 P 端接低电位，N 端接高电位，称 PN 结外加反向电压，又称 PN 结反向偏置，简称为反偏，如图 7-8 所示。

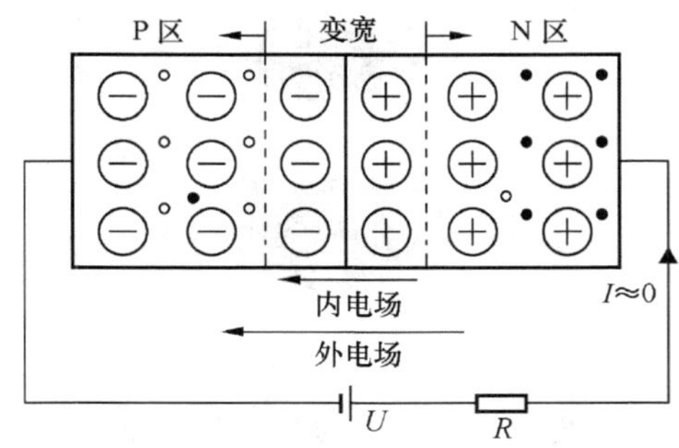

图 7-8　PN 结外加反向电压

P 端引出极接电源负极，N 端引出极接电源正极的接法称为反向偏置。反向偏置时内、外电场方向相同，因此内电场增强，致使多子的扩散难以进行，即 PN 结对反向电压呈高阻特性；反偏时少子的漂移运动虽然被加强，但由于数量极少，反向电流一般情况下可忽略不计，此时称 PN 结处于截止状态。

PN 结的“正偏导通，反偏阻断”称为其单向导电特性，这正是 PN 结构成半导体器件的基础。

7.2　晶体二极管

7.2.1　晶体二极管的结构与符号

晶体二极管（简称二极管）是由一个 PN 结加上相应的电极引线和管壳制成的，它的主要特性是单向导电性。几种常见的二极管如图 7-9 所示。

按 PN 结面积的大小，二极管可分为点接触型、面接触型和平面接触型三大类。二极管的符号及结构示意图如图 7-10 所示。图 7-10（a）所示为二极管的符号，其中 VD 为二极管的文字符号。由 P 区引出的电极是正极，又称阳极；由 N 区引出的电极是负极，又称阴极。三角箭头方向表示正向电流的方向，正向电流从二极管的阳极流入，阴极流出。

点接触型二极管的特点是 PN 结面积小，不能通过大电流。但由于其接触面积小，结电容小，高频性能好，故而常用在检波或脉冲电路中。面接触型二极管的特点是 PN 结面积大，可以通过较大的电流，适合用于大功率的整流电路中。平面接触型二极管如果结面积较大，则结电容也会大点，会应用在大功率整流中，如果面积较小则适合脉冲数字电路等应用。

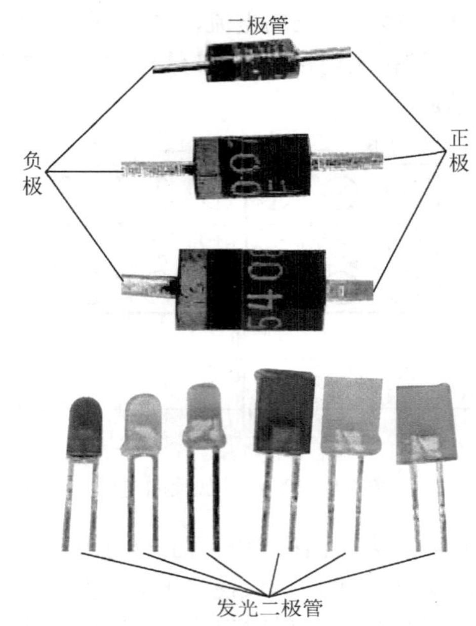

图 7-9　几种常见的二极管

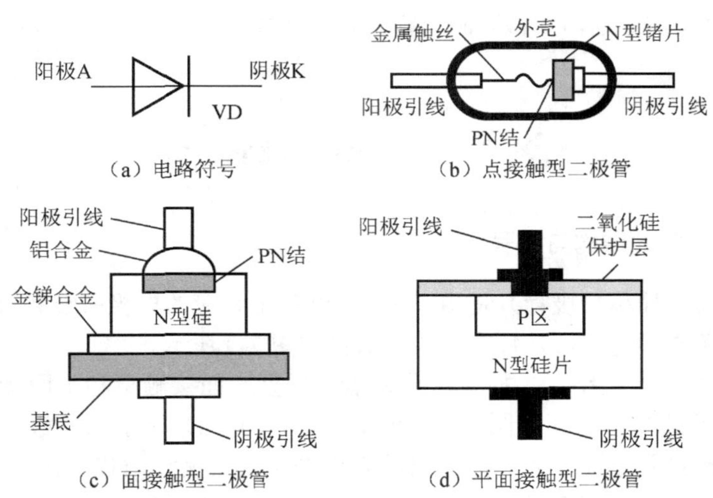

图 7-10　二极管的符号和结构示意图

按 PN 结材料不同，二极管分为硅管和锗管两类。锗管的工作温度较低，一般可制成中、小功率二极管。硅管的工作温度较高，可制成中、大功率二极管。

按用途不同，二极管可分为检波二极管、整流二极管、稳压二极管、变容二极管和开关二极管等。

7.2.2　二极管的伏安特性

二极管的伏安特性是指流过二极管的电流 I 与加于二极管两端的电压 U 之间的关系或曲线。用逐点测量的方法测绘出来或用晶体管图示仪显示出来的 U–I 曲线，称为二极管的伏安特性曲线。图 7-11 所示为二极管的伏安特性曲线。

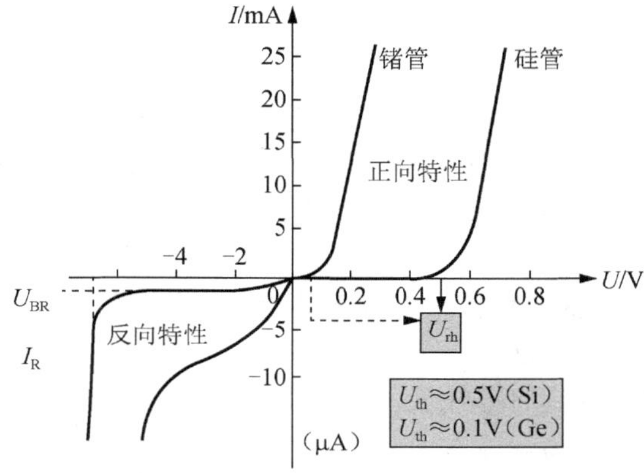

图 7-11　二极管的伏安特性曲线

1. 正向特性

当所加的正向电压为零时，电流为零；当正向电压较小时，由于外电场远不足以克服 PN 结内电场对多数载流子扩散运动所造成的阻力，故正向电流很小（几乎为零），二极管呈现出较大的电阻。这段曲线称为死区。

当正向电压升高到一定值 U_{th} 以后内电场被显著减弱，正向电流才有明显增加。U_{th} 被称为门限电压或阈值电压。U_{th} 视二极管材料和温度的不同而不同，常温下，硅管一般为 0.5V 左右，锗管为 0.1V 左右。

当正向电压大于 U_{th} 以后，正向电流随正向电压几乎呈线性增长。把正向电流随正向电压线性增长时所对应的正向电压称为二极管的导通电压，用 U_F 来表示。通常，硅管的导通电压为 0.6～0.8V（一般取 0.7V），锗管的导通电压为 0.1～0.3V（一般取 0.2V）。

2. 反向特性

当二极管两端外加反向电压时，PN 结内电场进一步增强，使扩散更难进行。这时只有少数载流子在反向电压作用下的漂移运动形成微弱的反向电流 I_R。反向电流很小且几乎不随反向电压的增大而增大（在一定的范围内），但反向电流是温度的函数，将随温度的变化而变化。常温下，小功率硅管的反向电流在 nA 数量级，锗管的反向电流在 μA 数量级。

3. 反向击穿特性

当反向电压增大到一定数值 U_{BR} 时，反向电流剧增，这种现象称为二极管的击穿，U_{BR}（或用 U_B 表示）称为击穿电压，U_{BR} 视不同二极管而定，普通二极管一般在几十伏以上且硅管较锗管为高。

击穿特性的特点是，虽然反向电流剧增，但二极管的端电压变化很小，这一特点成为制作稳压二极管的依据。

4. 温度对二极管伏安特性的影响

二极管是温度的敏感器件，温度的变化对其伏安特性的影响主要表现为随着温度的升高，其正向特性曲线左移，即正向压降减小；反向特性曲线下移，即反向电流增大。一般在室温附近，温度每升高 1℃，其正向压降减小 2～2.5mV；温度每升高 10℃，反向电流增大 1 倍左右。

综上所述，二极管的伏安特性具有以下特点：

1）二极管具有单向导电性。

2）二极管的伏安特性具有非线性。

3）二极管的伏安特性与温度有关。

7.2.3 二极管的主要参数

二极管的参数是其质量和特性的反映，只有正确理解这些参数的意义，才能合理、正确地使用二极管。

1. 反向饱和漏电流 I_R

反向饱和漏电流指在二极管两端加入反向电压时流过二极管的电流，该电流与半导体材料和温度有关。在常温下，硅管的 I_R 为 nA 数量级，锗管的 I_R 为μA数量级。

2. 最大整流电流 I_F

最大整流电流指二极管长期运行时，根据允许温升折算出来的允许通过的最大正向平均电流值。

3. 最大反向工作电压 U_{RM}

最大反向工作电压 U_{RM} 是指二极管在使用时所允许加的最大反向电压，通常以二极管反向击穿电压的一半左右作为二极管的最大反向工作电压。二极管在实际使用中所承受的最大反向电压不能超过此值，否则，二极管就有发生反向击穿的危险。

4. 最高工作频率 f_M

最高工作频率是指二极管正常工作时的上限频率。如果二极管的工作频率超过一定值，就可能失去单向导电性。

7.2.4　二极管的检测

根据二极管的单向导电特性，可以用万用表测其正、反向电阻来判断它的好坏，如图 7-12 所示。将指针式万用表置于 $R\times1$k 挡测量二极管的电阻，然后将红表笔和黑表笔调换一下再测量。若两次测得的电阻一大一小，且大的那一次阻值趋于无穷大，说明这个二极管性能良好，阻值较小时，黑表笔接的那一端为二极管的正极。若两次测量的电阻值都为无穷大，说明二极管断路。若两次测量的电阻值都很小，说明二极管短路。若两次测量的电阻值相差不大，说明二极管的单向导电性能差。

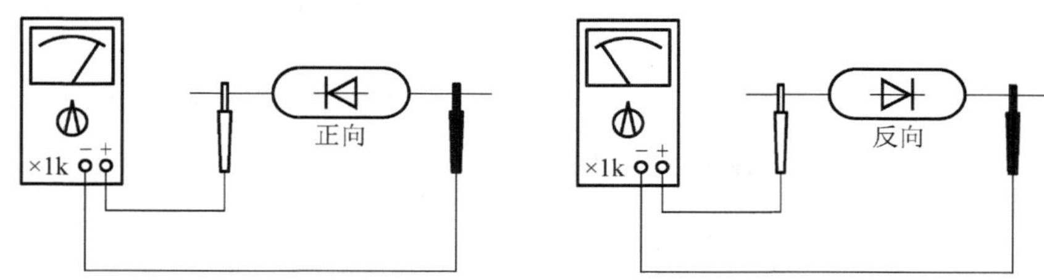

图 7-12　二极管极性的测试

7.3　二极管整流滤波电路

7.3.1　单相半波整流电路

单相半波整流电路如图 7-13（a）所示，图中 T 为电源变压器，用来将市电 220V 交流电压转换为整流电路所要求的交流低电压，同时保证直流电源与市电电源有良好的隔离。设 VD 为整流二极管，令它为理想二极管，R_L 为要求直流供电的负载等效电阻。

在图 7-13（a）中，当变压器 T 二次电压 u_2 为正半周时，整流二极管 VD 正向偏置导通，电流经二极管流向负载 R_L。当二次电压 u_2 为负半周时，二极管 VD 反向偏置而截止。可见，负载上得到单方向的脉动电压，由于电路只在 u_2 的正半周有输出，所以称为半波整流电路，其波形如图 7-13（b）所示。

整流电路输出直流电压 U_o 为

$$U_o = U_L = \frac{\sqrt{2}U_2}{\pi} \approx 0.45U_2$$

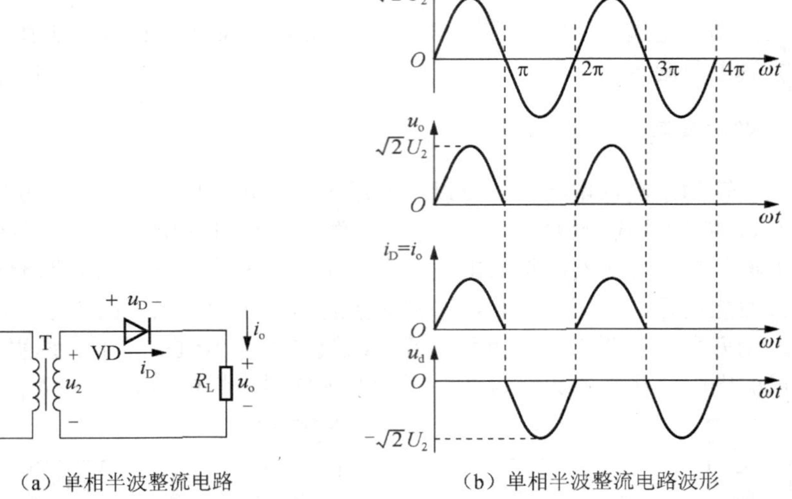

（a）单相半波整流电路　　（b）单相半波整流电路波形

图 7-13　单相半波整流电路及波形

式中　U_2——变压器二次电压有效值。

负载电流平均值为

$$I_D = I_L = \frac{0.45U_2}{R_L}$$

在半波整流电路中，流过二极管的电流任何时候都等于负载的电流。

半波整流电路中，二极管承受的反向峰值电压 $U_{RM} = \sqrt{2}U_2$。

半波整流电路结构简单，使用元件少，但整流效率低，输出电压脉动大，因此，它只适用于要求不高的场合。

7.3.2　单相全波整流电路

单相半波整流电路二极管只有正半周导通，工作效率低，单相全波整流电路中正、负半周各有一个二极管导通，从而使在负载上正、负半周均有输出电压，流过同一方向的电流。其电路如图 7-14（a）所示，该电路必须有一个具有中心抽头的整流变压器。

在图 7-14 中，在 0～π 期间，VD_1 导通，VD_2 截止，i_{D1} 流过 R_L，负载上的输出电压极性为上正下负；在 π～2π 期间，VD_2 导通，VD_1 截止，i_{D2} 流过 R_L 时产生的电压极性下正半周相同，可见，负载上得到了一个单方向的全波脉动直流电压，全波整流波形如图 7-14（b）所示。

全波整流电路在电源正、负半周负载都有同一方向的电流流过，相当于两个半波整流的输出，因而它的直流分量是半波整流的 2 倍，即 $U_{o(AV)}=0.9U_2$。由于两个二极管在电源正、负半周轮流导通，因而流过每个二极管的平均电流只有负载电流的一半，每只二极管承受的最大反向电压为$2\sqrt{2}U_2$。

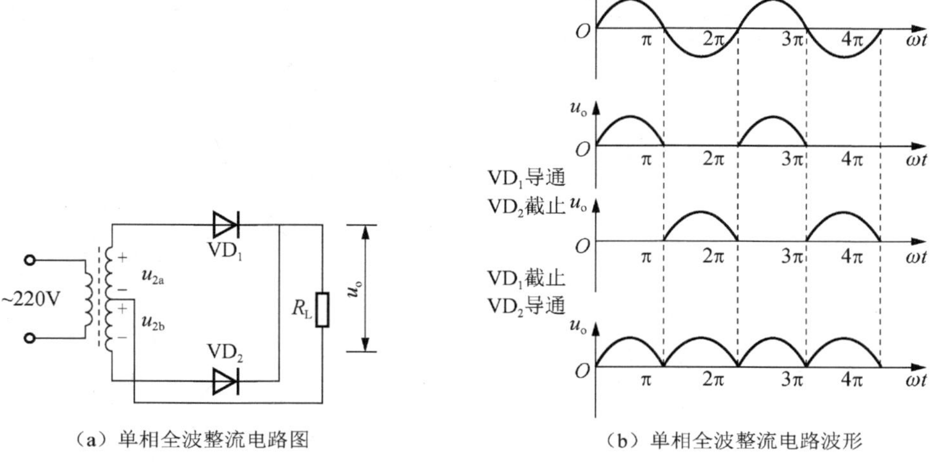

（a）单相全波整流电路图　　（b）单相全波整流电路波形

图 7-14　单相全波整流电路及波形

单相全波整流比半波整流输出电压脉动小，但电路中每个二极管承受的反向电压是半波整流的 2 倍，而且必须采用具有中心抽头的整流变压器，每个绕组只有半个周期通过电流，因而变压器利用率不高。

7.3.3　单相桥式整流电路

单相桥式整流电路如图 7-15 所示，图中 VD_1、VD_2、VD_3、VD_4 四只整流二极管接成电桥形式，故称为桥式整流。

变压器二次电压、电流波形如图 7-15（c）所示。

在 u_2 的正半周，即 a 点为正，b 点为负时，VD_1、VD_3 承受正向电压而导通，此时有电流流过 R_L，电流路径为 a→VD_1→R_L→VD_3→b，此时 VD_2、VD_4 因反偏而截止，负载 R_L 上得到一个半波电压，如图 7-15（c）中的 0～π段所示。若略去二极管的正向压降，则 $u_o \approx u_2$。

在 u_2 的负半周，即 a 点为负、b 点为正时，VD_1、VD_3 因反偏而截止，VD_2、VD_4 因正偏而导通，此时有电流流过 R_L，电流路径为 b→VD_2→R_L→VD_4→a。这时 R_L 上得到一个与 0～π 段相同的半波电压，如图 7-15（c）中的π～2π段所示。若略去二极管的正向压降，$u_o \approx -u_2$。

由此可见，在交流电压 u_2 的整个周期始终有同方向的电流流过负载电阻 R_L，故 R_L 上得到单方向全波脉动的直流电压。可见，桥式整流电路输出电压为半波整流电路输出电压的 2 倍，所以桥式整流电路输出电压平均值为 $u_o=2\times0.45U_2=0.9U_2$。

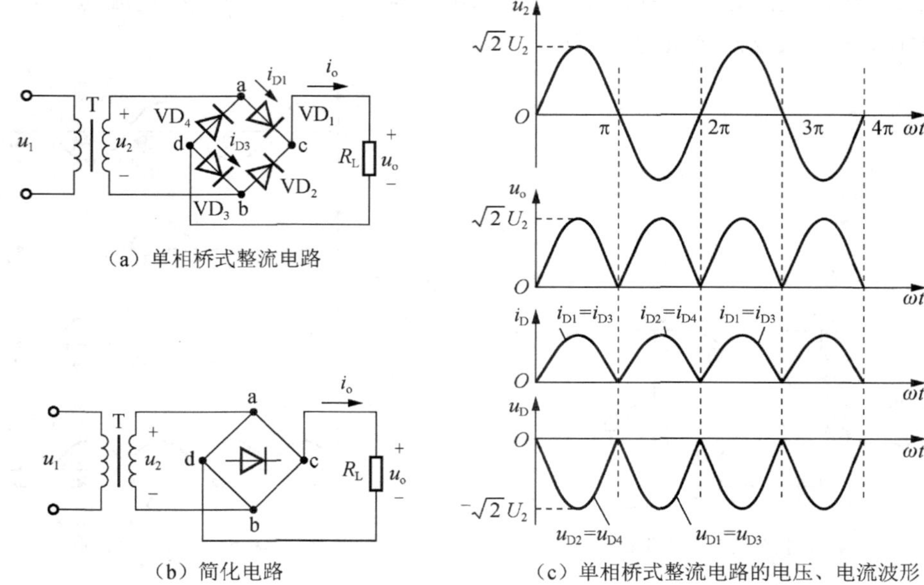

（a）单相桥式整流电路

（b）简化电路

（c）单相桥式整流电路的电压、电流波形

图 7-15　单相桥式整流电路及波形

桥式整流电路中，由于每两只二极管只导通半个周期，故流过每只二极管的平均电流仅为负载电流的一半，在 u_2 的正半周，VD_1、VD_3 导通时，可将它们看成短路，这样 VD_2、VD_4 就并联在 u_2 上，其承受的反向峰值电压为 $U_{RM}\sqrt{2}U_2$。同理，VD_2、VD_4 导通时，VD_1、VD_3 截止，其承受的反向峰值电压也为 $U_{RM}\sqrt{2}U_2$。二极管承受电压的波形如图 7-15(c）所示。

桥式整流电路的输出直流平均电压和负载平均电流为

$$u_{o2}=0.9U_2$$

$$I_o=\frac{0.9U_2}{R_L}$$

二极管的整流平均电流是负载平均电流的一半，即

$$I_D=\frac{1}{2}I_o=0.45\frac{U_2}{R_2}$$

桥式整流电路比半波整流电路整流输出电压脉动小，每只整流二极管承受的最大反向电压和半波整流电路相同，由于每半周内整流变压器二次绕组都有电流流过，变压器利用效率高，因此，桥式整流电路应用最为广泛。

7.3.4　电容滤波电路

前面分析的单相整流电路的输出电压都含有较大脉动成分，一般不能作为直接供电

电源使用，必须对其输出电压进行滤波。常用的滤波电路有电容滤波、电感滤波、复式滤波三种。

如图 7-16 所示，该电路是具有电容滤波器的单相半波整流电容滤波电路，电容 C 并联在负载 R_L 两端，由于电容器两端的电压不能突变，因而它可以有效阻止电压的脉动。

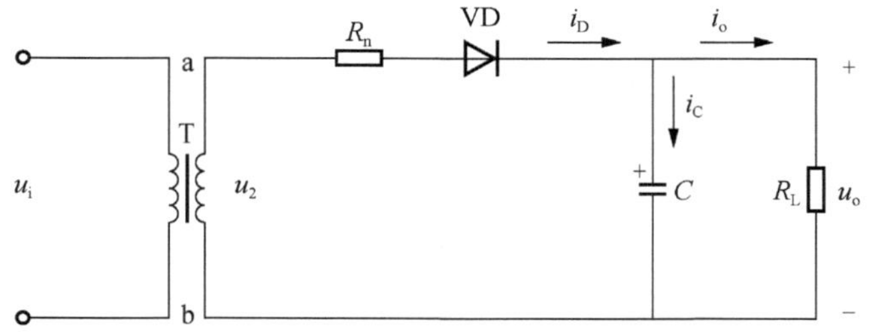

图 7-16 单相半波整流电容滤波电路

1. 工作原理

单相半波整流电容滤波电路的输出波形如图 7-17 所示。假定电容 C 的初始电荷为零，接通电源时，u_2 从零开始上升，在 0～t_1 期间，u_2 随时间按正弦规律升至 U_{2m}，二极管 VD 正偏导通，u_2 向 C 充电，充电路径从变压器二次的 a 端经内阻 R_n、二极管 VD、电容 C 再回到变压器二次的 b 端，充电时间常数很小（$\tau_{充}=R_nC$），C 上电压很快充电到 u_2 的峰值。过了 t_1 以后，$u_2<u_C$ 时，二极管阳极电位低于阴极电位，二极管 VD 因反偏而截止，C 只能通过负载 R_L 放电。放电时间常数 $\tau_{放}=R_LC$，R_L 和 C 越大，放电越慢，u_o 波形越平滑。当 C 放电到 t_2 时，$u_2=u_C$，随着 u_2 的上升，$u_2>u_C$，VD 又导通，C 再次充电，循环上述过程。因而负载得到的电压波形平滑，输出脉动成分大大减小了。

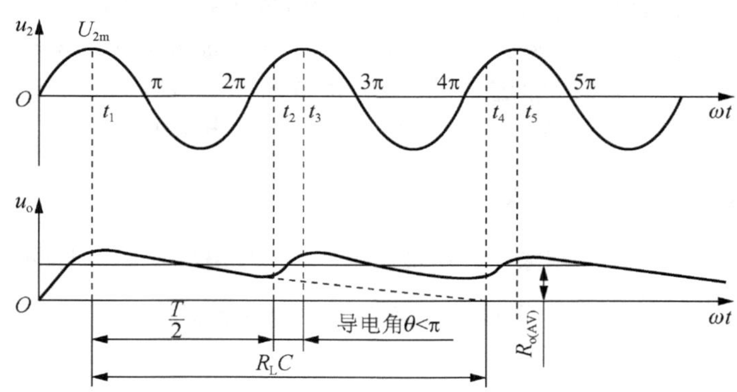

图 7-17 单相半波整流电容滤波电路的输出波形

2. 输出直流电压 $U_{o(AV)}$

在输出电压波形中，直流分量 $U_{o(AV)}$ 一般按经验公式估算。在半波整流电容滤波电路中，当 R_L 趋于∞时，$U_{o(AV)}=\sqrt{2}U_2$。随着负载增加，即 R_L 减小，$I_{o(AV)}$ 增大，放电加快，输出电压波形脉动加大，$U_{o(AV)}$ 值减小，$U_{o(AV)}$ 的最小极限值为 $0.45U_2$，也就是 C=0，无电容滤波的时刻。图 7-18 所示为单相半波整流电容滤波电路的外特性曲线，即输出电压 $U_{o(AV)}$ 与输出电流 $I_{o(AV)}$ 之间的关系曲线。

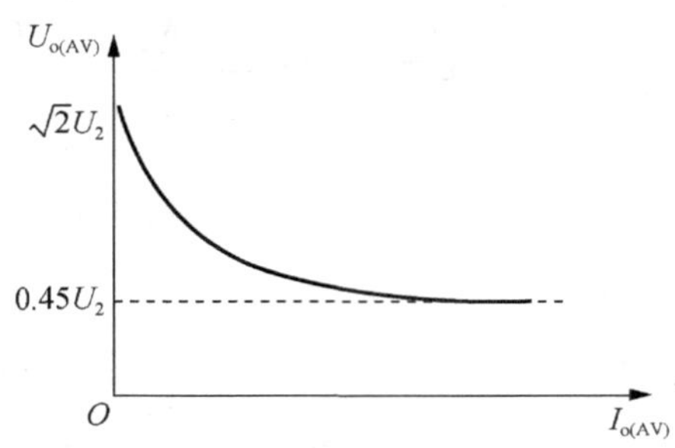

图 7-18　单相半波整流电容滤波电路的外特性曲线

单相半波整流电容滤波电路通常应用在 $I_{o(AV)}$ 较小且不变的场合，因此通常取

$$U_{o(AV)}=(1\sim1.1)\ U_2$$

3. 平均电流 $I_{D(AV)}$ 与最大反向电压 U_{DRM}

流过二极管的平均电流 $I_{D(AV)}$ 与二极管承受的最大反向电压 U_{DRM} 为

$$I_{D(AV)}=I_{o(AV)}\approx\frac{(1\sim1.1)\ U_2}{R_L}$$

$$U_{DRM}=2\sqrt{2}U_2$$

单相半波整流电容滤波电路中，二极管导通时间很短，导通角小于 180°，但平均输出电流提高了，二极管在短暂的导电时间内流过一个很大的冲击电流，对管子的寿命不利，因此，在选用二极管时，流过二极管的平均电流 $I_{D(AV)}$ 应远小于最大整流电流 I_{FM}，二极管承受的最大反向电压 U_{DRM} 应小于最大反向工作电压 U_{RM}。

4. 滤波电容容量与耐压的选择

在 R_L 一定的条件下，C 越大，滤波效果越好，一般情况使放电时间常数 $R_LC>(3\sim5)\ \frac{T}{2}$。其中，$T$ 为电源交流电压周期，所以滤波电容容量为

$$C>(3\sim5)\ \frac{T}{2R_L}$$

电容耐压值 $U_C>2\sqrt{2}U_2$。

7.3.5　电感滤波电路

利用储能元件电感器 L 的电流不能突变的特点，在整流电路的负载回路中串联一个

电感，使输出电流波形较为平滑。因为电感对直流的阻抗小，对交流的阻抗大，所以能够得到较好的滤波效果，而直流损失小。

桥式整流电感滤波电路如图 7-19 所示。电感串联在负载 R_L 回路中。根据楞次定律，当通过电感线圈的电流发生变化时，在线圈中将产生感应电动势，以阻止电流的变化趋势。当流向负载的电流随 u_2 上升而增大时，电感线圈上感生电动势就阻碍其上升，同时把一部分电能变成磁能而储存起来；当电流随 u_2 下降而减小时，电感线圈上的自感电动势又阻碍其减小，同时电感把储存的磁能转换成电能释放出来，补偿负载电流。因此，负载输出电流的脉动成分减小，负载电压较为平滑。

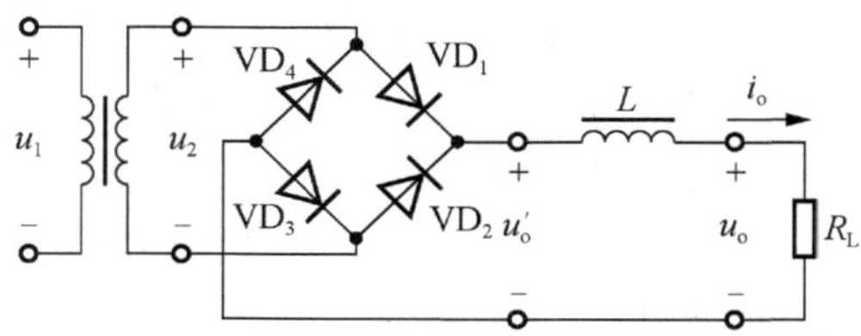

图 7-19　桥式整流电感滤波电路

电感滤波电路的优点是输出特性比较平坦，而且电感 L 越大，R_L 越小，输出电压的脉动越小，这种电路适用于负载电流较大的场合；缺点是体积大、成本高。

7.4　并联型稳压电路

经整流滤波后输出的直流电压虽然平滑程度较好，但其稳定性较差。其原因主要有以下几个方面：

1）由于输入电压（市电）不稳定（通常交流电网允许有+10%的波动），导致整流滤波电路输出直流电压不稳定。

2）当负载 R_L 变化（即负载电流 I_L 变化时），由于整流滤波电路存在一定的内阻，使得输出直流电压发生变化。

3）环境温度发生变化，引起电路元件（特别是半导体器件）参数发生变化，导致输出电压发生变化。

所以，经整流滤波后的直流电压必须采取一定的稳压措施，才能适合电子设备的需要。常用的稳压电路有并联型和串联型稳压电路两种类型。

图 7-20 所示为并联型硅稳压管稳压电路。因稳压元件 VZ 与负载是并联的，故称并联型稳压电路。图中输入电压 U_i 就是整流滤波电路的输出电压，R 是限流、调压电阻，输出电压 U_L 就是稳压管 VZ 的稳压值 U_Z，通过 R 的电流 $I=I_Z+I_L$，且 $U_L=U_Z=U_i-IR$。稳压管工作于反偏状态。

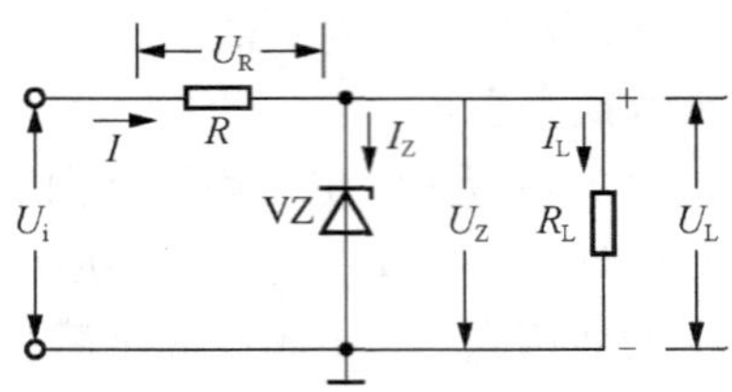

图 7-20 并联型硅稳压管稳压电路

该电路的稳压原理：当电网电压升高时，必然引起整流滤波电路输入电压 U_i 升高，而 U_i 的升高又会引起输出电压 U_L（即 U_Z）的增大。由稳压管的稳压特性可知，U_Z 的增大，势必会引起 I_Z 的较大增大，于是限流电阻 R 上的电流 I 增大，R 上的电压降也增大，这在很大程度上让 R 承担了 U_i 的变化，从而使 U_L 基本上趋于稳定（$U_i\uparrow\rightarrow U_L\uparrow\rightarrow I_Z\uparrow\rightarrow I\uparrow\rightarrow U_R\uparrow\rightarrow U_L\downarrow$）。反之，当 U_i 下降而引起 U_L 变小时，也会引起 I_Z 减小，R 上的压降 U_R 减小，同样保持了 U_L 的基本稳定。

同理，当负载电流 I_L 变化（即 R_L 变化），如 I_L 增大，在 U_i 不变的情况下，势必会引起 U_L（即 U_Z）的减小，使 I_Z 有较大的下降，因而保持了总电流 I（$I=I_Z+I_L$）基本不变，使 U_L 基本稳定。

由以上分析可见，在这种稳压电路中，稳压管起着电流控制作用，即不论是由于 U_i 还是 I_L 的变化，使输出电压 U_L 发生波动时，I_Z 都会产生较大变化。I_Z 的变化改变了总电流的大小而调整了 R 上的压降，补偿了 I_L 的变化，使 U_L 维持基本不变。R 在电路中起着限流和调压作用。若 $R=0$，则会使 U_i 直接加于 VZ 两端，会引起过大的 I_Z，使 VZ 损坏。另外，$R=0$ 时，始终是 $U_L=U_i$，电路不会有稳压性能。因此，这种电路的稳压作用是稳压管 VZ 和限流电阻 R 共同完成的。

在实际应用电路中，限流电阻 R 应选择合适的阻值。若限流电阻 R 值太大，则供应电流不足，当负载电流较大时，流过稳压管的电流小到临界值以下时，就失去了稳压作用；若 R 值选得过小，则当负载变得很大或开路时，电流 I 都流向稳压管，可能超过稳压管的最大稳定电流而烧坏稳压管。

并联型稳压电路的优点是简单、经济；缺点是输出电压不能调节，而且稳定度不高，输出电压受稳压管控制，因此只适用于负载电流较小的场合。

7.5 汽车交流发电机整流器电路

汽车交流发电机定子的三相绕组中，感应产生的是交流电，是通过 6 只二极管组成的三相桥式整流电路整流为直流电的，整流电路如图 7-21 所示。

二极管具有单向导通性，当给二极管加上正向电压时，二极管导通；当给二极管加上反向电压时，二极管截止。将定子的三相绕组和 6 只整流二极管按图 7-21（a）所示的电路连接，发电机的输出端 B、E 上就输出一个脉动直流电压，如图 7-21（c）所示，这就是汽车交流发电机的整流原理。

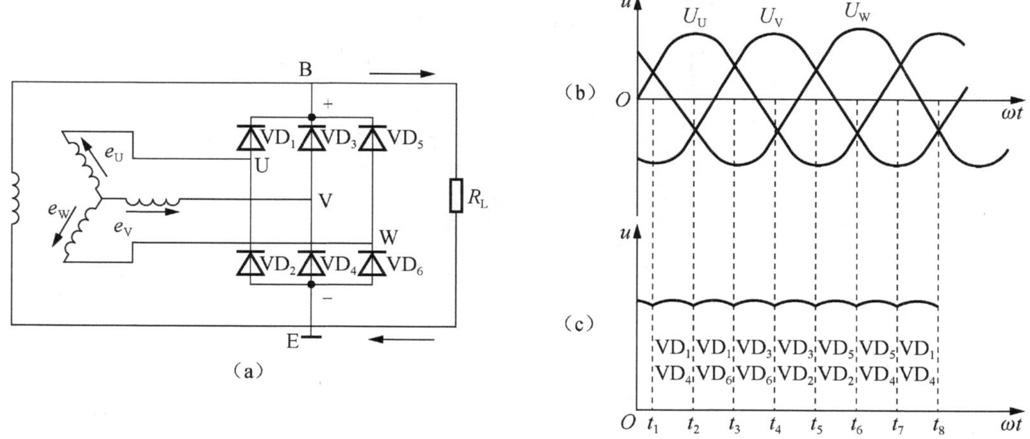

图 7-21　汽车交流发电机整流器电路

1. 二极管的导通原则

当 3 只正二极管负极端连接在一起时，正极端电位最高者导通；当 3 只负二极管正极端连接在一起时，负极端电位最低者导通。同时导通的二极管总是两个，正、负二极管各一个。三相桥式整流电路中二极管的依次循环导通，使得负载 R_L 两端得到一个比较平稳的脉动直流电压，如图 7-21（c）所示。

2. 中性点电压

在定子绕组为星形联结时，三相绕组的公共节点称为中性点。从三相绕组的中性点引一根导线到发电机外，标记为 N，N 点电压称为中性点电压。中性点电压的瞬时值是一个三次谐波电压，如图 7-22 所示，平均值为发电机输出电压（平均值）的一半，即带有中性点接线柱的发电机可用中性点电压来控制各种用途的继电器工作。

可以利用中性点电压提高发电机功率。

有的发电机的整流器有 8 只整流管，其中 2 只整流管接在中性点处（1 只正极管和 1 只负极管），如图 7-23 所示。把中性点电压和三相绕组并联输出，由于中性点电压的瞬时值是一个三次谐波，其波峰在有些时候可能大于三相绕组的最高值，此时，中性点正极管 VD_7 导通，其他三个正极管截止，由 VD_7 供给外电路高电压；同理，波谷也能小于三相绕组的最低值，此时，中性点负极管 VD_8 导通，参与对外输出，这样就提高了发电机的对外输出能力，提高了发电机的输出功率。实践证明这样可提高发电机功率 10%～15%。

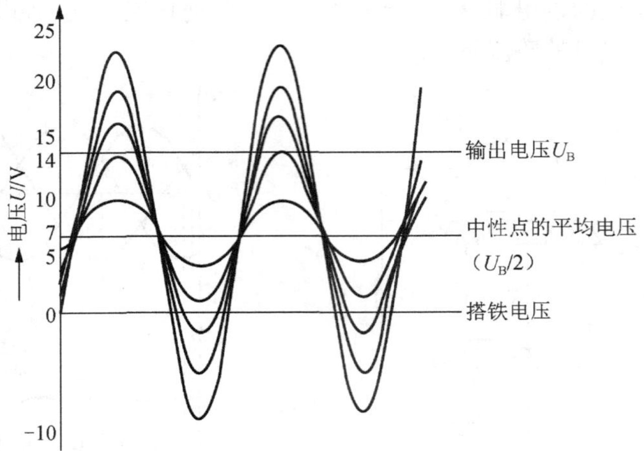

图 7-22 中性点电压波形

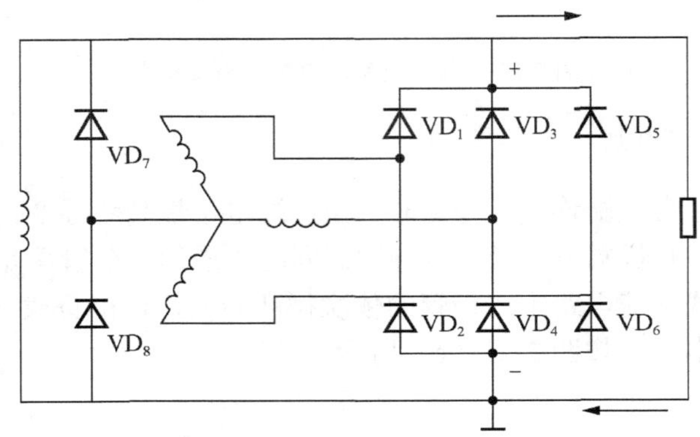

图 7-23 有 8 只整流管的发电机整流器

小 结

1. 导体、绝缘体和半导体

1）容易导电的物体称为导体。
2）不容易导电的物体称为绝缘体。
3）导电能力介于导体和绝缘体之间的物体称为半导体。

2. PN 结

（1）本征半导体
完全纯净的、不含其他杂质且具有晶体结构的半导体称为本征半导体。

1）本征半导体的载流子——电子和空穴。

2）本征半导体具有热敏特性和光敏特性。

（2）杂质半导体

在本征半导体中掺入某些微量元素作为杂质，可使半导体的导电性发生显著变化，掺入的杂质主要是三价或五价元素，掺入杂质的本征半导体称为杂质半导体。

1）P 型半导体。P 型半导体也称空穴型半导体。P 型半导体即空穴浓度远大于自由电子浓度的杂质半导体。在 P 型半导体中，空穴为多子，自由电子为少子，主要靠空穴导电。掺入的杂质越多，多子（空穴）的浓度就越高，导电性能就越强。

2）N 型半导体。N 型半导体即自由电子浓度远大于空穴浓度的杂质半导体，也称电子型半导体。

在 N 型半导体中，自由电子为多子，空穴为少子，主要靠自由电子导电。自由电子主要由杂质原子提供，空穴由热激发形成。掺入的杂质越多，多子（自由电子）的浓度就越高，导电性能就越强。

（3）PN 结的形成和特性

1）PN 结的形成。采用不同的掺杂工艺，通过扩散作用将 P 型半导体与 N 型半导体制作在同一块半导体（通常是硅或锗）基片上，在它们的交界面就形成空间电荷区，称为 PN 结。PN 结是构成各种半导体器件的基础。

2）PN 结的特性。PN 结具有单向导电性。

3. 晶体二极管

晶体二极管是由一个 PN 结加上相应的电极引线和管壳制成的，它的主要特性是单向导电性。

4. 二极管整流电路

二极管整流电路主要有单相半波整流电路、单相全波整流电路和单相桥式整流电路三种。

单相半波整流电路结构简单，使用元件少，但整流效率低，输出电压脉动大，因此，它只适用于要求不高的场合。

单相全波整流比半波整流输出电压脉动小，但电路中每个二极管承受的反向电压是半波整流的 2 倍，而且必须采用具有中心抽头的整流变压器，每个绕组只有半个周期通过电流，因而变压器利用率不高。

单相桥式整流电路比半波整流电路整流输出电压脉动小，每只整流二极管承受的最大反向电压和半波整流相同，由于每半周内整流变压器二次绕组都有电流流过，变压器利用效率高，因此，桥式整流电路应用最广泛。

5. 二极管滤波电路

二极管滤波电路主要分为电容滤波、电感滤波、复式滤波三种。

6. 并联型稳压电路

并联型稳压电路的优点是简单、经济；缺点是输出电压不能调节，而且稳定度不高，输出电压受稳压管控制，因此只适用于负载电流较小的场合。

7. 汽车交流发电机整流器电路

汽车交流发电机定子的三相绕组中感应产生的是交流电，是通过 6 只二极管组成的三相桥式整流电路整流为直流电的。

习　题

一、填空题（将正确答案填在空格中）

1．导体中存在大量可以自由移动的带电物质微粒，称为________。

2．导电特性介于导体和绝缘体之间的物体，称为________。

3．在 P 型半导体中，________为多子，________为少子，主要靠空穴导电。

4．PN 结的“正偏导通，反偏阻断”称为其________，这正是 PN 结构成半导体器件的基础。

5．按 PN 结面积的大小，二极管可分为________、________和________三大类。

6．半波整流电路中，二极管承受的反向峰值电压 U_{RM}=________。

7．半波整流电路结构简单，使用元件少，但整流________，输出________，因此，它只适用于要求不高的场合。

8．桥式整流电路中，由于每两只二极管只导通________，故流过每只二极管的________仅为负载电流的一半。

9．常用的滤波电路有________、________、________等。

10．在实际的并联型稳压电路中，________应选择合适的阻值。若限流电阻 R 值太大，则供应电流不足，当________电流较大时，流过________的电流小到临界值以下时，就失去了稳压作用。

11．在汽车交流发电机整流器电路中，当 3 只正二极管负极端连接在一起时，正极端电位________导通；当 3 只负二极管正极端连接在一起时，负极端电位________导通。

12．并联型稳压电路的优点是________、________；缺点是________，而且稳定度不高，输出电压受稳压管控制，因此只适用于________的场合。

二、判断题（正确的在括号中打“√”，错误的在括号中打“×”）

1．在 N 型半导体中如果掺入足够量的三价元素，可将其改型为 P 型半导体。（　　）

2．因为 N 型半导体的多子是自由电子，所以它带负电。（　　）

3．PN 结在无光照、无外加电压时，结电流为零。（　　）

4．二极管的反向偏置电压升高时，其正向电阻增大。（　　）

5．本征半导体温度升高后，自由电子数目增多，空穴数基本不变。（　　）

6．P 型半导体中的多数载流子是空穴，因此，P 型半导体带正电。（　　）

7．本征半导体不带电，P 型半导体带正电，N 型半导体带负电。（　　）

8．N 型半导体中的多数载流子是空穴，少数载流子是自由电子。（　　）

9．P 型半导体中的多数载流子是空穴，少数载流子是自由电子。（　　）

10．二极管一旦反向击穿就一定损坏。（　　）

11．PN 结正向偏置时电阻小，反向偏置时电阻大。（　　）

12．一般来说，硅二极管的死区电压小于锗二极管的死区电压。（　　）

13．二极管具有单向导电性。（　　）

14．二极管的反向饱和电流越大，二极管的质量越好。（　　）

15．当反向电压小于反向击穿电压时，二极管的反向电流很小；当反向电压大于反向击穿电压后，其反向电流迅速增加。（　　）

16．二极管加正向电压时一定导通。（　　）

三、选择题（选择正确答案的标号填入括号中）

1．PN 结加正向电压时，空间电荷区将（　　）。

A．变窄　　B．基本不变　　C．变宽　　D．无法确定

2．稳压管的稳压区工作在（　　）。

A．正向导通　　B．反向截止　　C．反向击穿　　D．正向击穿

3．在本征半导体中加入（　　）元素可形成 N 型半导体，加入（　　）元素可形成 P 型半导体。

A．五价　　B．四价　　C．三价　　D．二价

4．当温度升高时，二极管的反向饱和电流将（　　）。

A．增大　　B．不变　　C．减小　　D．无法确定

5．PN 结外接正向电压时，其空间电荷区（　　）。

A．不变　　B．变宽　　C．变窄　　D．无法确定

6．当环境温度升高时，二极管的反向饱和电流 I_S 将增大，是因为此时 PN 结内部的（　　）。

A．多数载流子浓度增大　　B．少数载流子浓度增大

C．多数载流子浓度减小　　　　　　D．少数载流子浓度减小

7．PN 结反向偏置时，其内电场将（　　）。

A．削弱　　　B．增强　　　C．不变　　　D．无法确定

8．在绝对零度（0K）和没有外界激发时，本征半导体中（　　）载流子。

A．有　　　B．没有　　　C．少数　　　D．多数

9．以下所列器件中，（　　）器件不是工作在反偏状态的。

A．光电二极管　　B．发光二极管　　C．变容二极管　　D．稳压管

10．用万用表 $R\times1$k 电阻挡测某一个二极管时，发现其正、反电阻均近于 1000kΩ，这说明该二极管（　　）。

A．短路　　　B．完好　　　C．开路　　　D．无法判断

11．二极管反偏时，以下说法正确的是（　　）。

A．在达到反向击穿电压之前通过电流很小，称为反向饱和电流

B．在达到死区电压之前，反向电流很小

C．二极管反偏一定截止，电流很小，与外加反偏电压大小无关

D．以上均正确

12．下列电路中变压器二次电压均相同，负载电阻及滤波电容均相等，二极管承受反向电压最低的是（　　），负载电流最小的是（　　）。

A．半波整流电容滤波电路

B．全波整流电容滤波电路

C．桥式整流电容滤波电路

四、简答题

1．能否将 1.5V 的干电池以正向接法接到二极管两端？为什么？

2．简述 PN 结的单向导电性。

3．简述单相全波整流电路的优缺点。

4．简述桥式整流电路的优点。

5．简述电感滤波电路的优缺点。

6．简述汽车交流发电机整流电路的工作原理。

第 8 章　晶体管放大电路

知识目标

1）了解晶体管的结构、工作原理及输入、输出特性曲线。
2）熟悉多级放大器的组成。
3）了解放大电路负反馈的概念及分类。
4）知道正弦波振荡器的工作原理及分类。
5）了解集成运算放大器的基本结构。

技能目标

1）学会识读简单的晶体管放大电路图。
2）能看懂晶体管的输入、输出特性曲线。
3）能用瞬时极性法判断负反馈类型。
4）了解典型正弦波振荡器电路的适用场合。
5）会看汽车电气线路接地探测器电路图。

8.1　晶　体　管

晶体管又称半导体三极管，是一种电流控制的半导体器件。其作用是把微弱信号放大成辐值较大的电信号，也用作无触点开关。晶体管是半导体基本器件之一，具有电流放大作用，是电子电路的核心器件。晶体管是在一块半导体基片上制作两个相距很近的 PN 结，两个 PN 结把整块半导体分成三部分，中间部分是基区，两侧部分是发射区和集电区，排列方式有 PNP 和 NPN 两种。它具有结构牢固、寿命长、体积小、成本低、耗电省等一系列独特优点，故在各个领域得到广泛应用。

晶体管按材料分为锗管和硅管，按内部结构分为 NPN 管和 PNP 管，按功率分为大、小功率管，按工作频率分为高频晶体管和低频晶体管。常见的晶体管实物图如图 8-1 所示。

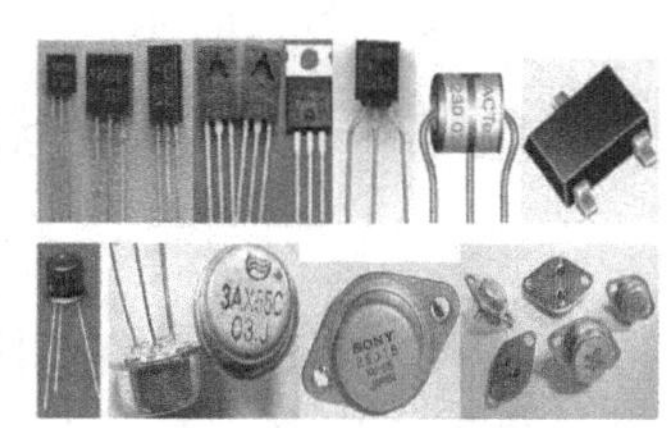

图 8-1　常见的晶体管实物图

8.1.1　晶体管的结构与符号、放大原理及基本放大电路

1. 晶体管的结构与符号

晶体管结构示意图与符号如图 8-2 所示。

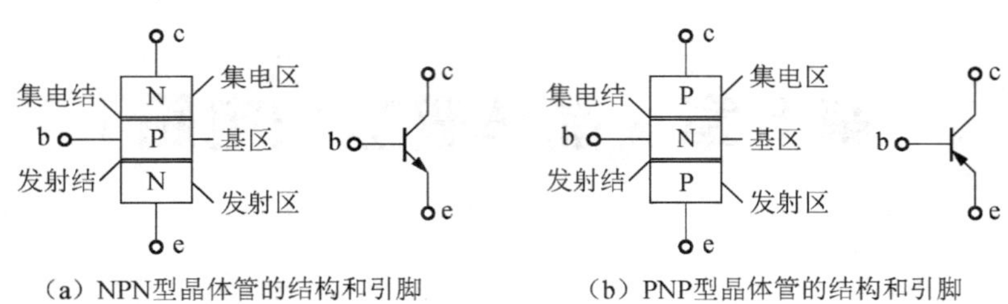

（a）NPN型晶体管的结构和引脚　　（b）PNP型晶体管的结构和引脚

图 8-2　晶体管结构示意图与符号

从图 8-2 可以看出，晶体管有 PNP 型和 NPN 型两种，它们有三个区——基区、集电区和发射区；有两个结——集电结和发射结；三个电极——基极、集电极和发射极，即基区引出基极 b，发射区引出发射极 e，集电区引出集电极 c。符号中的箭头表示发射极加正向电压时发射极的电流流向。

2. 晶体管的放大原理

所谓放大也就是在输入端用一个小的变化量去控制能源，使输出端产生一个大的与输入变化相对应的变化量。

晶体管要实现放大作用，必须同时满足内部和外部两个条件。

内部条件：晶体管基区做得很薄，且掺杂浓度低；发射区杂质浓度高；集电区的面积比发射区做得大。

外部条件：发射极正向偏置，集电极反向偏置。

图 8-3 所示为晶体管放大电路。图 8-3（a）所示为 NPN 型晶体管放大电路，U_{CC}通过R_C给集电极加一个反向电压（$U_{CB}>0$），U_{BB}通过R_B给发射极加一个正向电压（$U_{BE}>0$）。因为$U_{CB}=U_{CE}-U_{BE}$，只要$U_{CE}>U_{BE}$，便可满足$U_{CB}>0$，实现集电极反向偏置。可知，如果以发射极为参考电位，晶体管三个电极的电位满足$U_C>U_B>U_E$，就可以满足发射极正向偏置、集电极反向偏置的条件。图 8-3（b）所示为 PNP 型晶体管放大电路，与 NPN 管的外部电路正好相反，如果满足$U_C<U_B<U_E$，则符合发射极正向偏置、集电极反向偏置的条件。

3. 晶体管基本放大电路

放大电路在放大信号时，总有两个电极作为信号的输入端，同时也应有两个电极作为输出端。根据半导体晶体管三个电极与输入、输出端子的连接方式，可归纳为三种：共基极放大电路、共发射极放大电路及共集电极放大电路。图 8-4 所示就是这三种放大电路的接法。

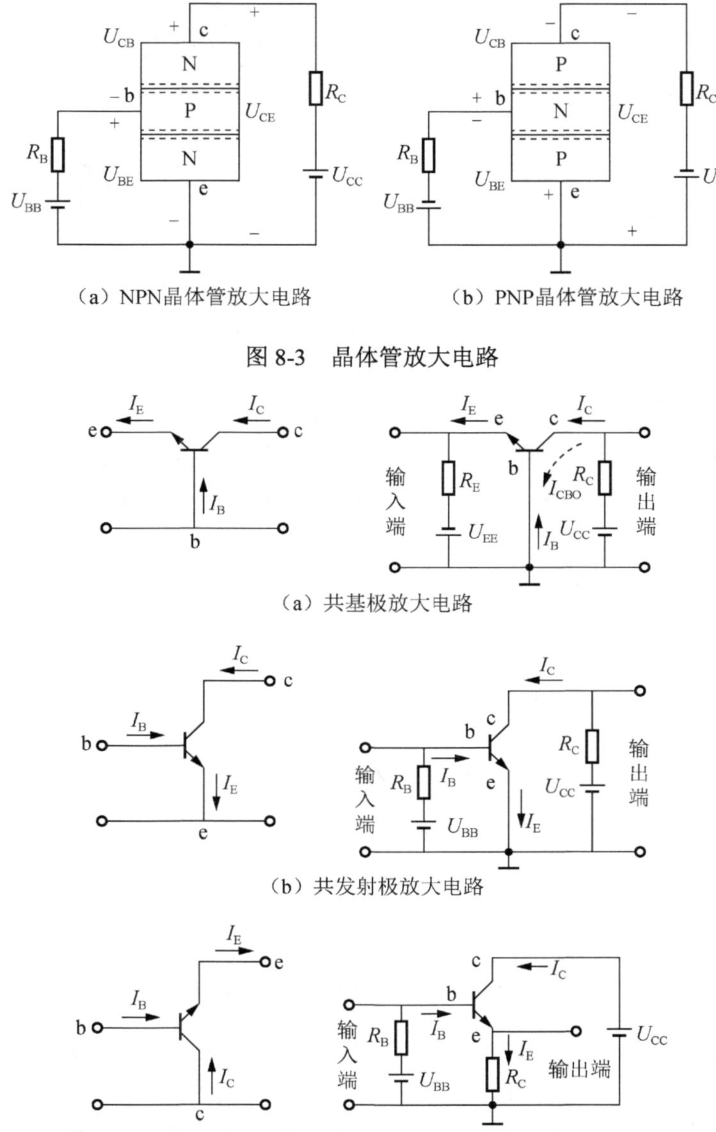

（a）NPN晶体管放大电路　（b）PNP晶体管放大电路

图 8-3　晶体管放大电路

（a）共基极放大电路

（b）共发射极放大电路

（c）共集电极放大电路

图 8-4　晶体管基本放大电路

8.1.2　晶体管的特性曲线

晶体管的特性曲线是反映晶体管各电极电压和电流之间相互关系的曲线，是用来描述晶体管工作特性的曲线，常用的特性曲线有输入特性曲线和输出特性曲线。这里以图 8-5 所示的共发射极电路来分析晶体管的特性曲线。

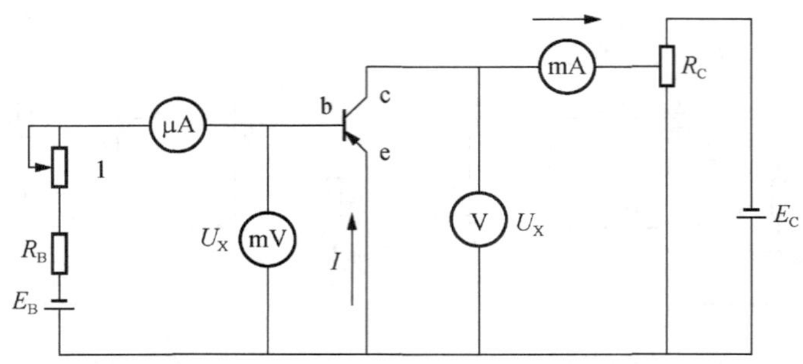

图 8-5　晶体管特性曲线测量电路

1. 输入特性曲线

输入特性曲线是指当晶体管的发射极 e 与集电极 c 之间的电压 U_{ce} 保持不变时，输入电流（即基极电流 I_b）和输入电压（即基极与发射极间电压 U_{be}）之间的关系曲线，如图 8-6 所示。

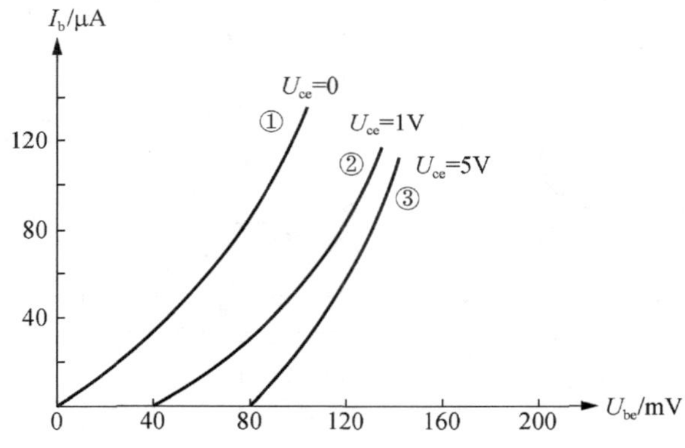

图 8-6　晶体管输入特性曲线

从曲线中可看到，当 U_{ce}=0 时，晶体管的输入特性曲线与二极管的正向伏安特性曲线相同，这是因为此时发射结和极电结都正向偏置，晶体管相当于两个 PN 结的同向并列。当 U_{ce} 不等于 0 时，在同一 U_{be} 作用下，I_b 随 U_{ce} 值的增加而减小，这是因为有了 U_{ce} 作用之后，原来的发射极流入基极的电流有一部分流到集电极去了。当 U_{ce} 增加到 1V 以后再继续增加，因发射极电流绝大部分已经流进集电极，I_b 就不再减小了，所以图中的②和③曲线基本上重合，通常 U_{ce}＞1V 时只用一根线来表示。

从图 8-6 中可以看出，晶体管在正常工作时，U_{be} 是很小的，仅有零点几伏。U_{be} 太大会使 I_b 剧烈增加而损坏晶体管，一般情况下，硅管发射结电压 U_{be} 在 0.7V 左右，锗管发射结电压 U_{be} 在 0.3V 左右。

2. 输出特性曲线

晶体管输出特性曲线是指晶体管基极电流 I_b 一定时，晶体管输出电压 U_{ce} 与输出电流 I_c 之间的关系曲线，如图 8-7 所示。

图 8-7 中的每条曲线表示当固定一个 I_b 值时，调节 R_c 所测得的不同 U_{ce} 下的 I_c 值。根据输出特性曲线，晶体管的工作状态分为三个区域。

放大区：此区域中晶体管的发射结正向偏置，而集电结反向偏置。当 U_{ce} 超过某一电压后曲线基本上是平直的，这是因为当集电极电压增大后，原来流入基极的电流绝大部分被集电极拉走，所以 U_{ce} 再继续增大时，电流 I_c 变化很小。另外，当 I_b 变化时，I_c 即按比例变化，也就是说，I_c 受 I_b 的控制，并且 I_c 变化比 I_b 的变化大很多，ΔI_c 和 ΔI_b 成正比，两者之间具有线性关系，因此此区域又称为线性区。在放大电路中，必须使晶体管工作在放大区。

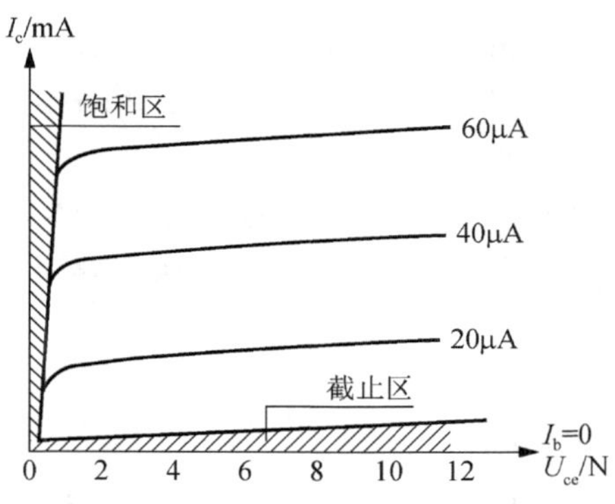

图 8-7　晶体管输出特性曲线

截止区：它包括 I_b=0、I_b＜0（即 I_b 与原方向相反）的一组工作曲线。当 I_b=0 时，$I_c=I_{ceo}$（称为穿透电流），在常温下此值很小。在此区域中，晶体管的两个 PN 结均为反向偏置，即使 U_{ce} 电压较高，管子中的电流 I_c 也很小，此时的管子相当于一个开关的开路状态。

饱和区：该区域中的电压 U_{ce} 的数值很小，$U_{be}＞U_{ce}$，集电极电流 I_c 随 U_{ce} 的增加而很快地增大。此时晶体管的两个 PN 结均处于正向偏置，集电结失去了收集某区电子的能力，I_c 不再受 I_b 控制。U_{ce} 对 I_c 控制作用很大，管子相当于一个开关的接通状态。

由晶体管的三种状态产生了晶体管的两个应用场合：放大电路和开关电路。

8.1.3　晶体管的主要参数

1. 共射电流放大系数β

在共射极放大电路中，若交流输入信号为零，则管子各极间的电压和电流都是直流量，此时的集电极电流 I_C 和基极电流 I_B 的比就是 $\overline{\beta}$，称为共射直流电流放大系数，即

$$\overline{\beta}=\frac{I_C}{I_B}$$

当共射极放大电路有交流信号输入时，交流信号的作用必然会引起 I_B 的变化，相应地也会引起 I_C 的变化，两电流变化量的比称为共射交流电流放大系数 β，即

$$\beta=\frac{\Delta I_C}{\Delta I_B}$$

上述两个电流放大系数 $\overline{\beta}$ 和 β 的含义虽然不同，但工作在输出特性曲线放大区平坦部分的晶体管，两者的差异极小，可做近似相等处理，故在今后应用时，通常不加区分，直接互相替代使用。

2. 极间反向饱和电流 I_{CBO} 和 I_{CEO}

1）集电结反向饱和电流 I_{CBO} 是指发射极开路、集电结加反向电压时测得的集电极电流。常温下，硅晶体管的反向饱和电流要远远小于锗晶体管的反向饱和电流，其数量级在μA和 mA 之间，这个值越小越好。

2）集电极-发射极反向电流 I_{CEO} 是指基极开路时，集电极与发射极之间的反向电流，即穿透电流，穿透电流的大小受温度的影响较大，穿透电流小的管子热稳定性好。

3. 极限参数

（1）集电极最大允许电流 I_{CM}

晶体管的集电极电流 I_C 在相当大的范围内 β 值基本保持不变，但当 I_C 的数值大到一定程度时，电流放大系数 β 值将下降。使 β 明显减少的 I_C 即为 I_{CM}。当集电极电流超过 I_{CM} 时，管子不一定损坏，但 β 显著下降，管子性能变差，因此，为了使晶体管在放大电路中能正常工作，I_C 不应超过 I_{CM}。

（2）集电极最大允许功耗 P_{CM}

晶体管工作时，集电极电流在集电结上将产生热量，产生热量所消耗的功率就是集电极的功耗 P_{CM}，即

$$P_{CM}=I_C U_{CE}$$

功耗与晶体管的结温有关，结温又与环境温度、管子是否有散热器等条件有关。

（3）反向击穿电压 $U_{BR(CEO)}$

反向击穿电压 $U_{BR(CEO)}$ 是指基极开路时，加在集电极与发射极之间的最大允许电压。使用中如果管子两端的电压 $U_{CE}>U_{BR(CEO)}$，集电极电流 I_C 将急剧增大，这种现象称为击穿。管子击穿将造成晶体管永久性的损坏。晶体管电路在电源 E_C 的值选得过大时，有可能会出现当管子截止时，$U_{CE}>U_{BR(CEO)}$ 导致晶体管击穿而损坏的现象。一般情况

下，晶体管电路的电源电压 E_C 应小于 $1/2U_{BR(CEO)}$。

8.2　共发射级基本放大电路和多级放大电路

8.2.1　共发射级基本放大电路

共发射极基本放大电路是以发射极作为输入和输出的公共极的放大电路。图 8-8 所示为基本的单管共发射极放大电路。交流输入信号 u_i 加于输入端 ab 两端，输出端为 cd 两点间。输出放大后的交流信号为 u_o，外接负载为 R_L。

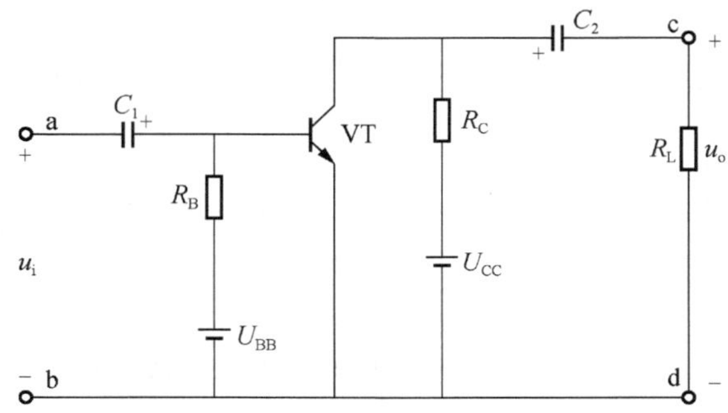

图 8-8　单管共发射极放大电路

1. 电路元件

（1）晶体管

晶体管是放大电路的核心器件，对输入信号进行放大。

（2）基极电源和偏置电阻 R_B

电压为 U_{BB} 的基极电源通过 R_B 给晶体管发射极加正向偏置电压。在 U_{BB} 一定时，通过调节 R_B，可使在无输入信号时，加于晶体管发射结的直流电压 U_{BE} 和直流电流 I_B 达到一定的数值，从而保证三极处于合适的直流工作状态，因而 R_B 又称为偏置电阻。

（3）集电极电源和集电极电阻 R_C

集电极电源 U_{CC} 通过 R_C 给集电极加反向偏置电压，当 U_{CC} 保持一定时，在无输入信号时，R_C 可以使晶体管的集电结直流电压 U_{CE} 达到合适的数值，R_C 还将集电极电流的变化转换为集电极电压的变化量。

（4）耦合电容 C_1、C_2

耦合电容 C_1 和 C_2 分别接于放大电路的输入端和输出端，其作用一是隔断直流，也就是隔断放大电路与信号源、放大电路与负载的直流通路，使电路的直流工作状态不受信号源和负载的影响；二是耦合交流，输入的交流信号 u_i 可以通过 C_1 加于晶体管基极到发射极之间，输出交流信号 u_o 可以通过 C_2 输出给负载 R_L。

2. 放大电路的简化

在实际应用中，为了简化电路，一般共发射极基本放大电路只用一个电源 U_{CC}，U_{CC} 负极接地，因此，在图中只标出它的极性和大小，而不再画出电源符号。共发射极基本放大电路的习惯画法如图 8-9 所示。

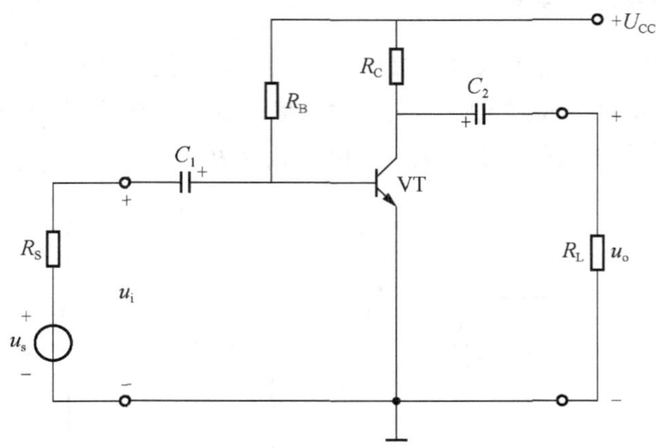

图 8-9　共发射极基本放大电路的习惯画法

3. 电路的工作情况

放大电路有两种工作状态。一种工作状态是没有输入信号（u_i=0）时，电路的电压、电流处于相对静止状态，此时，晶体管各电极的电压、电流都是不变的直流，称为直流工作状态，简称静态；另一种工作状态是当输入交流信号 u_i 加到晶体管输入电极时，晶体管各极电压、电流会随信号显著地变化，这种变化状态称为交流工作状态，简称动态。

（1）静态工作情况

没有输入信号时，放大电路处于静止状态，如图 8-10 所示。直流电源 U_{CC} 通过 R_B、R_C 分别给晶体管的发射极加上正向偏置电压，给集电极加上反向偏置电压，使晶体管产生基极电流 I_B 和集电极电流 I_C。静态时，晶体管的 I_B、I_C 和 U_{CE} 的值称为该放大电路的静态工作点。

静态工作点的计算：

$$I_{BQ} = \frac{U_{CC} - U_{BEQ}}{R_B} \approx \frac{U_{CC} - 0.7V}{R_B}$$

由于 $U_{CC} \gg U_{BE}$，则

$$I_{BQ} = \frac{U_{CC}}{R_B}$$

$$I_C = \beta I_B$$

$$U_{CEQ} = U_{CC} - I_C R_C$$

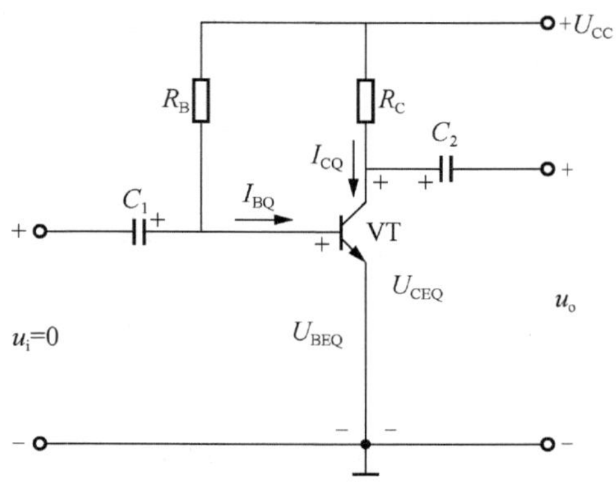

图 8-10　共发射极基本放大电路静态工作情况

（2）动态工作情况

放大电路有交流输入信号时的工作状态称为动态。如图 8-11 所示，放大电路的输入电压 u_i 从电路的 A、O 两点输入时，放大电路的输出电压 u_o 从 B、O 两点输出。输入端的交流电压 u_i 通过电容 C_1 加到晶体管的基极，引起基极电流 i_B 发生相应的变化，i_B 的变化引起集电极电流 i_C 跟随变化，同时 i_C 的变化量在集电极负载电阻 R_C 上产生电压降。

集电极电压为

$$u_{CE}=U_{CC}-i_C R_C$$

可见当 i_C 增加时，u_{CE} 就要减小，所以 u_{CE} 的变化与 i_C 相反。u_{CE} 的变化量经耦合电容 C_2 得到 u_o。比较 u_i 和 u_o，可以发现两者相位相反，说明这种电路具有反相作用。

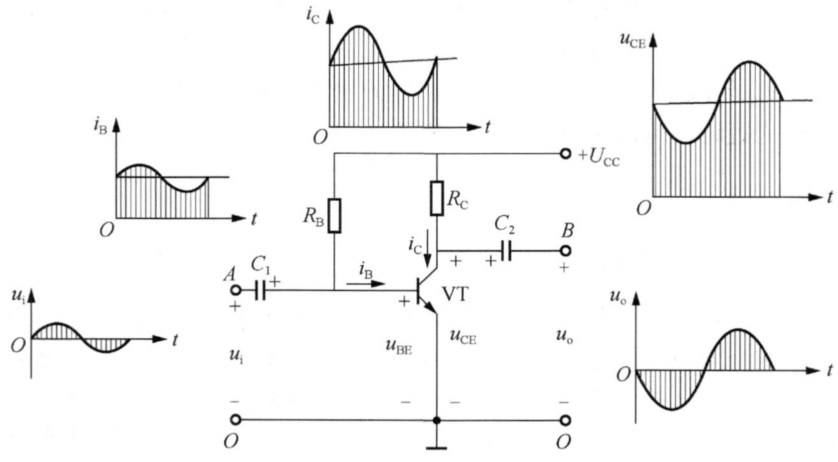

图 8-11　加入交流信号后的放大电路及波形

（3）直流通路和交流通路

在分析放大电路时，静态分析的对象是直流成分，动态分析的对象是交流成分。直流成分的通路和交流成分的通路是不一样的，因而，在分析放大电路前，必须正确地划分直流通路和交流通路，如图 8-12 所示。

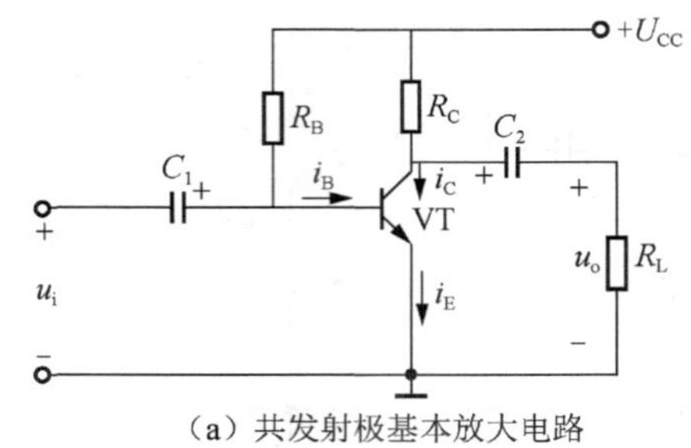

（a）共发射极基本放大电路

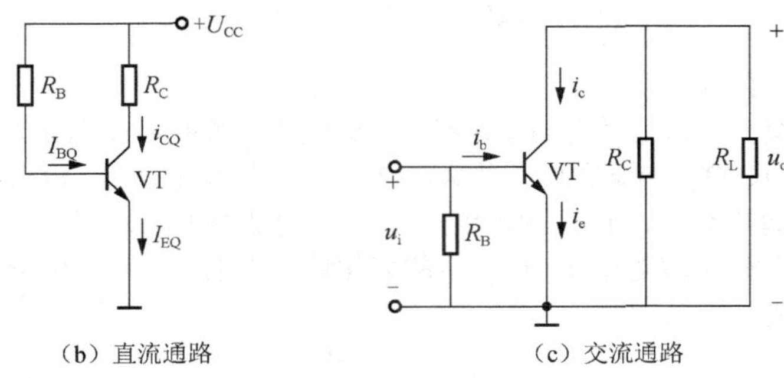

（b）直流通路　　　　（c）交流通路

图 8-12　共发射极基本放大电路及其直流通路和交流通路

直流通路就是在放大电路中直流电流通过的途径。将耦合电容、旁路电容视为开路，电感视为短路，可画出放大电路的直流通路。

交流通路就是在放大电路中交流电流通过的途径。将耦合电容、旁路电容视为短路，直流电压源视为短路，可画出放大电路的交流通路。

8.2.2　多级放大电路

1. 多级放大电路的组成

多级放大电路是把几个单级放大电路以适当的方式连接起来构成的放大电路。实际应用中，要把一个微弱的信号放大到能够带动具有一定功率的负载，如电动机、扬声器等，只靠一级放大往往是不够的，必须采用多级放大电路。图 8-13 是一个完整的多级放大器的框图。前置级的作用是把微弱的信号加以放大，前置级也可由几级组成。末前级又称推动级，它的作用是如果负载功率较大，前置级直接推动末级很困难，一般采用末前级把前置级的信号加以放大后，再去推动末级。多级放大器的末级（功率输出级）的任务是输出足够大的信号功率去带动负载。前置级属于小信号放大，末前级和功率输出级工作于大信号状态。

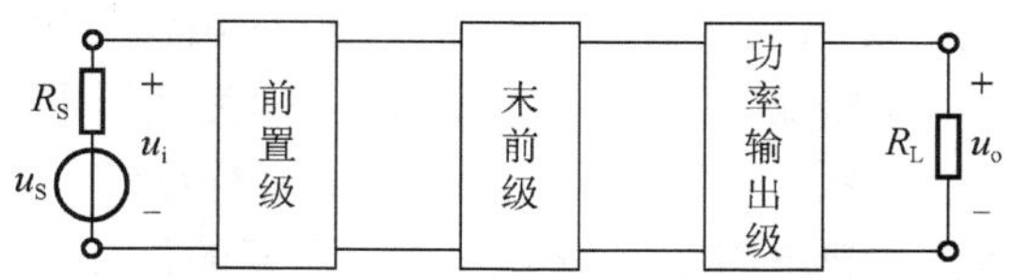

图 8-13　多级放大器框图

2. 多级放大电路的级间耦合

多级放大电路中，级与级之间的连接方式称为级间耦合。一般对级间耦合电路有如下要求：

第一，必须保证放大电路各级有合适的静态工作点。

第二，必须保证被放大的信号由前级顺利地传送到后级。

常用的级间耦合方式有阻容耦合、变压器耦合和直接耦合。

（1）阻容耦合

所谓阻容耦合，就是利用电阻和电容元件将两个单级放大器连接起来组成多级放大器，如图 8-14 所示。

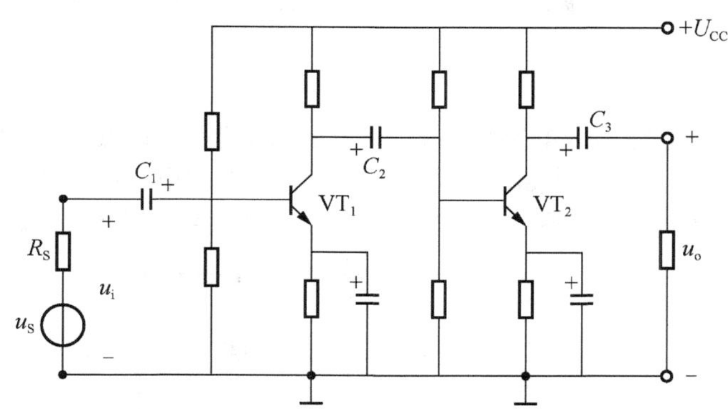

图 8-14　两级阻容耦合放大电路

阻容耦合具有以下优缺点：

1）前级的输出信号通过电容耦合给后一级，适当地选取电容数值可以保证交流信号顺利耦合到下一级。

2）电容具有隔直作用，所以各级直流通路互不相通，各级的静态工作点是彼此独立的，因此静态工作点的设计计算比较简单。

3）电容体积小、质量小、成本低。阻容耦合电路得到广泛的应用。

4）阻容耦合方式不适合传送变化极为缓慢的信号，因为这种信号通过电容会受到较大的损耗，而且直流信号根本不能通过耦合电容。

（2）变压器耦合

变压器耦合两级放大电路如图 8-15 所示。输入交流信号 u_i 经第一级 VT_1 放大后，

交流信号电流 i_{c1} 通过变压器 T_1 的互感作用，在二次感应出信号电压并加到 T_2 的输入端，经第二级放大后，由输出变压器 T_2 传送到负载 R_L。因为变压器不传送直流量，所以各级静态工作点也是独立的。变压器耦合方式的一个重要特点是具有阻抗变换作用。例如，通过变压器可以方便地将负载电阻变换成放大器所需要的最佳负载值。

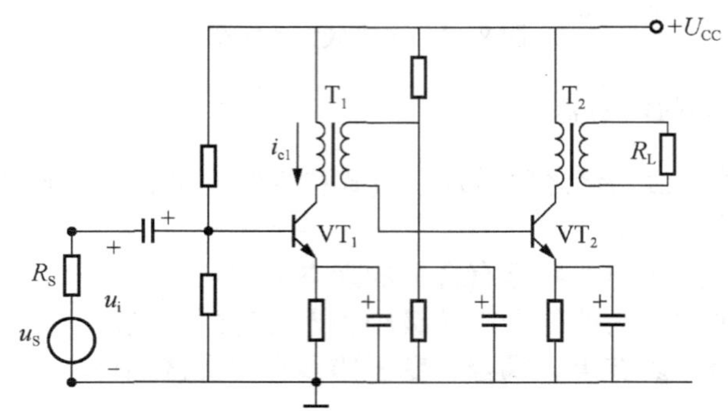

图 8-15　变压器耦合两级放大电路

变压器耦合放大电路的缺点是质量和体积较大，成本较高，不能传送变化缓慢的信号或直流信号。

（3）直接耦合

不经过电抗元件，将前级的输出端和后级的输入端直接或经过电阻连接起来的电路称为直接耦合放大电路，如图 8-16 所示。直接耦合放大电路的优点是不仅能放大交流信号，而且能放大直流信号；缺点是各级直流电路互相联系，各级静态工作点相互影响。

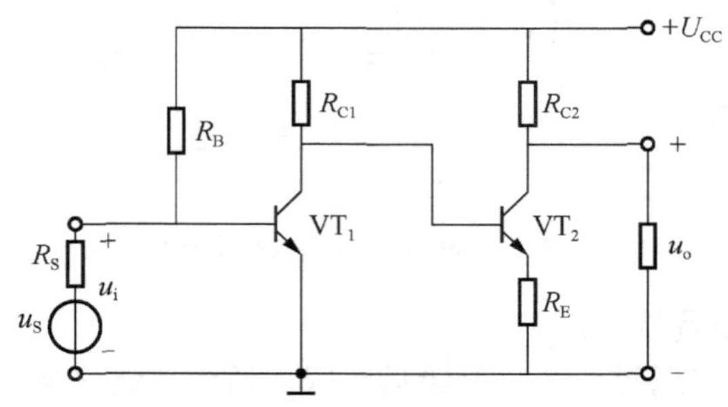

图 8-16　直接耦合放大电路

8.3　放大电路的负反馈

反馈在电路中的应用十分广泛，特别是在精度、稳定性等方面要求较高的场合，往往通过引入含有负反馈的放大电路，以达到提高输出信号稳定度、改善电路工作性能（例如，提高放大倍数的稳定性、改善波形失真、增加频带宽度、改变放大电路的输入电阻和输出电阻等）的目的。

1．反馈的基本概念

反馈是指将电路输出信号（电压或电流）的一部分或全部，通过一定形式的反馈网络送回输入回路，使得净输入信号发生变化从而影响输出信号的过程。引入反馈的放大电路称为反馈放大电路，它由基本放大电路 A 和反馈网络 F 构成，如图 8-17 所示。

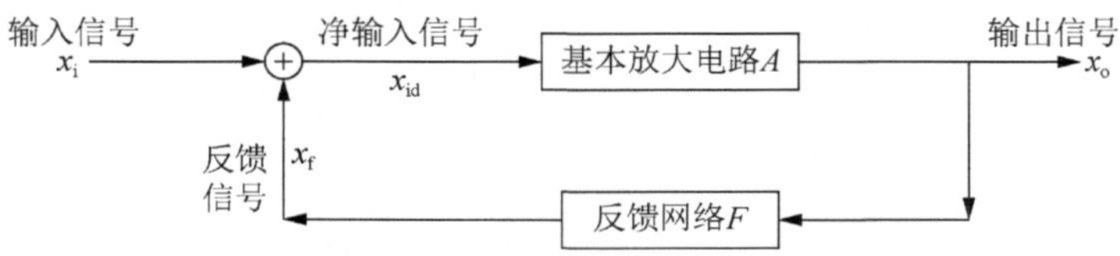

图 8-17　反馈放大电路的组成框图

2．反馈的分类

（1）电压反馈和电流反馈

从反馈放大电路的输出端来看，根据反馈网络的输出回路与负载 R_L 是并联或者串联的情况，反馈可分为电压反馈和电流反馈。

如图 8-18（a）所示，反馈网络与负载 R_L 并联，反馈信号取自输出电压 u_o，反馈信号与输出电压成正比，这种反馈方式称为电压反馈。

如图 8-18（b）所示，反馈电路与负载 R_L 串联，反馈信号取自输出电压 i_o，反馈信号与输出电流成正比，这种反馈方式称为电流反馈。

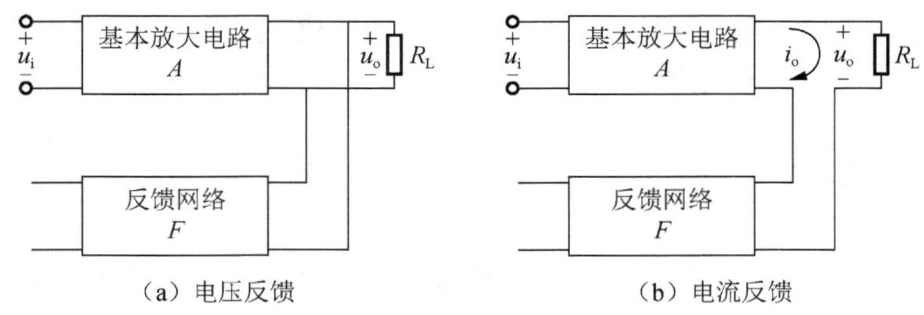

图 8-18　电压反馈和电流反馈

（2）并联反馈和串联反馈

从反馈放大电路的输入端看，根据反馈网络在输入回路与信号源是并联或者串联的情况，反馈可分为并联反馈和串联反馈。

如图 8-19（a）所示，反馈网络与输入信号源串联，反馈电压 u_f 与输入电压 u_i 共同作用于基本放大电路的输入端，这种连接方式称为串联反馈。

如图 8-19（b）所示，反馈网络与输入信号并联后加至放大电路的输入端，这种连接方式称为并联反馈。

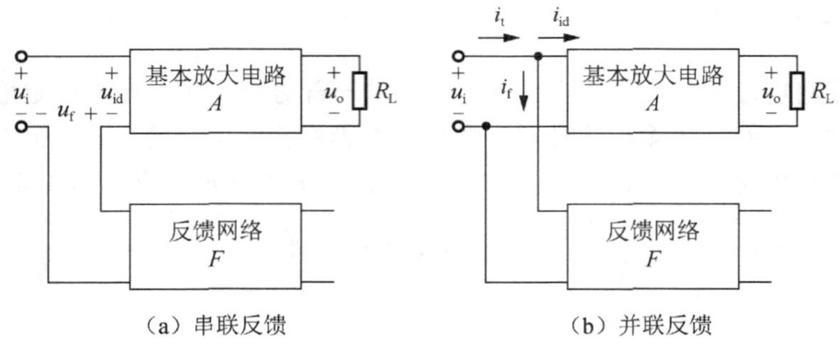

（a）串联反馈　　（b）并联反馈

图 8-19　串联反馈和并联反馈

（3）正反馈和负反馈

如果反馈信号加到放大电路的输入端，使输入信号得到加强，这种反馈称为正反馈；如果反馈信号削弱输入信号，使放大器的净输入信号减小，这种反馈称为负反馈。

在放大电路中引入负反馈可以改善放大电路的性能，正反馈一般用于振荡电路。

3. 反馈的判别

（1）反馈性质的判别

识别电路反馈的极性通常采用瞬时极性法。将反馈信号与放大电路输入端的连接断开，假想从放大电路的输入端加入某种瞬时极性的输入信号，用符号“+”表示增加，用符号“−”表示减小，根据放大电路的结构，推想各相关点电压瞬时极性的变化，再推得通过反馈电路送回输入回路的反馈信号极性的变化，如果反馈信号与输入信号的极性相同则为正反馈，相反则为负反馈。

（2）反馈类型的判别

首先判定放大电路中有无反馈。这可根据电路中是否存在沟通输出回路与输入回路的中间环节来确定。

其次判别反馈的类型。先根据反馈信号的来源区别电压反馈和电流反馈：电压反馈的反馈网络在输出回路与负载 R_L 并联，反馈信号取自输出电压 u_o；电流反馈的反馈网络在输出回路与负载 R_L 串联，反馈信号取自输出电流。然后根据反馈网络与信号源的连接形式区别串联反馈和并联反馈：串联反馈作用于基本放大电路输入端的为 u_i 和 u_f；并联反馈作用于基本放大电路输入端的为 i_i 和 i_f。

在判断反馈究竟是电压反馈还是电流反馈时，通常采用“短路法”，即假想地把反馈放大电路的输出端交流短路（使交流负载为零，u_o=0），看此时反馈信号是否消失。如果反馈信号消失，则为电压反馈，反之则为电流反馈。

在判断串联反馈还是并联反馈时，也可假想地将放大电路的信号输入端短路（即使

u_i=0）。若此时反馈信号仍能加到基本放大电路输入端，则为串联反馈，否则为并联反馈。

4. 负反馈的四种基本类型

归纳起来，负反馈有四种基本类型，即电压串联负反馈、电压并联负反馈、电流串联负反馈和电流并联负反馈，如图 8-20 所示。

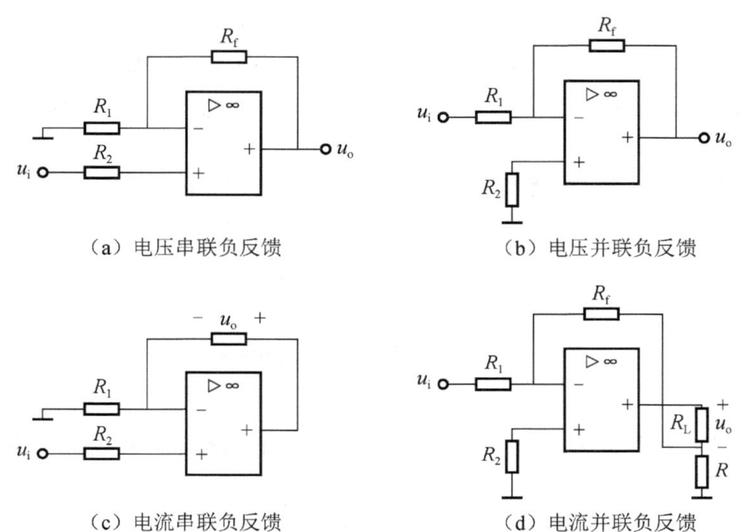

图 8-20 负反馈的四种基本类型

5. 负反馈对放大电路的影响

负反馈对放大电路性能的影响是多方面的。不同组态的负反馈，不仅能稳定输出电压、输出电流，而且可以改变输入电阻、输出电阻。对于交流负反馈，不论是什么组态，都能稳定放大倍数、减小非线性失真、抑制放大器内部的噪声等。但是，所有性能的改善都是以降低放大倍数为代价换来的。

（1）降低放大倍数

从负反馈的定义可知，反馈信号与输入信号比较，使净输入信号减小，而基本放大电路的放大倍数不变，负反馈作用导致输出信号减小。因此，具有负反馈的放大器的放大倍数比不加负反馈时要低。为了能获得所需要的放大倍数，又要改善放大器的性能，在工程技术中常常有意识地把基本放大电路（未加负反馈的放大电路）的放大倍数设计得比较高，再根据实际需要引入不同类型的负反馈。这样既能满足所需放大倍数，又能获得负反馈带来的各种优点。

（2）提高放大倍数的稳定性

当外界条件变化（如负载电阻、晶体管β值变化等）时，即使输入信号一定，也将引起输出信号变化，即放大倍数变化。引入负反馈后，由于它的自动调节作用，使输出信号的变化得到遏制，使放大倍数趋于不变，因此提高了放大倍数的稳定性。

（3）减小非线性失真

放大电路中的半导体元件都是非线性元件，虽然在小信号时可视为线性元件，但是在大信号时，元件固有的非线性将使输出信号的波形失真，即非线性失真。引入负反馈后，反馈电路将输出失真的信号送回输入电路，使净输入信号产生与输出失真相反的“预失真”信号，经放大，输出信号的失真得到一定的“补偿”。需要指出，负反馈只能在一定程度上减小放大电路产生的非线性失真，但对信号本身的失真不能减小。

（4）改变放大电路的输入、输出电阻

负反馈对放大电路输入、输出电阻的影响与放大电路的反馈组态有关。由前分析可知，电压负反馈减小输出电阻，电流负反馈增大输出电阻，并联反馈减小输入电阻，串联反馈增大输入电阻。

8.4 正弦波振荡器

振荡电路是一种不需要外接输入信号就能将直流能源转换成具有一定频率、一定幅度和一定波形的交流能量输出的电路。

按振荡波形可以将振荡电路分为正弦波振荡电路和非正弦波振荡电路。

根据选频网络所采用的元器件不同，正弦波振荡电路又可分为 *RC* 正弦波振荡电路、*LC* 正弦波振荡电路和石英晶体正弦波振荡电路。*RC* 正弦波振荡电路一般用来产生数赫到数百千赫的低频信号，*LC* 正弦波振荡电路主要用来产生数百千赫以上的高频信号。

正弦波振荡电路在测量、通信、无线电技术、自动控制和热加工等许多领域中有着广泛的应用。

8.4.1 正弦波振荡电路的基本知识

1. 产生自激振荡的条件

正弦波振荡电路框图如图 8-21 所示。

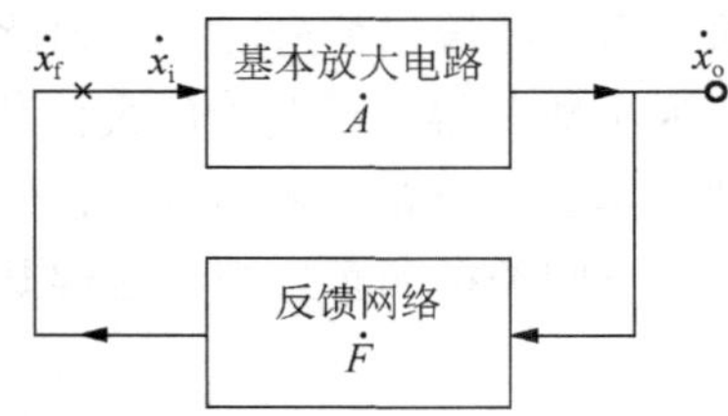

图 8-21　正弦波振荡电路框图

在放大电路的输入端加入正弦输入信号 $\dot{X}_i$，在它的输出端可输出正弦输出信号 $\dot{X}_o=\dot{A}\dot{X}_i$，如果通过反馈网络引入正弦反馈信号 $\dot{X}_f$，使 $\dot{X}_f$ 的相位和幅度都与 $\dot{X}_i$ 相同，即 $\dot{X}_f=\dot{X}_i$，那么这时即使去掉输入信号，电路仍能维持输出正弦信号 $\dot{X}_o$。这样，电路就成为不需要输入信号就有输出信号的自激振荡电路。

产生自激振荡的基本条件是反馈信号与输入信号大小相等、相位相同，即 $\dot{X}_f=\dot{X}_i$，$\dot{X}_f=\dot{A}\dot{F}\dot{X}_i$，可得到产生自激振荡的平衡条件是

$$\dot{A}\dot{F}=1$$

即自激振荡的平衡条件包括振幅条件和相位条件两方面。

（1）幅度平衡条件

反馈信号幅度的大小与输入信号的幅度相等，即

$$|\dot{A}\dot{F}|=1$$

（2）相位平衡条件

反馈信号的相位与输入信号的相位相同，输入信号经过放大电路产生的相移 ϕ_A 和反馈网络的相移 ϕ_F 之和为 0、2π、4π、…、$2n\pi$，即

$$\phi_A+\phi_F=2n\pi\ （n=0、1、2、3、\cdots）$$

2. 自激振荡的建立过程和起振条件

振荡电路在接通电源后，闭合电路的电冲击、晶体管的内部噪声和电路热扰动等，在基极电路中会产生瞬变的电压和电流，经放大后形成集电极电流。这些瞬变电压和电流包含低频分量和高频分量，经过选频网络的选择，将需要的频率分量选出来，经反馈网络在放大器输入端产生一个与原来激励信号同相且幅度较大的信号。这样经过不断地放大、选频、正反馈、再放大的循环过程，振荡就由弱到强地被建立起来。

自激振荡的起振条件

$$|\dot{X}_f|>|\dot{X}_i|$$

$$|\dot{A}\dot{F}|>1$$

在振荡的建立过程中，一开始电压、电流的振幅比较小，晶体管工作在线性区，放大器增益比较大，$|\dot{A}\dot{F}|>1$，振荡电路增幅振荡，使振荡幅度增大，通过正反馈、放大、正反馈、再放大的循环过程，进入晶体管的饱和区和截止区，放大器的增益下降，$|\dot{A}\dot{F}|$ 减小，使振荡从 $|\dot{A}\dot{F}|>1$ 过渡到 $|\dot{A}\dot{F}|=1$，振荡稳定下来，最后达到平衡状态。

3. 振荡电路的组成

振荡电路一般由以下四部分组成。

1）放大电路。这是满足幅度平衡条件必不可少的。因为在振荡过程中，必然会有能量损耗，导致振荡衰减。通过放大电路，可以控制电源不断地向振荡系统提供能量，以维持等幅振荡，所以放大电路实质上是一个换能器，它起补充能量损耗的作用。

2）正反馈网络。这是满足相位平衡条件必不可少的。它将放大电路输出电量的一部分或全部返送到输入端，完成自激任务。

3）选频网络。选频网络的作用是使在通过正反馈网络的反馈信号中，只有被选定的信号才能使电路满足自激振荡条件，而抑制其他频率的信号，也就是保证电路产生单一频率的正弦波信号。选频网络由 R、C 元件组成的称为 RC 正弦波振荡电路；由 L、C 元件组成的称为 LC 正弦波振荡电路；若用石英晶体组成，则称为石英晶体振荡电路。

4）稳幅电路。稳幅电路用于稳定振荡信号的振幅，它可以采用热敏元器件或其他限幅电路，也可以利用放大电路自身元器件的非线性来完成。为了更好地获得稳定的等幅振荡，有时还需引入负反馈网络。

8.4.2 *RC* 正弦波振荡电路

采用 R、C 元件构成选频网络的振荡电路称为 RC 正弦波振荡器。常用的 RC 正弦波振荡电路有 RC 文氏桥式振荡电路和 RC 移相式振荡电路。下面主要介绍 RC 文氏桥式正弦波振荡电路。

RC 文氏桥式振荡电路由集成运算放大器 A 构成同相输入放大器，由 R_1、C_1 和 R_2、C_2 组成并联网络来实现正反馈，将放大器输出电压 u_o 经 RC 串并联网络送回其输入端，该网络同时也是振荡器的选频网络，R_F、R_3 构成放大器的负反馈网络，如图 8-22 所示。

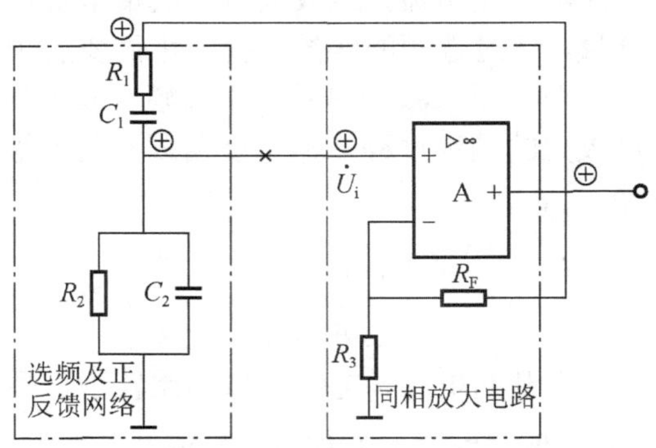

图 8-22　*RC* 文氏桥式振荡电路

1. *RC* 串并联选频网络

一般情况下，为方便电路分析与设计，通常取 $R_1=R_2=R$，$C_1=C_2=C$，将图 8-22 中 RC 串并联网络单独画出，如图 8-23 所示。

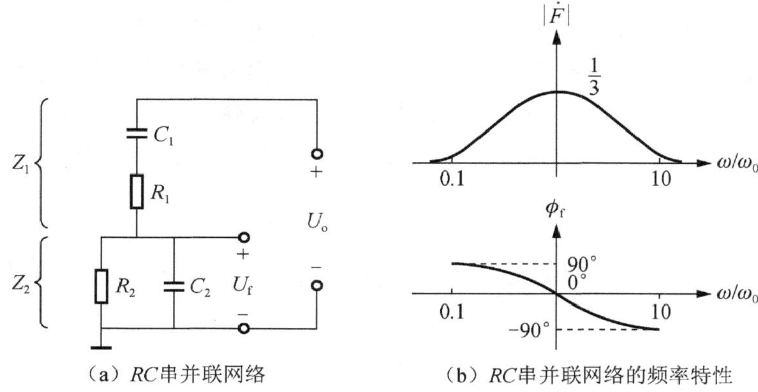

（a）RC串并联网络　　（b）RC串并联网络的频率特性

图 8-23　*RC* 串并联网络与频率特性

由图 8-23 可求得 *RC* 串并联网络的传递函数，也就是运算放大器的反馈系数 $\dot{F}$ 为

$$\dot{F}=\frac{\dot{U}_{\mathrm{f}}}{\dot{U}_0}=\frac{Z_2}{Z_1+Z_2}=\frac{R /\!/ \dfrac{1}{\mathrm{j}\omega C}}{R+\dfrac{1}{\mathrm{j}\omega C}+R /\!/ \dfrac{1}{\mathrm{j}\omega C}}=\frac{1}{3+\mathrm{j}\left(\omega RC-\dfrac{1}{\omega RC}\right)}$$

令 $\omega_0=\dfrac{1}{RC}$， ω_0 是信号的角频率，则上式可写成

$$\dot{F}=\frac{1}{3+\mathrm{j}\left(\dfrac{\omega}{\omega_0}-\dfrac{\omega_0}{\omega}\right)}$$

由此可得 *RC* 串并联网络的幅频特性和相频特性分别为

$$\left|\dot{F}\right|=\frac{1}{\sqrt{3^2+\left(\dfrac{\omega}{\omega_0}-\dfrac{\omega_0}{\omega}\right)^2}}，\quad \varphi_1=-\arctan\frac{\dfrac{\omega}{\omega_0}-\dfrac{\omega_0}{\omega}}{3}$$

根据上式作出其幅频特性和相频特性曲线如图 8-23（b）所示。由特性曲线可知，当$\omega=\omega_0$时，$\left|\dot{F}\right|$达到最大值，并等于 1/3，相移ϕ_{f}=0°，$\dot{U}_{\mathrm{f}}$与$\dot{U}_0$同相，所以 *RC* 串并联网络具有选频特性。

2. *RC* 串并联正弦波振荡电路分析

（1）相位平衡条件

当 *RC* 串并联网络在$\omega=\omega_0$时，即$f=f_0$时，$\dot{U}_{\mathrm{f}}$最大相移为ϕ_{f}=0°，因此，采用同相

放大器能够满足相位平衡条件。在实际电路分析中，通常采用瞬时极性法来判断放大器帮助反馈网络是否构成正反馈电路来判断其是否满足相位平衡条件。

在图 8-22 所示的电路中，设运算放大器的同相输入端的瞬时极性为“+”，则输出端为“+”，输出信号经 RC 串并联电路反馈到同相输入端。由于 RC 串并联电路在$\omega=\omega_0$时，相移$\phi_F=0°$，则反馈信号增强了输入信号，因此构成正反馈电路，即满足相位平衡条件。

（2）起振和振幅平衡条件

运算放大器构成同相放大，R_F、R_3是电压串联负反馈电路，其闭环电压放大倍数为

$$|\dot{A}_u|=1+\frac{R_F}{R_3}$$

当$\omega=\omega_0$时，有

$$|\dot{F}|=\frac{1}{3}$$

根据振幅平衡条件，要满足$|\dot{A}_u\dot{F}|=1$，则$1+\frac{R_F}{R_3}=3$，也就是要求 $R_F=2R_3$，根据起振条件，起振时应满足$|\dot{A}_u\dot{F}|>1$，只要满足$R_F>2R_3$，电路就能顺利起振。

（3）振荡频率

$$f_0=\frac{1}{2\pi RC}$$

（4）稳幅措施

振荡电路在开始振荡时，必须满足$|\dot{A}_u\dot{F}|>1$。起振后，放大倍数$|\dot{A}_u|$不断下降，直到$|\dot{A}_u\dot{F}|=1$，实现稳幅的目的，这种利用放大电路自身特征实现稳幅的方式称为内稳幅。

为改善振荡信号波形，还可以采用外稳幅措施，如图 8-22 所示，R_F采用负温度系数热敏电阻，起振时，R_F阻值较大，使放大器增益高，很快起振，随着振幅的不断增长，流过R_F的电流增大，使R_F的温度升高，阻值减小，放大器增益下降，最后达到$|\dot{A}_u\dot{F}|=1$的振幅平衡条件。

8.4.3 *LC* 正弦波振荡电路

LC 正弦波振荡器基本原理可用图 8-24 所示说明。放大器$\dot{A}_u$有两个作用：放大和稳幅。*LC* 网络也有两个作用：选频和正反馈。这一电路具有正弦波振荡器的四个组成部分。由于选频反馈网络是由 *LC* 组成的，故称 *LC* 正弦波振荡器。按其反馈方式不同，*LC* 振荡器可分为变压器反馈、电感反馈和电容反馈三种类型。后两种通常称为三点式电路，即电感三点式电路和电容三点式电路。

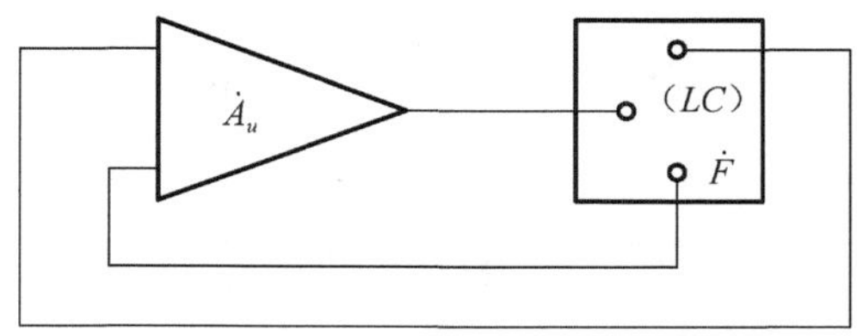

图 8-24　*LC* 正弦波振荡器原理图

1．变压器反馈式 *LC* 正弦波振荡器

（1）电路组成

变压器反馈式振荡器的调谐回路接在集电极电路的称为共射调集振荡器，也可以接在基极电路和发射极电路中，分别称为共射调基振荡器和共基调射振荡器。图 8-25 所示的变压器反馈式 *LC* 振荡器为共射调基振荡器电路。

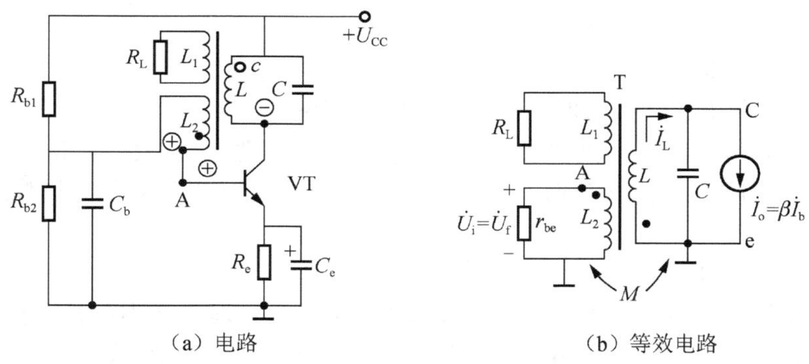

图 8-25　变压器反馈式 *LC* 振荡器

电路特点是采用共射极接法，*LC* 回路接在集电极电路中，若把电容 *C* 换成可变电容，则可调节振荡频率 f_0。线圈 L_2 为反馈元件，接在基极电路中，C_b 为基极电容，在此起自动稳幅作用。

（2）振荡的相位条件

按图 8-25（a）电路中所示反馈线圈 L_2 的极性标记，用“瞬时极性法”判别可知，符合正反馈要求，因此振荡的相位条件是满足的。

（3）振荡频率

当回路损耗电阻 *R* 很小时，品质因数 *Q* 值很高，振荡频率可写成

$$f_0=\frac{1}{2\pi\sqrt{LC}}$$

（4）振荡的幅度条件

如图 8-25（b）所示等效电路，当回路发生并联谐振时，有

$$I_L = QI_0 = Q\beta I_b = Q\beta \frac{U_i}{r_{be}}$$

变压器二次的感应电压为

$$U_f = \omega MI_L = \omega MQ\beta \frac{U_i}{r_{be}}$$

根据振荡的幅度试想平衡条件 $AF \gg 1$，有（U_o/U_i）·（U_f/U_o）≥1，即

$$AF = \frac{U_f}{U_i} = \omega_0 MQ \frac{\beta}{r_{be}} \geqslant 1$$

或

$$\beta \geqslant \frac{r_{be}}{\omega_0 MQ} = \frac{r_{be}}{\dfrac{1}{\dfrac{1}{\sqrt{LC}} M \dfrac{1}{R}\sqrt{\dfrac{L}{C}}}} = \frac{RCr_{be}}{M}$$

式中　r_{be}——晶体管的输入电阻；

R——LC 谐振回路的等效损耗电阻；

M——回路电感线圈与反馈线圈之间的互感量。

从以上公式可以看出，反馈线圈匝数越多，耦合越强（M 大），回路等效损耗越小（R 小），电容量越小（Q 大）时，电路越容易起振，因为只要求用较小β的晶体管就能够使振荡电路起振。

（5）电路的优缺点

变压器反馈式振荡电路通过互感实现耦合和反馈，很容易实现阻抗匹配和达到起振要求，所以效率高，应用很普遍。调节振荡频率一般可以采用在 LC 回路中装置可变电容器的办法来实现，调频范围较宽。为了进一步提高振荡频率，选频放大器可改为共基极接法。需要注意的是，该电路在调试中反馈线圈的极性不能接反，如果反了就变成负反馈而不能起振。

2. 电感三点式振荡器

电感三点式振荡器原理图如图 8-26 所示。图中振荡线圈 L 共有三个线圈，变压器的三个出线端子分别与晶体管的三个电极连接，因而称为电感三点式振荡器。

（1）电路组成

在图 8-26（a）中，R_{B1}、R_{B2}、R_E、C_E 组成偏置电路，U_{CC} 经过 L_1、VT、R_E 到地构成振荡器的集电极直流通路。L_1、L_2 与 C_1 组成振荡器的选频回路，L_2 把反馈信号经 C_f 传送到晶体管的基极，同时 C_f 还具有隔直作用，它隔断了直流电源 U_{CC} 经 L_2 到晶体管基极的通路，使电路的静态工作点不受反馈线圈 L_2 的影响。

直流电源 U_{CC}、电容 C_f 和 C_E 对交流信号来说都可看成短路，可得到电感三点式振荡器的交流通路，如图 8-26（b）所示。

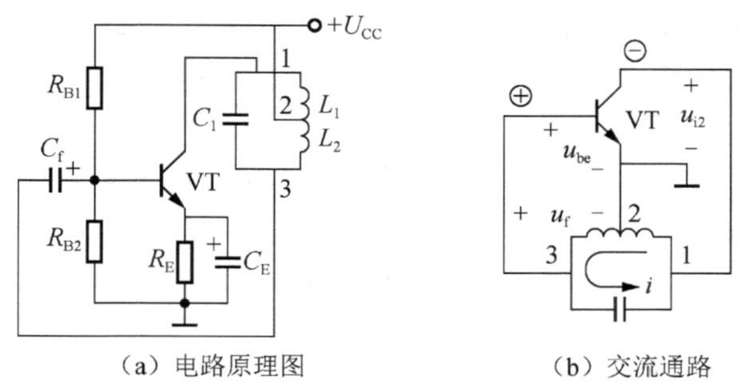

图 8-26　电感三点式振荡器原理图

（2）电路振荡的条件

1）相位平衡条件。在图 8-26（a）中，u_{12} 与 u_f 反相，L_1、L_2 都是 L 的一部分，电流方向一致，即 u_{23} 与 u_{12} 反相，故 u_f（等于 u_{32}）与 u_{be} 同相，能满足相位平衡条件。

2）起振和振幅平衡条件。反馈电压的大小与振荡线圈抽头“2”的位置有关，即改变 L_2 的匝数 N_2，就可以调节反馈电压的大小，使$|\dot{A}_U\dot{F}|\geqslant 1$，满足振荡条件和起振条件。

3）振荡频率 f_0 为

$$f_0=\frac{1}{2\pi\sqrt{(L_1+L_2)C_1}}$$

3. 电容三点式振荡器

电容三点式振荡器原理图如图 8-27 所示。

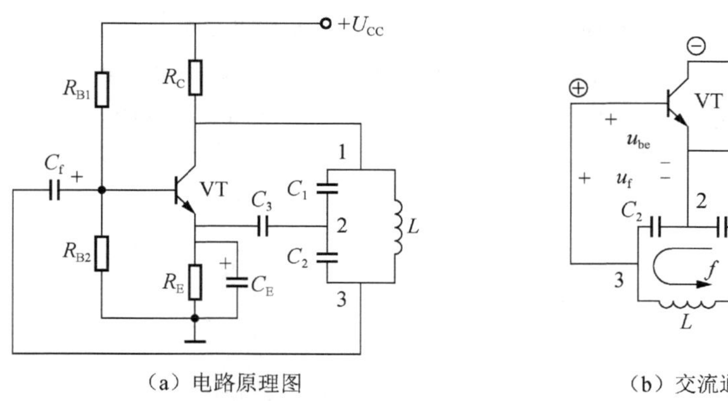

图 8-27　电容三点式振荡器原理图

图 8-27（a）所示电路中，R_{B1}、R_{B2}、R_C、R_E、C_E 构成偏置电路，电源 U_{CC} 经 R_C、晶体管 c 极和 e 极、R_E 到地，构成集电极直流通路。反馈电压取自电容 C_2，故又称电

容反馈式振荡器。振荡回路包含了 L 和 C_1、C_2，且从 C_1、C_2 串联支路中引出三个端子与晶体管的三个电极相连接，所以称为电容三点式振荡器。电容三点式振荡器的交流通路如图 8-27（b）所示。

根据交流通路，可以方便地判断出电路是否满足相位平衡条件。由共射电路的倒相作用知 u_{be} 与 u_{12} 反相，C_1 和 C_2 通过同一电流 i，u_{23} 与 u_{12} 同相，u_f 与 u_{23} 反相，故 u_{be} 与 u_f 同相，满足相位平衡条件，所以电路能产生振荡。

电路的振荡频率为

$$f_0 = \frac{1}{2\pi\sqrt{LC}}$$

式中　$C=C_1C_2/(C_1+C_2)$。

电容三点式振荡器的输出波形好，而且可以通过与电感线圈再并联一个适量的电容器，在小范围内调节频率，这种振荡器常用于调频和调幅的接收机中。

8.4.4　石英晶体正弦波振荡电路

用石英晶体正弦波振荡器取代 LC 振荡器中的 LC 选频回路，可以做成频率极为稳定的石英晶体正弦波振荡器，用于满足一些对振荡频率要求极严格的场合，如计算机的时钟信号发生器、标准计时器等。

1. 石英晶体的基本知识

（1）石英晶体谐振器的构造

石英晶体谐振器是利用石英晶体（二氧化硅的结晶体）的压电效应制成的一种谐振器件。其结构示意图及图形符号如图 8-28 所示。从一块石英晶体上按一定方位切下一块薄片（简称晶片，它可以是正方形、矩形或圆形等），然后在它的两个对应表面上涂敷银层作为导电层，在每个电极上各焊一根引线接到管脚上，再加以封装就构成了石英晶体谐振器。

图 8-28　石英晶体的结构示意图与图形符号

（2）石英晶体的压电效应

所谓压电效应，就是给石英晶片两侧加电压时，石英晶片将产生形变；当给石英晶片两侧施加外力时，石英晶片两侧将产生电压。当给石英晶体两侧加交流电压时，石英晶体会产生与所加交流电压同频率的机械振动，同时，机械振动又会使晶片产生交变电压，在外电路形成交变电流。当外加交变电压的频率与晶片的固有振动频率相等时，晶片发生共振，此时机械振动幅度最大，晶片回路中的交变电流最大，类似于回路的谐振现象，称为压电谐振。

（3）石英晶体的等效电路

石英晶体的等效电路如图 8-29（a）所示。其中，C_0 称为静态电容，其值取决于晶片的几何尺寸和电极面积，一般为几到几十皮法；电感 L，其值为几到几十毫亨；电容 C，其值仅为 0.01～0.1pF，电感 L 和电容 C 分别为动态电感和动态电容，R 为晶体振动时的摩擦损耗电阻（约为 100Ω）。

（4）谐振频率

等效电路中的 L、C、R 串联支路发生谐振时，该支路的等效阻抗等于纯电阻 R，串联谐振频率为

$$f_s = \frac{1}{2\pi\sqrt{LC}}$$

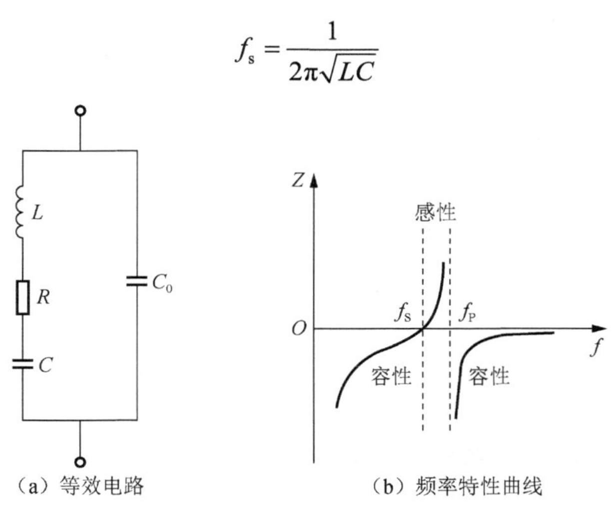

图 8-29　石英晶体的等效电路及频率特性曲线

当 $f=f_s$ 时，整个网络相当于 R 与 C_0 并联，而 C_0 的容量很小，它的容抗比等效电阻 R 大得多，故可近似认为石英晶体也呈纯电阻，可近似认为其阻抗最小。

当 $f>f_s$ 时，L、R、C 支路呈感性，可与 C_0 发生并联谐振，石英晶体又呈纯电阻性，谐振频率为 f_p，由于 $C \ll C_0$，因此 $f_p \approx f_s$，其大小为

$$f_p = \frac{1}{2\pi\sqrt{L\dfrac{CC_0}{C+C_0}}} = f_s\sqrt{1+\frac{C}{C_0}}$$

根据以上分析，石英晶体电抗的频率特性如图 8-29（b）所示。当 $f_s<f<f_p$ 时，石英晶体呈感性；当 $f<f_s$ 时，C_0 和 C 电抗很大，石英晶体呈容性；当 $f>f_p$ 时，电抗主要取决于 C_0，石英晶体又呈容性。C 与 C_0 的容量相差越大，f_s 和 f_p 越接近，石英晶体呈

感性的频带越窄。

2. 石英晶体正弦波振荡器

石英晶体与其他元件构成并联谐振电路，称为并联型晶体振荡器，如图 8-30 所示。

从图 8-30 可知，并联型晶体振荡器实际上是用一个石英晶体代替了电容三点式电路中的电感。振荡器的振荡频率主要取决于石英晶体与 C_s 的谐振频率，而其他元件对振荡频率的影响很微弱。这种振荡器的输出频率非常稳定，而且保持了电容三点式振荡器输出波形好的特点，调节 C_s 还可以在小范围内改变输出信号的频率。因此，并联型晶体振荡器应用较为广泛。

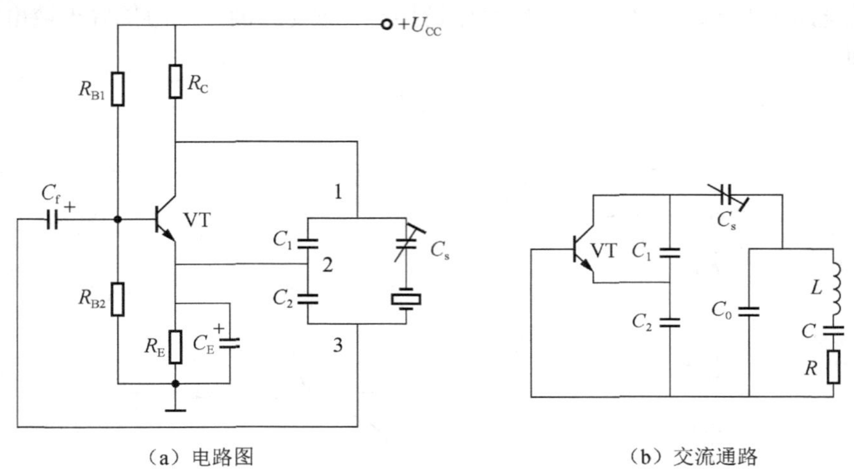

图 8-30　并联型晶体振荡器原理图

8.5　集成运算放大器

1. 集成运算放大器的基本知识

将晶体管、二极管和电阻等元器件及连线全部集中制造在同一小块半导体基片上，成为一个完整的固体电路，称为集成电路。

集成运算放大器简称集成运放，是一种具有很高放大倍数的多级直接耦合放大电路，是一种模拟集成电路，具有运算和放大作用。

（1）组成

集成运算放大器由输入级、中间级、输出级和偏置电路四部分组成，其结构框图如图 8-31 所示。

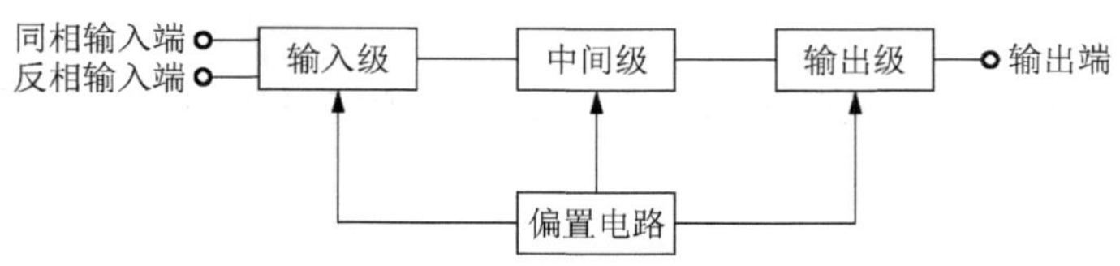

图 8-31　集成运算放大器的结构框图

输入级通常由差动放大电路构成，可以减小放大电路的零点漂移，提高输入阻抗；中间级通常由共发射极放大电路构成，可获得较高的电压放大倍数；输出级通常由互补对称电路构成，可减小输出电阻，提高电路的带负载能力；偏置电路一般由各种恒流源电路构成，作用是为各级电路提供稳定、合适的偏置电流，决定各级的静态工作点。

（2）集成运算放大器的符号

集成运算放大器的符号如图 8-32 所示。它有两个输入端和一个输出端。同相输入端用符号“+”表示，当反相输入端接地，输入信号加到同相输入端时，输出信号和输入信号极性相同；反相输入端用符号“−”表示，当同相输入端接地，输入信号加到反相输入端时，输出信号和输入信号极性相反。

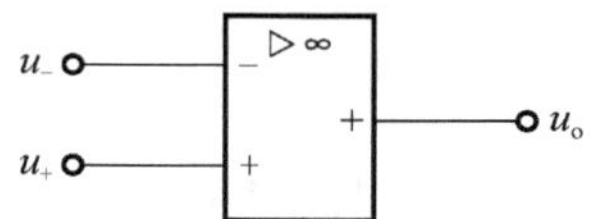

图 8-32　集成运算放大器的符号

常用的集成运算放大器型号有 LM324、LM339、LM741 等。

2. 集成运算放大器基本电路

（1）反相比例运算

反相比例运算电路实际上是一个深度的电压并联负反馈放大电路。如图 8-33 所示，输入信号 u_i 经电阻 R_1 加至集成运算放大器反相输入端；同相输入端经电阻 R_2 接地；反馈支路由 R_f 构成，将输出电压 u_o 反馈至反相输入端。反相比例运算电路的比例系数（电压放大倍数）为

$$A_f = \frac{R_f}{R_1}$$

A_f 只与 R_f、R_1 的比值有关，而与集成运算放大器本身无关，电阻 R_2 称为平衡电阻，作用是保证放大器的稳定工作。A_f 为负值，集成运算放大器的输出电压与输入电压反相，因此又称反相放大器。

（2）同相比例运算

同相比例运算电路又称同相放大器，它是一个深度的电压串联负反馈放大器，如图 8-34 所示。

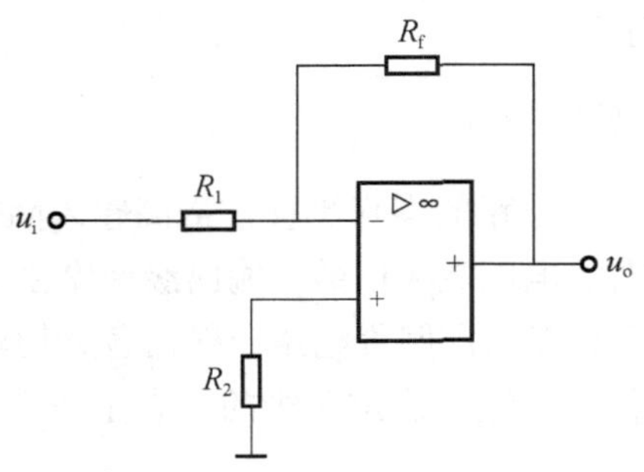

图 8-33　反相比例运算电路

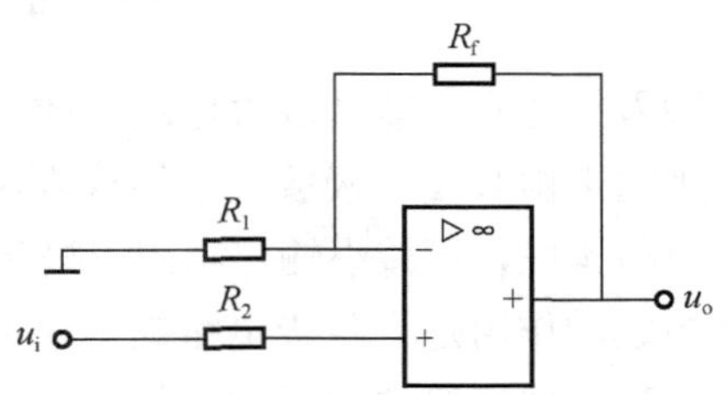

图 8-34　同相比例运算电路

在图 8-34 中，输入信号 u_i 经电阻 R_2 加至集成运算放大器的同相输入端；反相输入端经电阻 R_1 接地；反馈支路由 R_f 构成，将输出电压 u_o 反馈至反相输入端。同相比例运算电路的比例系数（电压放大倍数）为

$$A_f=1+\frac{R_f}{R_1}$$

式中，A_f 大于 0，可见集成运算放大器的输出电压与输入电压同相。如果 $R_1=\infty$（即开路），$R_f=0$（即短路），则有 $A_f=1$。这时构成的电路称为电压跟随器，如图 8-35 所示。电压跟随器一般作为信号与其负载之间的缓冲隔离。

3. *差分放大器*

如果反相输入端和同相输入端都有信号输入，就构成了差分放大器，如图 8-36 所示。差分放大器放大的是两个输入信号的差，输出电压与输入电压的关系为

$$u_o=\frac{R_f}{R_1}(u_{i1}-u_{i2})$$

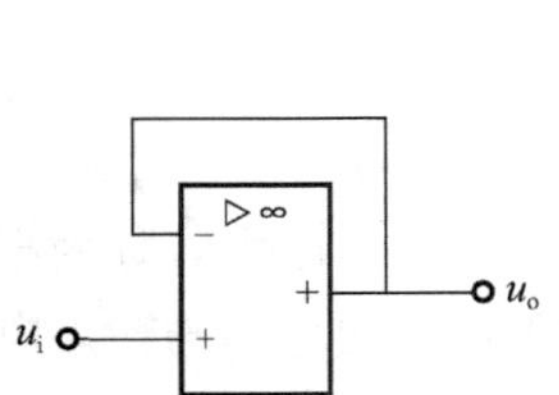

图 8-35　电压跟随器电路

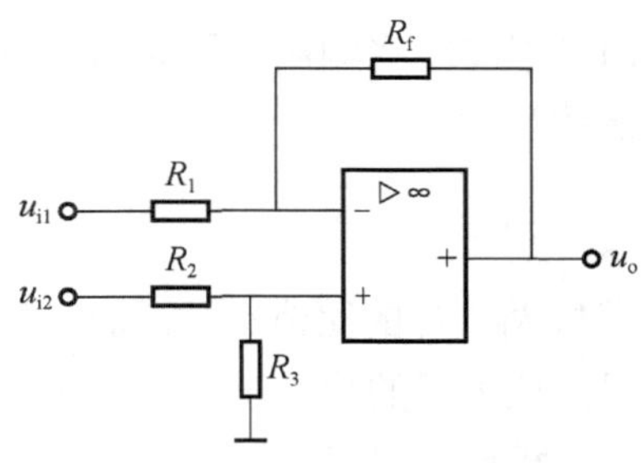

图 8-36　差分放大电路

8.6　放大电路在汽车中的应用

1. 汽车电气线路接地探测器

汽车电气线路出现接地（短路）故障，往往是汽车在行驶过程中由于颠簸、振动使得线路与车体不断发生摩擦造成绝缘层损坏引起的。一旦发生线路按地故障，就需要及时发出声光报警信号，以提醒驾驶人员及时发现，避免发生更大的事故。图 8-37 所示为汽车电气线路接地探测器。它是一种为适应接地故障的快速检测而制作的故障探测电路，它由传感器、两级放大电路、声光报警装置及直流电源等组成。

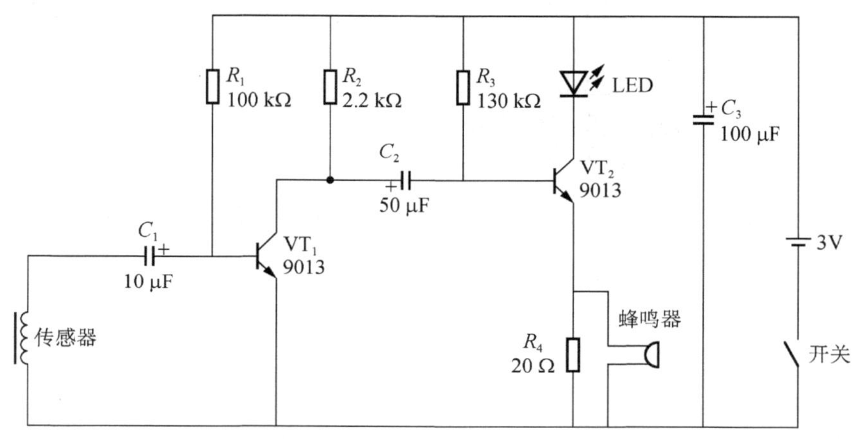

图 8-37　汽车电气线路接地探测器

图 8-37 所示电路的工作原理：当导线接地后，在接地点就会产生短路电流，短路点就会向周围发出高频电磁信号，这个信号就被由线圈和铁芯构成的传感器接收到，并转换成交流电信号输出，交流信号很微弱，经过晶体管 VT_1 放大后，在它的集电极就会得到放大了的交流信号，再送入 VT_2 的基极放大，使接在 VT_2 集电极的发光二极管闪烁发光，接在发射极的蜂鸣器发出声响。传感器离故障点越近，接收到的信号越强，经过放大后，发光二极管越亮，蜂鸣器发出的声响就越强。根据发光二极管的亮度变化和蜂鸣器的声音变化，就能快速找到故障点。

2. 无触点闪光器

图 8-38 所示为 SG131 型（国产）无触点闪光器电路。转向灯开关打开时晶体管 VT_1 的基极电流分两路提供，一路经电阻 R_2，另一路经电阻 R_1 和电容器 C。晶体管 VT_1 导通，复合晶体管 VT_2、VT_3 截止。由于晶体管 VT_1 的导通电压很小，所以转向信号灯不亮。与此同时，电源对电容器 C 充电。随着电容器 C 的端电压升高，充电电流逐渐减

小，以致晶体管 VT_1 由导通变为截止。此时 A 点的电位升高，其电位达到 1.4V 时，晶体管 VT_2 导通，晶体管 VT_3 也随之导通，于是转向信号灯及其指示灯发亮。此时，电容器 C 经过电阻 R_1、R_2 放电，电容器放完电后电源又对其充电，晶体管 VT_1 导通，VT_2 和 VT_3 截止，转向信号灯及其指示灯熄灭。如此反复循环，使转向信号灯及其指示灯闪烁。闪光频率由电路元件参数决定。

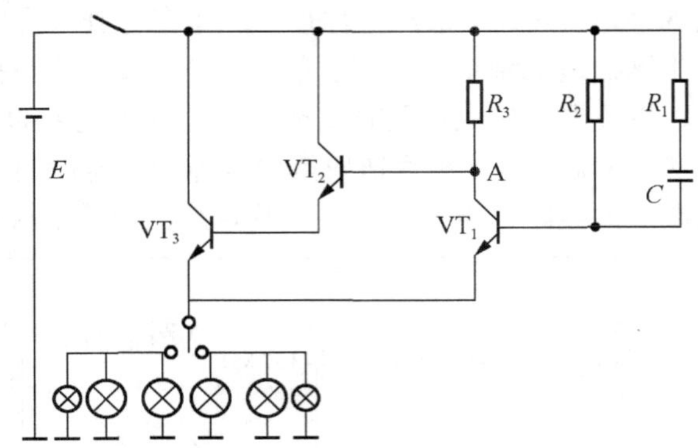

图 8-38　SG131 型（国产）无触点闪光器电路

小　　结

1. 晶体管

1）管要实现放大作用，必须同时满足内部和外部两个条件。

内部条件：晶体管基区做得很薄，且掺杂浓度低；发射区杂质浓度高；集电区的面积比发射区做得大。

外部条件：发射极正向偏置，集电极反向偏置。

2）晶体管的特性曲线有输入特性曲线和输出特性曲线。

3）晶体管输出特性曲线上对应有放大、截止和饱和三个工作区。

截止区：晶体管截止时，管内各极电流很小，接近于 0，各极间相当于开路。晶体管在截止区无放大作用。

放大区：发射极正向偏置，集电极反向偏置，晶体管具有电流放大作用，通过控制 I_B 的变化达到控制 I_C 的目的。

饱和区：发射极和集电极都正向偏置，此时晶体管 I_B 对 I_C 失去控制作用，随着 I_B 增加，I_C 增加很少，呈现饱和现象，晶体管没有放大作用。

2. 多级放大电路

放大电路由晶体管、直流电源、电阻和电容等元器件组成。多级放大电路是把几个单级放大电路以适当的方式连接起来构成的放大电路。实际应用中，要把一个微弱的信号放大到能够带动具有一定功率的负载，如电动机、扬声器等，只靠一级放大往往是不够的，必须采用多级放大电路。

多级放大电路的级间耦合方式主要有阻容耦合、变压器耦合和直接耦合三种。

多级放大器的放大倍数等于各级放大倍数的乘积。

3. 负反馈

负反馈是将输出信号的一部分或全部通过一定的电路送回输入端，从而使净输入信号减小的控制环节。负反馈有四种基本类型：电压串联负反馈、电压并联负反馈、电流串联负反馈和电流并联负反馈。

负反馈能提高放大倍数的稳定性，减少非线性失真，改善输入电阻与输出电阻。

4. 正弦波振荡器

振荡电路是一种不需要外接输入信号就能将直流能源转换成具有一定频率、一定幅度和一定波形的交流能量输出的电路。

按振荡波形可以将振荡电路分为正弦波振荡电路和非正弦波振荡电路。

根据选频网络所采用的元器件不同，正弦波振荡电路又可分为 *RC* 正弦波振荡电路、*LC* 正弦波振荡电路和石英晶体正弦波振荡电路。*RC* 振荡电路一般用来产生数赫到数百千赫的低频信号，*LC* 振荡电路主要用来产生数百千赫以上的高频信号。

5. 集成运算放大器

将晶体管、二极管和电阻等元器件及连线全部集中制造在同一小块半导体基片上，成为一个完整的固体电路，称为集成电路。

集成运算放大器简称集成运放，是一种具有很高放大倍数的多级直接耦合放大电路，是一种模拟集成电路，具有运算和放大作用。

集成运算放大器由输入级、中间级、输出级和偏置电路四部分组成。

集成运算放大器的基本电路有反相比例运算电路、同相比例运算电路和差分放大器三种。

习　　题

一、填空题（将正确答案填在空格中）

1. 晶体管有两个 PN 结，即________和________，在放大电路中________必须正偏，________必须反偏。

2．当晶体管的________正向偏置，________反向偏置时，晶体管具有放大作用，即________极电流能控制________极电流。

3．晶体管的电流放大原理是________电流的微小变化控制________电流的较大变化。

4．晶体管的特性曲线主要有________曲线和________曲线两种。

5．共射组态既有________放大作用，又有________放大作用。

6．晶体管的输出特性曲线可分为三个区域，即________区、________区和________区。当晶体管工作在________区时，关系式 $I_C=\beta I_B$ 才成立；当晶体管工作在________区时，$I_C=0$；当晶体管工作在________区时，$U_{CE}\approx0$。

7. NPN 型晶体管处于放大状态时，三个电极中电位最高的是________，________极电位最低。

8．集成运算放大器组成的基本运算电路主要有三种：________电路、________电路和________电路。

9．在分析放大电路时，静态分析的对象是________，动态分析的对象是________。

10．多级放大电路中，级与级之间的连接方式称为________。

二、判断题（正确的在括号中打“√”，错误的在括号中打“×”）

1．在晶体管放大电路的三种基本组态中，共集电极放大电路带负载的能力最强。（　　）

2．处于放大状态的晶体管，其基极电流同场效应管的栅极电流差不多。（　　）

3．晶体管是双极型管，属于电流控制器件。（　　）

4．在运算放大器电路中，闭环增益 $\dot{A}_f$ 是指广义的放大倍数。（　　）

5．处于线性工作状态的实际集成运算放大器，在实现信号运算时，两个输入端对地的直流电阻必须相等，才能防止输入偏置电流带来误差。（　　）

6．只有电路既放大电流又放大电压，才称其有放大作用。（　　）

7．只要是共射放大电路，输出电压的底部失真都是饱和失真。（　　）

8．运算放大器的输入失调电压 U_{IO} 是两输入端电位之差。（　　）

9．运算放大器的输入失调电流 I_{IO} 是两输入端电流之差。（　　）

10．负反馈放大电路不可能产生自激振荡。（　　）

11．在 LC 正弦波振荡电路中，不用通用型集成运算放大器作为放大电路的原因是其上限截止频率太低。（　　）

三、选择题（选择正确答案的标号填入括号中）

1．工作在放大区域的某晶体管，当 I_B 从 20μA 增大到 40μA 时，I_C 从 1mA 变为 2mA，则它的 β 值约为（　　）。

A．10　　B．50　　C．80　　D．100

2．检查放大电路中的晶体管在静态的工作状态（工作区），最简便的方法是测量（　　）。

A．I_{BQ}　　B．U_{BE}　　C．I_{CQ}　　D．U_{CEQ}

3．NPN 型和 PNP 型晶体管的区别是（　　）。

A．由两种不同的材料硅和锗制成的　　B．掺入的杂质元素不同

C．P 区和 N 区的位置不同　　D．管脚排列方式不同

4．当晶体管的发射极和集电极都反偏时，则晶体管的集电极电流将（　　）。

A．增大　　B．减小　　C．反向　　D．几乎为零

5．下列数据中，对于 NPN 型晶体管属于放大状态的是（　　）。

A．$U_{BE}>0$，$U_{BE}<U_{CE}$时　　B．$U_{BE}<0$，$U_{BE}<U_{CE}$时

C．$U_{BE}>0$，$U_{BE}>U_{CE}$时　　D．$U_{BE}<0$，$U_{BE}>U_{CE}$时

6．为了使晶体管可靠地截止，电路必须满足（　　）。

A．发射结正偏，集电结反偏　　B．发射结反偏，集电结正偏

C．发射结和集电结都正偏　　D．发射结和集电结都反偏

7.对放大电路中的晶体管进行测量，各极对地电压分别为 U_B=2.7V，U_E=2V，U_C=6V，则该管工作在（　　）。

A．放大区　　B．饱和区　　C．截止区　　D．无法确定

8．当晶体管工作在放大区时，（　　）。

A．发射结和集电结均反偏　　B．发射结正偏，集电结反偏

C．发射结和集电结均正偏　　D．发射结反偏，集电结正偏

9．集成运算放大器的输入级采用差分放大电路是因为可以（　　）。

A．减小温度漂移　　B．增大放大倍数

C．提高输入电阻　　D．减小输出电阻

10．在输入量不变的情况下，若引入反馈后（　　），则说明引入的是负反馈。

A．输入电阻增大　　B．输出量增大

C．净输入量增大　　D．净输入量减小

四、简答题

1．简述晶体管的结构和分类。

2．多级放大电路的级间耦合方式有哪几种？

3．负反馈有哪四种基本电路？

4．集成运算放大器的基本电路有哪几种？

5．画出晶体管的输出特性曲线。

第9章 数 字 电 路

知识目标

1）了解数字信号、数字电路的基本概念。

2）知道与、或、非三种基本逻辑门电路的定义。

3）了解二极管与门、或门、非门逻辑电路的工作原理及逻辑符号。

4）了解基本RS触发器、同步RS触发器、主从JK触发器、D触发器的组成及逻辑功能。

5）知道555定时器的结构及工作原理。

技能目标

1）学会识读二极管与门、或门、非门逻辑电路。

2）会看简单的集成触发器电路图。

3）能看懂555定时器在汽车中的基本应用电路。

9.1 数字电路的基本概念

9.1.1 数字信号

数字信号指自变量是离散的、因变量也是离散的信号，这种信号的自变量用整数表示，因变量用有限数字中的一个数字来表示。在计算机中，数字信号的大小常用有限位的二进制数表示。例如，字长为2位的二进制数可表示4种大小的数字信号，它们是00、01、10和11。

在数字电路中，常见的数字信号是矩形波和尖顶波，理想数字信号如图9-1所示。图9-2所示是实际的矩形波。以图9-2为例，介绍数字信号（脉冲信号）的基本参数。

1）脉冲幅度A：脉冲信号变化的最大值。

2）脉冲上升时间t_r：从脉冲10%的幅度上升到90%所需的时间。

3）脉冲下降时间t_f：从脉冲90%的幅度下降到10%所需的时间。

4）脉冲宽度t_p：从上升沿50%幅度到下降沿50%幅度所需的时间。

5）脉冲周期T：周期性脉冲信号前后两次出现的间隔时间。

6）脉冲频率f：单位时间内的脉冲数，$T=\dfrac{1}{f}$。

7）数字电路中没有脉冲信号时的状态称为静态，静态时的电压值可以为正、负或零，一般在 0V 左右。脉冲出现时电压大于静态电压值的称为正脉冲，小于静态电压值的称为负脉冲，如图 9-3 所示。

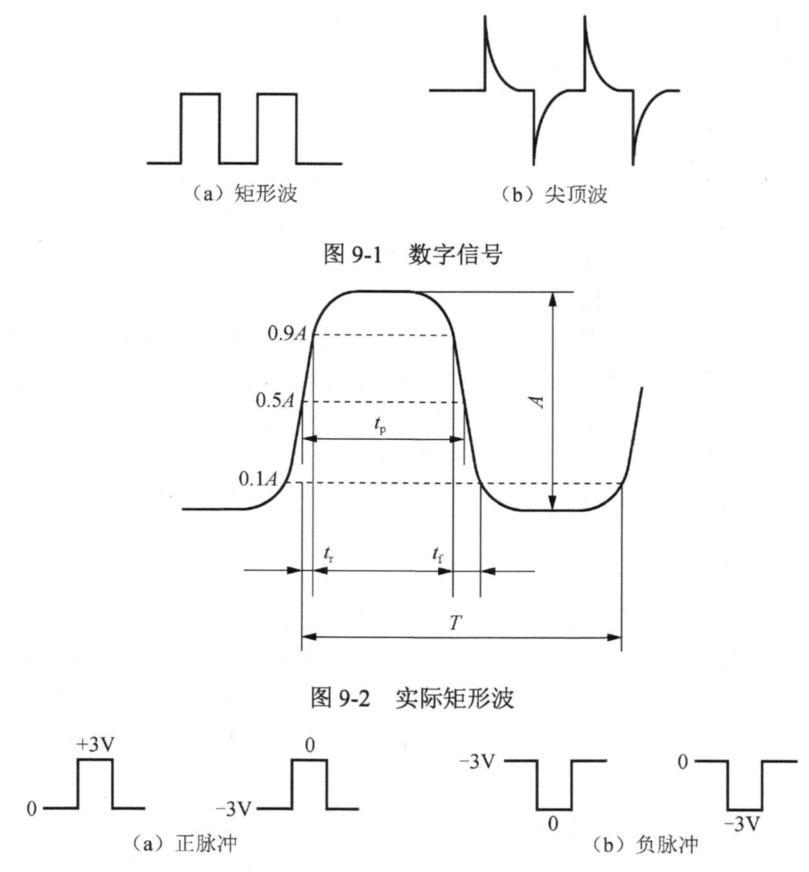

图 9-1　数字信号

图 9-2　实际矩形波

图 9-3　正脉冲与负脉冲

9.1.2　数字电路

用数字信号完成对数字量进行算术运算和逻辑运算的电路称为数字电路或数字系统。由于它具有逻辑运算和逻辑处理功能，所以又称数字逻辑电路。现代的数字电路由半导体工艺制成的若干数字集成器件构造而成。逻辑门是数字逻辑电路的基本单元。存储器是用来存储二进制数据的数字电路。从整体上看，数字电路可以分为组合逻辑电路和时序逻辑电路两大类。

在数字电路中，晶体管一般工作在截止区和饱和区，起开关作用。

1. 数字电路的特点

（1）同时具有算术运算和逻辑运算功能

数字电路是以二进制逻辑代数为数学基础，使用二进制数字信号，既能进行算术运算又能方便地进行逻辑运算（与、或、非、判断、比较、处理等），因此极其适合于运算、比较、存储、传输、控制、决策等应用。

（2）实现简单，系统可靠

以二进制作为基础的数字逻辑电路，可靠性较强。电源电压的小的波动对其没有影响，温度和工艺偏差对其工作的可靠性影响也比模拟电路小得多。

（3）集成度高，功能实现容易

集成度高、体积小、功耗低是数字电路突出的优点之一。电路的设计、维修、维护灵活方便，随着集成电路技术的高速发展，数字逻辑电路的集成度越来越高，集成电路的功能随着小规模集成电路（SSI）、中规模集成电路（MSI）、大规模集成电路（LSI）、超大规模集成电路（VLSI）的发展也从元件级、器件级、部件级、板卡级上升到系统级。电路的设计组成只需采用一些标准的集成电路单元连接而成。对于非标准的特殊电路，还可以使用可编程序逻辑阵列电路，通过编程的方法实现任意的逻辑功能。

2. 数字电路的划分

1）按功能分为组合逻辑电路和时序逻辑电路两大类。

前者在任何时刻的输出，仅取决于电路此刻的输入状态，而与电路过去的状态无关，它们不具有记忆功能。常用的组合逻辑器件有加法器、译码器、数据选择器等。

后者在任何时候的输出，不仅取决于电路此刻的输入状态，而且与电路过去的状态有关，它们具有记忆功能。

2）按结构分为分立元件电路和集成电路。

前者是将独立的晶体管、电阻等元器件用导线连接起来的电路。

后者是将元器件及导线制作在半导体硅片上，封装在一个壳体内，并焊出引线的电路。集成电路的集成度是不同的。

数字电路广泛应用于电视、雷达、通信、电子计算机、自动控制、航天等科学技术领域。

9.2 基本逻辑门电路

在数字电路中，输出信号与输入信号之间存在一定的逻辑关系，因此，数字电路又称逻辑电路。

在数字逻辑电路中，只有高电平和低电平两种相反的工作状态，分别用“1”和“0”

表示。用“1”表示高电平，“0”表示低电平，称为正逻辑关系，反之称为负逻辑关系。本书采用正逻辑关系。

数字电路中，由开关元件组成的能实现一定逻辑关系的电路称为逻辑门电路，简称门电路。数字电路中的基本逻辑关系有三种，即与、或、非。与之相应的门电路为与门、或门和非门。

9.2.1 二极管与门电路

1. 与逻辑电路

图 9-4 所示为两个开关串联控制一盏灯的电路，从图中可见，灯泡 EL 要发光，必须同时满足两个条件，即开关 S_1 和 S_2 都接通。当只有 S_1 或 S_2 一个开关接通时，灯泡 EL 不可能发光，这就是简单的与逻辑关系。与逻辑关系可以这样来描述：当决定一件事情的各个条件全部具备时，这件事情才会发生，这样的因果关系称为与逻辑。

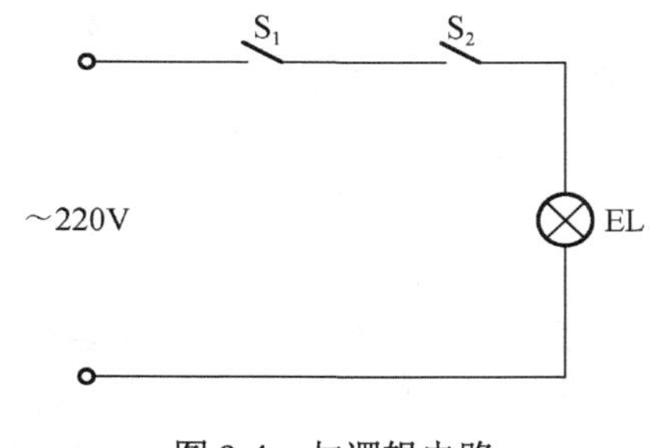

图 9-4 与逻辑电路

2. 二极管与门电路

二极管与门电路如图 9-5（a）所示，由图中可知，当输入 A、B 中有一个或一个以上为低电平时，则与输入端相连的二极管必然获得正偏电压而导通，使输出端 Z 为低电平，只有当输入 A、B 同时为高电平时，输出 Z 才是高电平。可见输入与输出之间是一种与逻辑关系，即 $Z=AB$，与逻辑符号如图 9-5（b）所示，与逻辑真值表如表 9-1 所示。

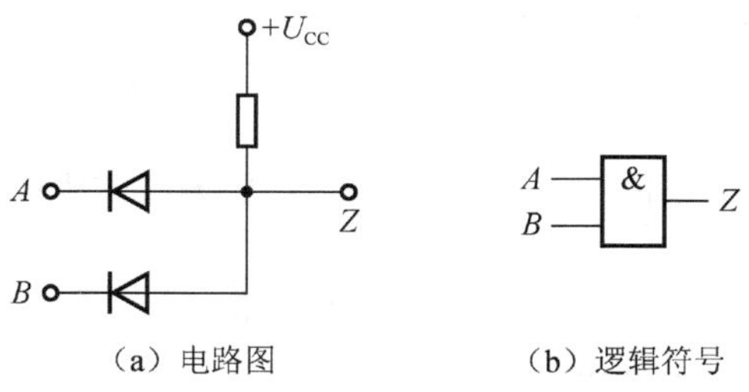

（a）电路图 （b）逻辑符号

图 9-5 二极管与门电路及其逻辑符号

表 9-1　与逻辑真值表

A	B	Z
0	0	0
0	1	0
1	0	0
1	1	1

9.2.2　二极管或门电路

1. 或逻辑电路

图 9-6 所示为三个开关并联控制一盏灯的电路图，从图中可见，只要电路中有一个或一个以上的开关接通，灯泡 EL 就会发光，这就是一种简单的或逻辑关系。或逻辑关系可以这样来描述：在决定一件事情的诸多条件中，只要具备其中一个或一个以上的条件，这件事情就会发生，这种逻辑关系称为或逻辑。

2. 二极管或门电路

二极管或门电路如图 9-7（a）所示，从图中可知，输入 A、B 中有一个或一个以上为高电平时，则与之相连的二极管必须获得正偏电压而导通，使输出 Z 为高电平，只有输入 A、B 同时为低电平时，输出 Z 才是低电平。由此可见，输入与输出之间呈现或逻辑关系，即 $Z=A+B$，或逻辑符号如图 9-7（b）所示，或逻辑真值表如表 9-2 所示。

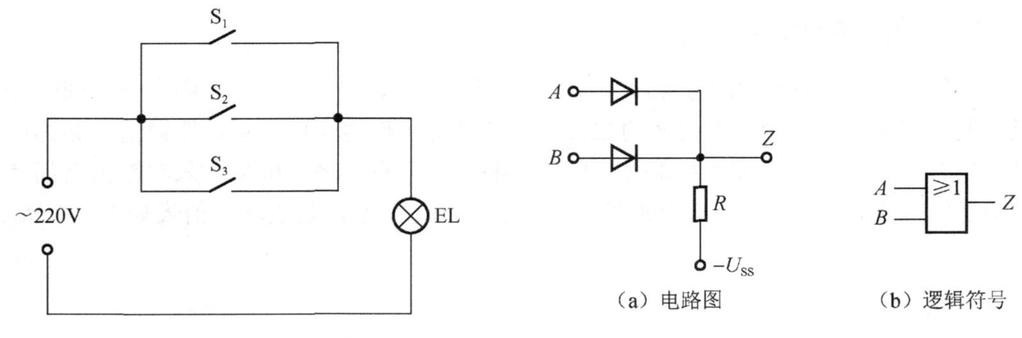

图 9-6　或逻辑电路

图 9-7　二极管或门电路及其逻辑符号

表 9-2　或逻辑真值表

A	B	Z
0	0	0
0	1	1

续表

A	B	Z
1	0	1
1	1	1

9.2.3　晶体管非门电路

1. 非逻辑关系

图 9-8 为一个旁路开关控制一盏灯的电路图，从图中可以看出，当开关 S 打开时灯泡 EL 就发光，当开关 S 接通时灯泡 EL 就不发光，开关 S 与灯泡 EL 之间就是一种简单的逻辑非的关系。

输出的状态与输入的状态相反，我们把这种逻辑关系称为非逻辑关系。非逻辑关系可以这样来描述：在具有因果关系的某一事物中，当条件满足时，结果就不出现，当条件不满足时，结果就出现，这样一种因果关系称为逻辑非关系。

2. 晶体管非门电路

图 9-9（a）所示是晶体管非门电路，非门又称为反相器，是实现逻辑翻转的门电路。它对输入的逻辑电平取反，实现相反的逻辑功能输出。从图 9-9（a）中可以看出，只要电阻 R_1、R_2 和负电源 $-U_{SS}$ 参数配合适当，则当输入为低电平时，晶体管的基极为负电位，发射极反偏，晶体管截止，输出为高电平，而当输入为高电平时，晶体管基极为正电位而饱和导通，输出为低电平，从而实现了非逻辑运算，即 $Z=\overline{A}$。非逻辑符号如图 9-9（b）所示，非逻辑真值表如表 9-3 所示。

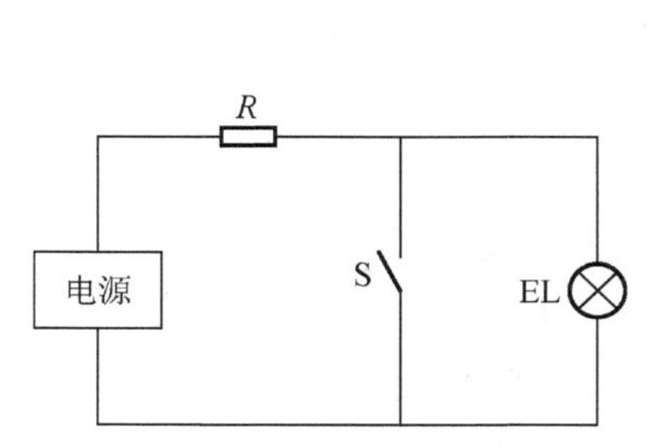

图 9-8　非逻辑电路

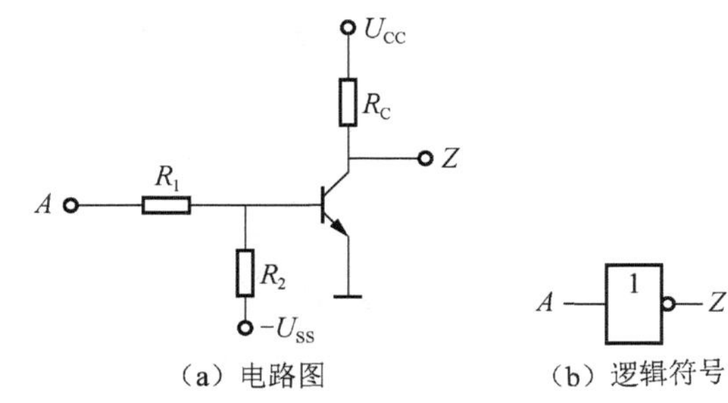

图 9-9　晶体管非门电路及其逻辑符号

表 9-3　非逻辑真值表

A	Z
0	1
1	10

9.3 集成触发器

触发器就是一种具有记忆功能的逻辑电路，它具有两个稳定状态，分别用来表示逻辑 1 和逻辑 0，又称为双稳态电路。在触发信号的作用下，两个稳定状态可以相互转换，或称翻转，触发信号消失时，电路则将新的状态保存下来。

如果在组合逻辑门电路中接入触发器，则电路的输出不仅取决于输入，而且取决于输入信号作用前电路的状态，这样的电路称为时序逻辑电路。

按逻辑功能的不同，触发器有基本 *RS* 触发器、同步 *RS* 触发器、主从 *JK* 触发器、*D* 触发器、*T* 触发器等。

9.3.1 基本 *RS* 触发器

1. 电路组成

基本 *RS* 触发器是构成各种实用触发器的基础。

与非门的输出端与输入端交叉反馈相接，就构成了基本 *RS* 触发器，基本 *RS* 触发器的逻辑图和逻辑符号如图 9-10 所示。图 9-10 中，*R*、*S* 为触发器的输入端，*Q*、$\overline{Q}$ 为触发器的输出端。

通常把触发器输出端的状态规定为触发器的状态。Q=0 与 $\overline{Q}$=1 时，称为触发器处于“0”态；Q=1 与 $\overline{Q}$=0 时，称为触发器处于“1”态。在稳定状态时，触发器的两个输入端总是一个为 1，另一个为 0，保持相反（互补）的状态，这是记忆的基础。要想实现上述两个稳态的互相转换，必须外加适当的触发信号。

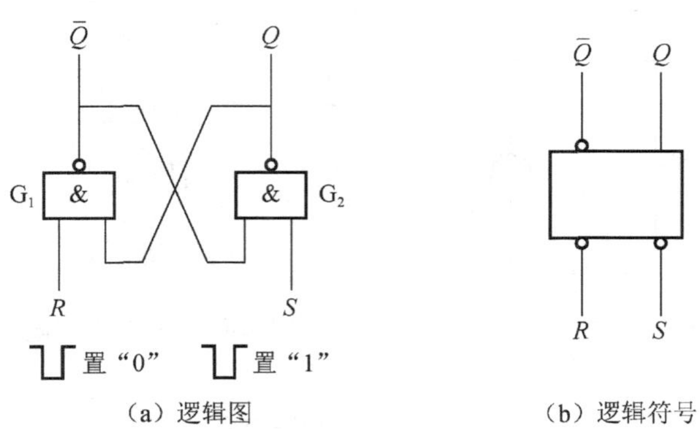

（a）逻辑图　　（b）逻辑符号

图 9-10　基本 *RS* 触发器

2. 逻辑功能

基本 RS 触发器的逻辑功能如下：

1）当 R=0，S=1 时，G_1 门上的两个输入端全为 0，输出 $\overline{Q}$=1；而 G_2 门的输入端全是 1，输出 Q=0，即触发器处于 0 状态。这种状态称为置 0 或复位，输入端 R 称为置 0 端或复位端。

2）当 R=1，S=0 时，G_2 有一输入端为 0，输出 Q=1，而 G_1 门的输入端全是 1，输出 $\overline{Q}$=0，即触发器处于 1 状态。这种状态称为置 1 或置位，输入端 S 称为置 1 端或置位端。

3）当 R、S 全为 1 时，输出将与触发器原来的状态有关。若触发器的原状态为 Q=1，$\overline{Q}$=0，则 G_1 门输入全为 1，故输出 $\overline{Q}$=0，使 Q=1；若触发器的原状态为 Q=0，$\overline{Q}$=1，则 G_2 门输入全为 1，故输出 Q=0，使 $\overline{Q}$=1。由此可知，这时触发器保持原来的状态。

4）当 R、S 全为 0 时，G_1、G_2 两门都有为 0 的输入端，所以它们的输出端 Q、$\overline{Q}$ 全为 1。这时触发器的状态既不属于 0 态，也不属于 1 态，也就是说，如果输入信号消失，触发器的状态将无法确定，即触发器处于不稳定状态，这种状态是不允许出现的。

基本 RS 触发器的逻辑状态如表 9-4 所示，工作波形如图 9-11 所示。

表 9-4 基本 RS 触发器的逻辑状态

R	S	Q	逻辑功能
0	1	0	置 0
1	0	1	置 1
1	1	原状态	保持
0	0	不定	应禁止

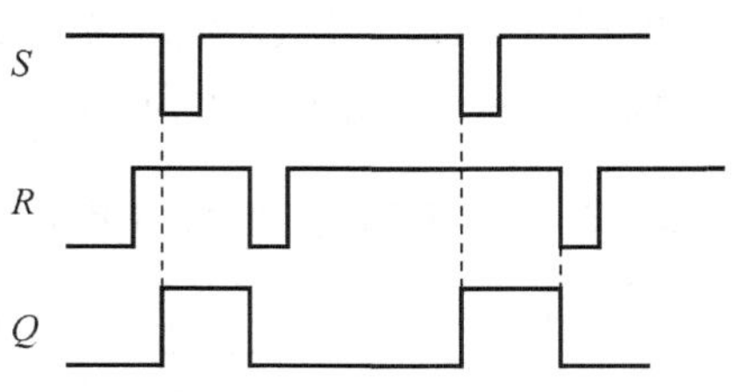

图 9-11 基本 RS 触发器的工作波形

9.3.2 同步 RS 触发器

由时钟脉冲控制的触发器称为同步触发器，又称为钟控触发器，同步是指触发器状态的改变与时钟脉冲 CP 同步进行。同步触发器的触发方式有高电平触发有效和低电平触发有效两种。

1. 电路组成

同步 *RS* 触发器的逻辑图和逻辑符号如图 9-12 所示。图 9-12 中，G_1、G_2 组成基本 *RS* 触发器，G_3、G_4 组成导引门电路，*CP* 为时钟脉冲信号，高电平有效。

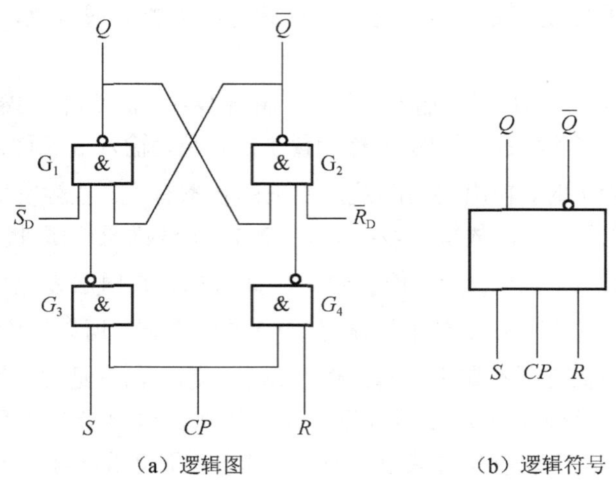

（a）逻辑图　　（b）逻辑符号

图 9-12　同步 *RS* 触发器

2. 逻辑功能

1）当 *CP*=0 时，导引门被封锁，G_3、G_4 的输出都为 1，基本 *RS* 触发器维持原状态。

2）当 *CP*=1 时，导引门畅通，G_3、G_4 的输出就是 *R*、*S* 信号取反，同步 *RS* 触发器按基本 *RS* 触发器规律变化，只是 *R*、*S* 需要输入正脉冲，通过导引门后才能转换成基本触发器所需的负脉冲。同步 *RS* 触发器的逻辑状态如表 9-5 所示，表中符号“×”表示取 0 或取 1 都可以。同步 *RS* 触发器的工作波形如图 9-13 所示。

表 9-5　同步 *RS* 触发器的逻辑状态

CP	*R*	*S*	*Q*	逻辑功能
0	×	×	原状态	保持
1	0	0	原状态	保持
1	0	1	1	置 1
1	1	0	0	置 0
1	1	1	不定	应禁止

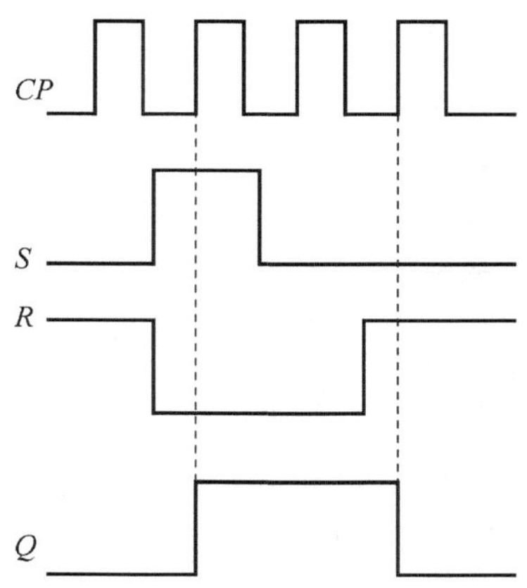

图 9-13　同步 *RS* 触发器的工作波形

3）初始状态的预置。同步 *RS* 触发器中的基本触发器通常设有直接置位端 $\overline{S_D}$ 和直接复位端 $\overline{R_D}$（均为低电平有效），使用时可采用负脉冲直接作用于基本 *RS* 触发器，使其置 1、置 0，以实现触发器的清零或预置数，其作用不受 *CP* 的限制，所以 $\overline{S_D}$、$\overline{R_D}$ 又称为异步输入端（*R*、*S* 又称为同步输入端）。不用时应将它们都接高电平，即悬空。

R、*S* 全为 1 这种情况应当避免。当 *CP*=1 时，若 *R*=*S*=1，则导引门 G_3、G_4 均输出 0 状态，使 *Q*=1，$\overline{Q}$=1，当脉冲过去之后，触发器恢复成何种稳态是随机的。

同步 *RS* 触发器的结构简单，但有两个缺点：一是有不确定态，二是触发器在 *CP* 作用期间有可能发生空翻现象，从而失去同步的意义。所以它在实际应用中受到一定限制。

9.3.3　主从 *JK* 触发器

主从 *JK* 触发器的逻辑图和逻辑符号如图 9-14 所示。图 9-14 中，逻辑符号中的 *CP* 输入端加有小圆圈时表示下降沿触发，无小圆圈时表示上升沿触发。*J*、*K* 为输入控制端；$\overline{S_D}$、$\overline{R_D}$ 为预置端，两者均为低电平有效，它们不受时钟脉冲 *CP* 的控制，主要用于在工作前或工作过程中强制复位和置位，不用时应使其处于高电平或悬空状态。

主从 *JK* 触发器由一个主触发器和一个从触发器组成，将从触发器的输出反馈到主触发器的输入端，以消除输出的不确定状态。此外，还通过一个非门将两个触发器的时钟脉冲端连接起来，使主、从触发器的时钟脉冲极性相反。*CP* 为时钟脉冲输入端，*J*、*K* 为控制输入端。主触发器 *J* 端有两个输入，一个接从触发器的 $\overline{Q}$，一个是输入端 *J*，它们是与逻辑的关系；*K* 端也有两个输入，一个接从触发器的 *Q*，一个是输入端 *K*，它们也是与逻辑的关系。

主从 *JK* 触发器的逻辑状态如表 9-6 所示。图 9-15 所示为主从 *JK* 触发器的工作波形。

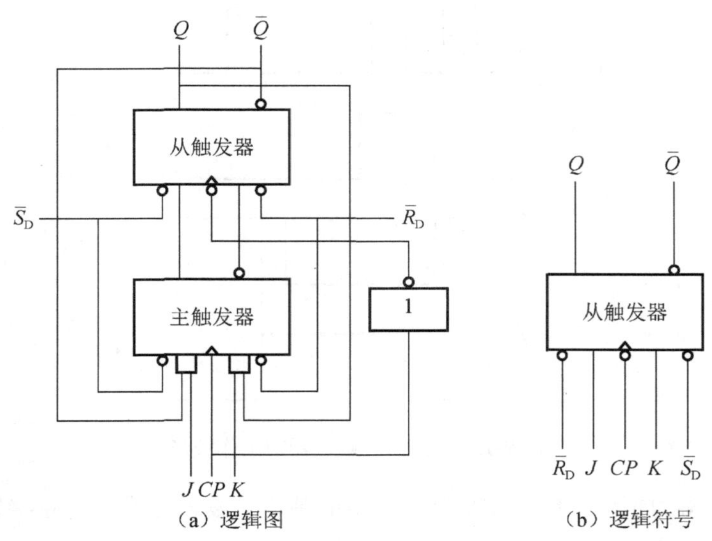

（a）逻辑图 （b）逻辑符号

图 9-14 主从 *JK* 触发器

表 9-6 主从 *JK* 触发器的逻辑状态

J	*K*	*Q*	逻辑功能
0	0	原状态	保持
0	1	0	置 0
1	0	1	置 1
1	1	$\bar{Q}$	翻转

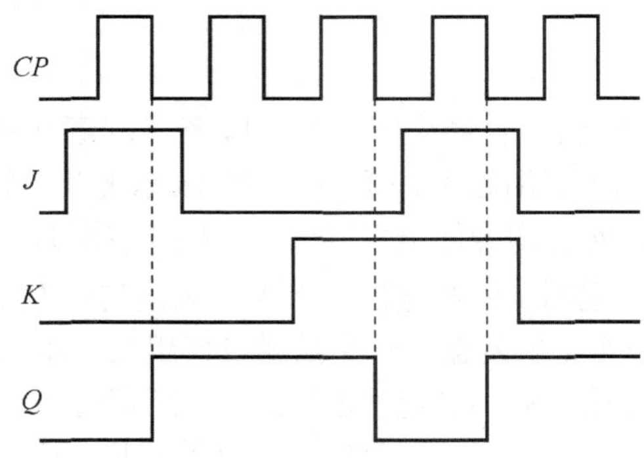

图 9-15 主从 *JK* 触发器的工作波形

时钟脉冲作用期间，即 *CP*=1 时，非门的输出为 0，故从触发器被封锁，其状态保持不变，主触发器的状态由输入信号 *J*、*K* 和从触发器的输出决定，但它没有不确定状态。这时，主从 *JK* 触发器的状态保持不变。

当 CP 从 1 下跳变为 0 时，主触发器被封锁住，其状态保持不变。而这时非门的输出为 1，从触发器的输出将依据主触发器的输出状态而变化，主触发器保存的状态传送到从触发器中。

主从 JK 触发器在 CP 由 0 变为 1 时，从触发器被封锁住，其状态不变，只是将输入信号接收进来而不翻转，等到 CP 由 1 回到 0 时才翻转，这种工作方式称为下降沿触发。此时，虽然 Q、$\overline{Q}$ 的状态改变，但 CP 为 0，故不会发生多次翻转。

9.3.4 D 触发器

D 触发器只有一个同步输入端，其逻辑符号如图 9-16 所示，工作波形如图 9-17 所示，逻辑状态表如表 9-7 所示。在图 9-16 中，CP 处不加小圆圈，表明触发器是由 CP 脉冲的上升沿触发的。

D 触发器采用主从结构，所以无不确定状态，也不会发生多次翻转。

D 触发器的功能是在时钟脉冲作用后，触发器状态与输入端 D 的状态相同。

D 触发器的状态只取决于 CP 到来之前 D 输入端的状态，而 D 端的新状态必须等到下一个 CP 到来时才能传送到触发器的输出端，这表明 D 触发器有延迟作用，它能提供一个 CP 脉冲周期的延迟，因而，D 触发器又称为延迟触发器。

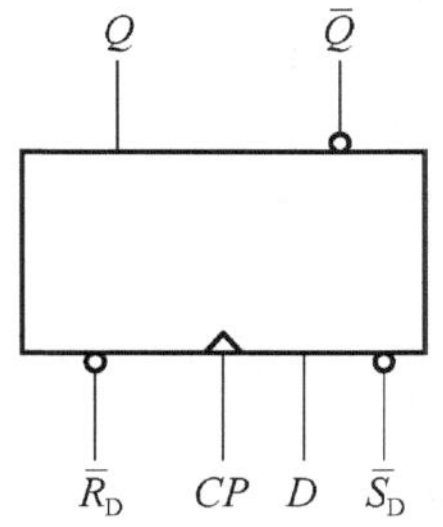

图 9-16 D 触发器的逻辑符号

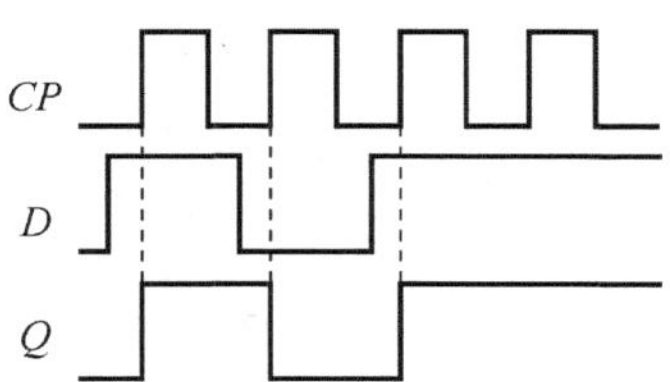

图 9-17 D 触发器的工作波形

表 9-7 触发器的逻辑状态

D	Q	逻辑功能
0	0	置 0
1	1	置 1

9.4 数字电路在汽车上的应用

9.4.1 555 定时器

555 定时器（时基电路）是一种用途广泛的模拟数字混合集成电路，1972 年由西格尼蒂克斯公司（Signetics）研制，内部有 3 个 5kΩ的电阻组成的电阻分压器，故称 555。它可产生精确的时间延迟和振荡，可以构成施密特触发器、单稳态触发器、多谐振荡器和压控振荡器等多种应用电路。555 定时器设计新颖、构思奇巧，备受电子专业设计人员和电子爱好者青睐。555 定时器在工业自动控制、定时、延时、报警、仿声、电子乐器等方面有广泛应用。

1. 555 定时器的电路结构

555 定时器的内部结构如图 9-18（a）所示，它包括以下几个部分：1 个由 3 个阻值（5kΩ）相等的电阻组成的电阻分压器、2 个电压比较器 C_1 和 C_2、1 个基本 *RS* 触发器、1 个放电晶体管、1 个缓冲器。整个组件共有 8 个引线端，引脚排列如图 9-18（b）所示。

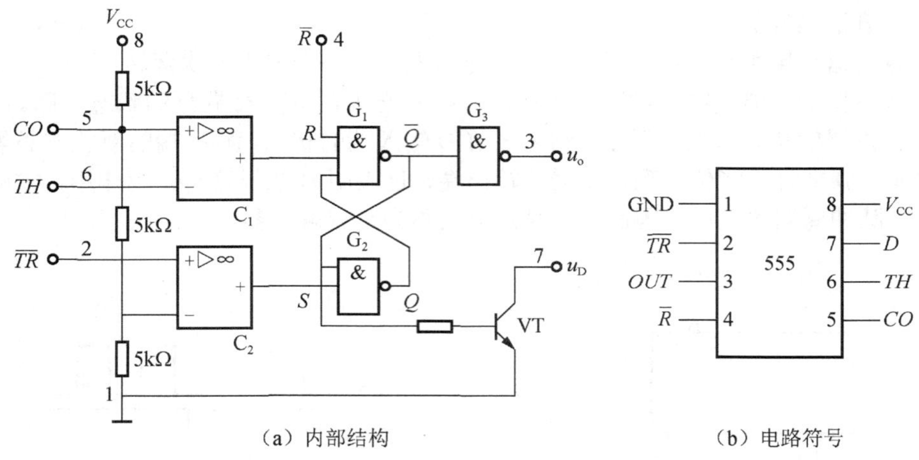

图 9-18 555 定时器的内部结构和电路符号

C_1 的同相输入端和 C_2 的反相输入端分别接到电阻分压器中间电阻的两端，使它们的电压被分别固定在 $2V_{CC}/3$ 和 $V_{CC}/3$。这两个固定电压作为电压比较器的参考电压。C_1 和 C_2 的输出作为基本 *RS* 触发器的输入，从而确定该触发器的输出状态。

1）电阻分压器。由 3 个 5kΩ的电阻组成，为电压比较器 C_1 和 C_2 提供基准电压。C_1 的同相输入端 $V_+=2V_{CC}/3$，C_2 的反相输入端 $V_-=V_{CC}/3$。如果在电压控制端 5 另加控制电压，可以改变比较器 C_1、C_2 的参考电压值。若工作中不使用控制端 5，则控制端 5 通过一个 0.01μF 的电容接地，以旁路高频干扰。

2）电压比较器。C_1 和 C_2 是两个电压比较器，分别由两个集成运算放大器构成。C_1 的同相输入端“+”接到参考电压 V_+端上，即电压控制端 5，用 CO 表示。反相控制端“−”用 *TH* 表示，称为高触发端 6。C_2 的反相输入端接到参考电压端 V_-，同相输入端“+”用 $\overline{TR}$ 表示，称为低触发端 2。

3）基本 *RS* 触发器。基本 *RS* 触发器由两个与非门构成，其置 0 和置 1 端为低电平有效触发。$\overline{R}$ 是低电平有效的复位输入端。正常工作时，必须使 $\overline{R}$ 处于高电平。

4）放电晶体管 VT。VT 是集电极开路的晶体管，相当于一个受控电子开关，$\overline{Q}$ 输出为 1 时，VT 导通；$\overline{Q}$ 输出为 0 时，VT 截止。

5）缓冲器。缓冲器由 G_3 构成，用于提高电路的负载能力和抗干扰能力。

2. 引脚功能

1）*CO* 为控制电压输入端。此端可以外加一个电压比较器的参考值。不用时应经过 0.01μF 的电容接地，以防止干扰的侵入。

2）*TH* 称为高触发端。当 6 端的输入电压小于 $2V_{CC}/3$ 时，C_1 输出为高电平 1；大于 $2V_{CC}/3$ 时，C_1 输出为低电平 0，使触发器置 0，即 Q=0。

3）$\overline{TR}$ 称为低触发端。当 2 端的输入电压大于 $V_{CC}/3$ 时，C_2 输出为高电平 1；小于 $V_{CC}/3$ 时，C_2 输出为低电平 0，使触发器置 1，即 Q=1。

4）$\overline{R}$ 是复位端，是专门设置以便基本 *RS* 触发器从外部进行直接置 0。需要置 0 时，从 4 端输入负脉冲，即 $\overline{R}$=0 时，Q=1。

5）7 脚是放电端。从晶体管的集电极引出。晶体管构成开关，其状态受 $\overline{Q}$ 控制。$\overline{Q}$=1 时，晶体管导通，为外接电容元件提供放电通路；$\overline{Q}$=0 时，晶体管截止。

6）V_{CC} 是电源端。电压可在 4.5～18V 范围内工作。

7）3 脚是定时器的输出端。输出电流达 200mA，可直接驱动继电器、发光二极管、扬声器、指示灯等。

8）1 脚是接地端。

3. 555 定时器的功能

综上所述，555 定时器的功能如表 9-8 所示。

表 9-8　555 定时器的功能

TH	$\overline{TR}$	*R*	*S*	*Q*	$\overline{Q}$	晶体管
$>2V_{CC/3}$	$>V_{CC}/3$	0	1	0	1	导通
$<2V_{CC}/3$	$<V_{CC}/3$	1	0	1	0	截止
$<2V_{CC}/3$	$>V_{CC}/3$	1	1	保持		保持

从 555 定时器的功能表可以看出，555 定时器提供了两个阈值电平，分别是 $V_{CC}/3$ 和 $2V_{CC}/3$。它提供了可通过 $\overline{R}$ 端直接从外部进行置 0 的基本 *RS* 触发器，还提供了一个受该触发器控制的晶体管开关，因此使用起来极为方便，应用范围非常广泛，只需要通过外部适当的连线和接入合适的电阻、电容便能以多种方式工作。

9.4.2 555 定时器的基本应用电路

555 定时器的基本应用电路有三种，如图 9-19（a）所示。图 9-19（a）所示为施密特触发器，图 9-19（b）所示为单稳态触发器，图 9-19（c）所示为多谐振荡器。

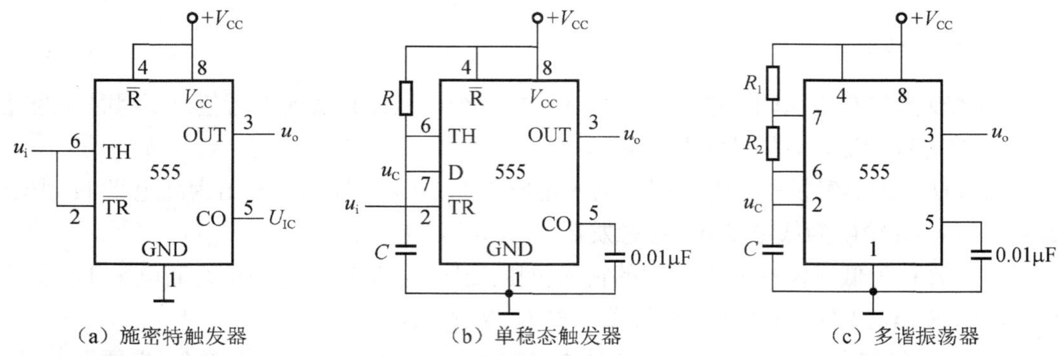

（a）施密特触发器　（b）单稳态触发器　（c）多谐振荡器

图 9-19　555 定时器的基本应用电路

1. 施密特触发器

在图 9-19（a）中，将 555 定时器的 TH 端与 $\overline{TR}$ 连在一起，作为触发信号 u_i 的输入端，并从 OUT 端输出信号 u_o。

设施密特触发器的输入信号 u_i 为三角波，其工作波形如图 9-20 所示。

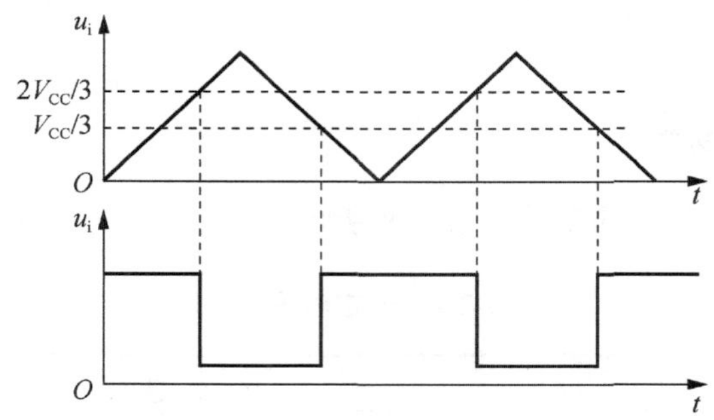

图 9-20　施密特触发器的工作波形

由波形图可见，输入电压 u_i 从零开始增大，只要未达到 $2V_{CC}/3$，电路状态就保持不变；当 u_i 达到 $2V_{CC}/3$ 时，触发器翻转，直至达到 V_{CC} 后 u_i 开始下降。在 u_i 从 V_{CC} 下降到 $V_{CC}/3$ 以前，电路依旧保持不变，直到 u_i 下降到 $V_{CC}/3$ 时，触发器才翻转。

由于触发器有两个基准电压，并且只有当输入电压达到后一个基准电压时触发器状态才会翻转，所以当输入电压在两个基准电压之间时，干扰不会影响其状态，故施密特触发器的抗干扰能力较强。汽车的照明电路多采用施密特触发器。

2. 单稳态触发器

在图 9-19（b）中，将 555 定时器的 $\overline{TR}$ 端作为 u_i 的输入端，u_i 下降沿有效。放电晶体管 VT 的集电极 7 通过电阻 R 接 V_{CC}，组成一反相器，并通过电容 C 接地。该电路中 R、C 作为定时元件。单稳态触发器输出脉冲的宽度 t_W 为暂稳持续的时间，即电容 C 的电压由 0V 充到 $2V_{CC}/3$ 所需的时间。当没有触发信号时，电路工作在稳态，即 u_i 为高电平，u_o=0，放电晶体管 VT 饱和导通。当有输入信号时，其工作波形如图 9-21 所示。

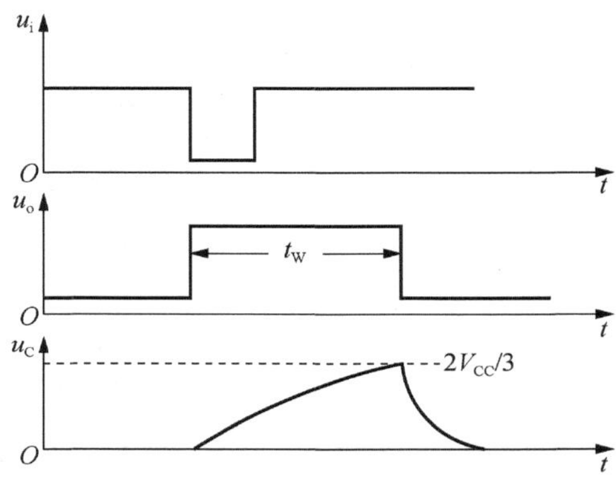

图 9-21 单稳态触发器的波形

当 u_i 下降沿到来时，电路被触发，u_o=1，放电晶体管 VT 截止，此时电容 C 开始充电，在到达 $2V_{CC}/3$ 之前，电路保持暂稳不变。

当电容的电压达到 $2V_{CC}/3$ 时，触发态翻转，u_o=0，放电晶体管 VT 饱和，暂稳态结束；电容 C 通过放电晶体管 VT 放电，结束后，电路回到稳态，等待下一次触发脉冲的到来。

单稳态触发器广泛应用于数字电路，可用于整形、延时和定时。单稳态触发器有如下特点：

1）电路只有一个稳定状态和一个暂稳状态。

2）在外加触发脉冲信号的作用下，电路能从稳态翻转到暂稳态。

3）暂稳态维持一段时间后返回稳态。

4）暂稳态维持的时间仅取决于电路本身参数，与触发脉冲无关。单稳态触发器的暂稳态通常是靠 RC 电路的充、放电过程来维持的。

3. 多谐振荡器

图 9-19（c）所示为由 555 定时器构成的多谐振荡器。R_1、R_2、C 是外接元件，2 脚和 6 脚连接起来（u_C）对地接电容 C。多谐振荡器是用来产生矩形波的自激振荡器，由于矩形波包含了基波和较多的谐振成分，因此称为多谐振荡器。另外，这种电路不存在

稳定状态，所以又称为无稳态振荡器。

当接通电源的一瞬间，电容 C 来不及充电，此时 u_C=0，u_o=1，放电晶体管 VT 截止；随着电源的接通，电容 C 开始充电，直到达到 $2V_{CC}/3$ 时，触发器翻转，u_o=0，放电晶体管 VT 饱和导通；随后电容 C 开始通过 R_2 放电，u_C 不断下降，直到下降到 V_{CC} 时，触发器翻转，u_o=1，放电晶体管 VT 截止。依此类推，电容不断充放电，进入循环。图 9-22 所示为多谐振荡器的工作波形。

多谐振荡器在汽车中的应用非常多，如汽车转向闪光器电路、汽车刮水器间隙控制电路等。

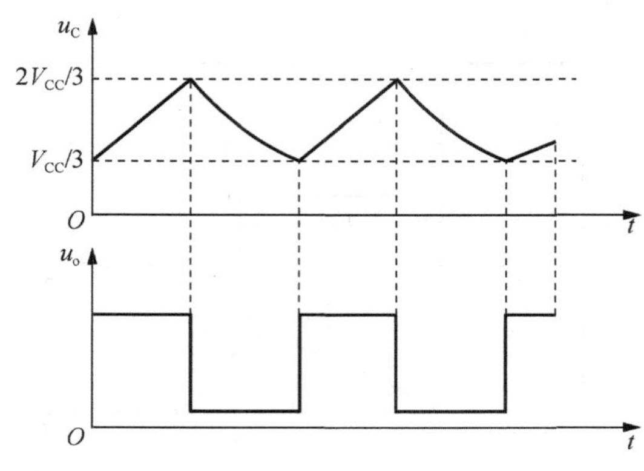

图 9-22　多谐振荡器的工作波形

9.4.3　555 定时器的基本应用电路在汽车上的应用

1. 施密特触发器的应用

图 9-23 所示为汽车前照灯 555 自动变光器电路。这种采用 555 电路的变光器能使汽车在夜间会车时于相距 100～150m 内把远光灯自动转换成近光灯，会车后又自动恢复到远光灯照明，从而避免或减少夜间会车时造成的交通事故，提高汽车行驶的安全性。

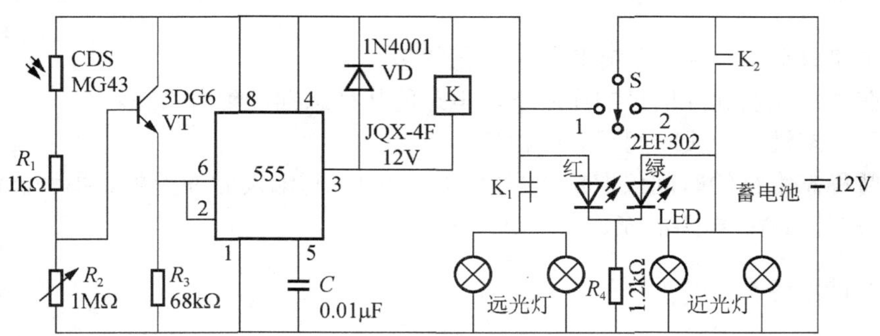

图 9-23　汽车前照灯 555 自动变光器电路

变光器主要由光电检测电路、施密特触发电路及开关电路等组成。其工作原理如下：

电路通过光敏元件CDSMG43将环境亮度信号通过施密特触发器转换成电信号。环境亮度分为强光、一般光、弱光、微光、无光暗态五个区域，对不同的区域进行模/数转换，输入不同的基准电压，施密特触发器就能输出不同的触发信号和延迟时间，通过继电器K、K_1、K_2触点的断开和接通来控制远光灯（强光）和近光灯（弱光）。

2. 单稳态触发器的应用

如前所述，单稳态触发器有一个稳定状态和一个暂稳态，在外来触发脉冲作用下，能够从稳定状态翻转到暂稳状态，维持一段时间后将自动返回稳定状态，而暂稳状态时间的长短与触发脉冲无关，仅取决于电路本身的参数。

图9-24所示为发动机555转速表电路。该汽车发动机转速表电路由9V稳压电路、单稳态触发器电路和电流指示电路组成。9V稳压电路由电阻器R_6、稳压二极管VZ_2和滤波电容器C_3组成。单稳态触发器由时基集成电路555、电阻器R_1～R_4、电容器C_2、C_4和稳压二极管VZ_1组成。电流指示电路由二极管VD、电阻器R_5、电位器RP和电流表（最大读数为50μA）组成。LIG为汽车点火线圈的一次绕组。P为分电器的断电器触头。断电器触头P每断开一次即会产生一个触发脉冲，该脉冲信号经R_1和VZ_1钳位限幅后，通过C_1加至555的2脚，使单稳态触发器受触发而翻转，当555的3脚输出高电平时，VD截止，9V电压经R_5和电流表产生电流回路；当555的3脚输出低电平时，VD导通，将R_5提供的电流旁路，RP和电流表无电流流过。因此，电流表通过的电流平均值与断电器触头P所产生的脉冲频率成正比，即可反映出汽车发动机的实际转速。

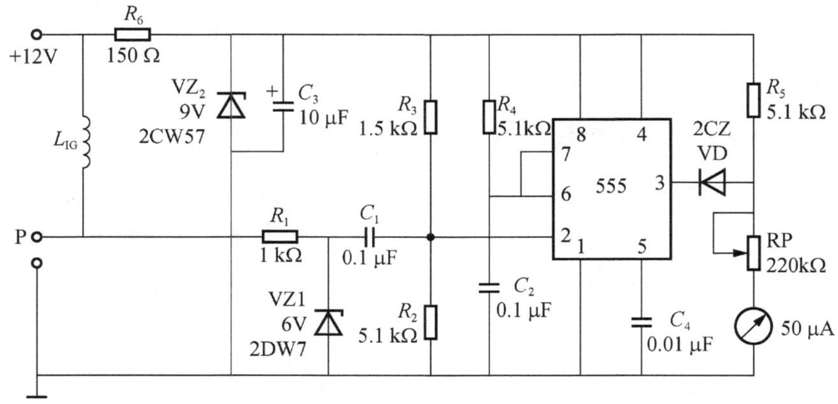

图9-24 发动机555转速表电路

3. 多谐振荡器的应用

图9-25所示为555定时器构成的汽车转向闪光器电路，利用555定时器的输出端3接继电器K的线圈，使继电器按多谐振荡频率进行工作，继电器的触点接到转向灯的电源回路中，控制电源的通断，使转向灯按一定频率闪烁。

其工作原理如下：当驾驶员拨下左转向指示灯开关电路时，左转向指示灯与蓄电池及搭铁便构成一回路。但由于继电器的常开触点与之串联，所以只有当 555 定时器的引脚 3 显示高电位时继电器才得电吸合，这样左转向灯就被点亮。

当 C_1 充电结束时引脚 3 便显低电平，继电器断电使触点断开，这样左转向灯由于不能形成闭合回路而熄灭。如此重复进行，由于继电器的断电频率比较大，因此感觉灯在闪烁。

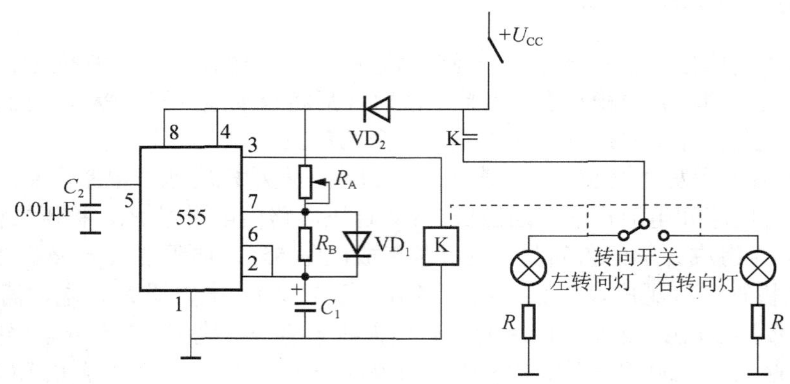

图 9-25　由 555 定时器构成的汽车转向闪光器电路

图 9-25 中与转向灯串联的电阻起降低转向灯两端电压，防止因电流过高而烧坏转向灯的作用。闪光器的灯亮时间由 C_1 的充电时间决定。闪光器的灯灭时间由 C_1 的放电时间决定。闪光器的灯亮灯灭周期即多谐振荡器的振荡周期 T。信号灯的闪烁频率为 $f=1/T\times 60$（次/min）。通过调节 R_A 的阻值，就可以改变闪烁频率。

同理可分析右转向灯的闪烁原理。

9.4.4　汽车水箱水位过低报警器电路

由非门（反相器）构成的多谐振荡器电路在电子电路中应用很广，在汽车电路中经常被用来产生振荡信号。图 9-26 所示为由非门构成的多谐振荡器的电路和波形。电路由非门（反相器）和电阻、电容构成。

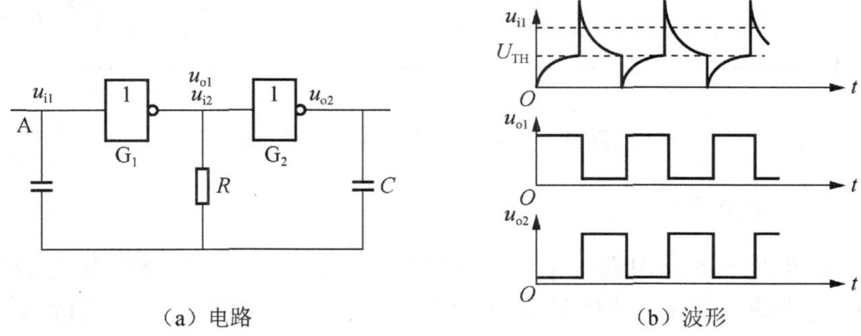

图 9-26　由非门构成的多谐振荡器的电路和波形

由非门构成的多谐振荡器的典型应用是构成汽车水箱水位报警器电路，如图 9-27 所示。

汽车水箱中水量的减少，不仅直接影响发动机的冷却，而且影响汽车的正常行驶。本报警器能在水箱水位低于最低水位时发出声光报警，提醒驾驶员加水。如图 9-27 所示，电路中 CD4069 为六反相器，HTD 为压电陶瓷蜂鸣器，型号为 HTD-27-1。水箱中放置一根铜线作为传感器，一般选用ϕ2mm 的漆包线。铜线的下端置于最低水位处，但不与水箱体接触，水箱体搭铁。由 G_5、G_6、R_3 和电容 C 构成多谐振荡器。

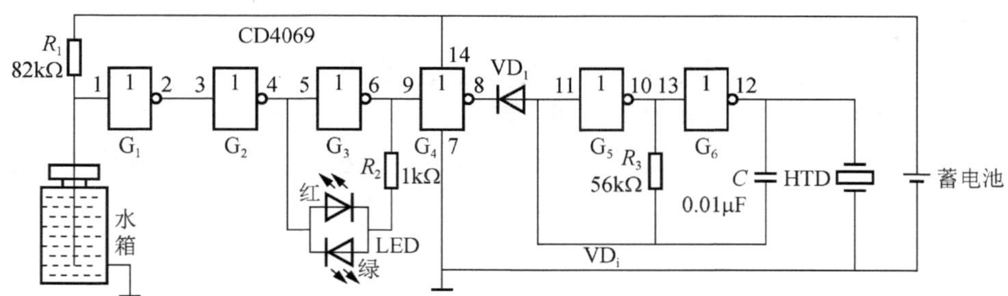

图 9-27 汽车水箱水位报警器电路

当水箱水位符合要求时，铜线浸在水中。由于水箱体搭铁和水的导电作用，使得 CD4069 的 1 脚为低电平，2、3 脚为高电平，4、5 脚为低电平，6、9 脚为高电平，使得绿光 LED 发光，指示水位正常。8 脚为低电平，由于二极管的钳位作用，11 脚被固定在低电平，所以由 G_5、G_6 构成的多谐振荡器不工作，蜂鸣器 HTD 不鸣叫。

当水箱体水位低于最低水位时，铜线离开冷却水悬空，使得 CD4069 的 1 脚为高电平，2、3 脚为低电平，4、5 脚为高电平，6、9 脚为低电平，使得红色 LED 发光，指示水位低于最低限水位。8 脚为高电平，由于二极管的单向导电性，11 脚被悬空，所以多谐振荡器开始振荡，蜂鸣器 HTD 发出鸣叫声，提醒驾驶员加水。

小 结

1. 数字信号

数字信号指自变量是离散的、因变量也是离散的信号，这种信号的自变量用整数表示，因变量用有限数字中的一个数字来表示。在数字电路中，最常见的数字信号是矩形波和尖顶波。

2. 数字电路

用数字信号完成对数字量进行算术运算和逻辑运算的电路称为数字电路或数字系

统。由于它具有逻辑运算和逻辑处理功能，所以又称数字逻辑电路。逻辑门是数字逻辑电路的基本单元。存储器是用来存储二进制数据的数字电路。从整体上看，数字电路可以分为组合逻辑电路和时序逻辑电路两大类。

数字电路具有以下特点：

1）同时具有算术运算和逻辑运算功能。

2）实现简单，系统可靠。

3）集成度高，功能实现容易。

数字电路的划分：

1）按功能分为组合逻辑电路和时序逻辑电路两大类。

2）按结构分为分立元件电路和集成电路。

数字电路广泛应用于电视、雷达、通信、电子计算机、自动控制、航天等科学技术领域。

3. 与逻辑关系

当决定一件事情的各个条件全部具备时，这件事情才会发生，这样的因果关系称为与逻辑。

4. 或逻辑关系

在决定一件事情的诸多条件中，只要具备其中一个或一个以上的条件，这件事情就会发生，这种逻辑关系称为或逻辑。

5. 非逻辑关系

在具有因果关系的某一事物中，当条件满足时，结果就不出现，当条件不满足时，结果就出现，这样一种因果关系称为逻辑非关系。

6. 基本 *RS* 触发器

基本 *RS* 触发器是构成各种实用触发器的基础。

与非门的输出端与输入端交叉反馈相接，就构成了基本 *RS* 触发器，R、S 为触发器的输入端，Q、$\overline{Q}$ 为触发器的输出端。

7. 同步 *RS* 触发器

由时钟脉冲控制的触发器称为同步触发器，又称为钟控触发器，同步是指触发器状态的改变与时钟脉冲 *CP* 同步进行。同步触发器的触发方式有高电平触发有效和低电平触发有效两种。

8. 主从触发器

主从 JK 触发器由一个主触发器和一个从触发器组成，将从触发器的输出反馈到主触发器的输入端，以消除输出的不确定状态。此外，还通过一个非门将两个触发器的时钟脉冲端连接起来，使主、从触发器的时钟脉冲极性相反。CP 为时钟脉冲输入端，J、K 为控制输入端。主触发器 J 端有两个输入，一个接从触发器的 $\overline{Q}$，一个是输入端 J，它们是与逻辑的关系；K 端也有两个输入，一个接从触发器的 Q，一个是输入端 K，它们也是与逻辑的关系。

9. D 触发器

D 触发器只有一个同步输入端。采用主从结构，所以无不确定状态，也不会发生多次翻转。D 触发器的功能是在时钟脉冲作用后，触发器状态与输入端 D 的状态相同。D 触发器的状态只取决于 CP 到来之前 D 输入端的状态，而 D 端的新状态必须等到下一个 CP 到来时才能传送到触发器的输出端，这表明 D 触发器有延迟作用，它能提供一个 CP 脉冲周期的延迟，因而，D 触发器又称为延迟触发器。

10. 555 定时器

555 定时器（时基电路）是一种用途广泛的模拟数字混合集成电路。内部有 3 个 5kΩ 的电阻组成的电阻分压器，故称 555。它可产生精确的时间延迟和振荡，可以构成施密特触发器、单稳态触发器、多谐振荡器和压控振荡器等多种应用电路。555 定时器在工业自动控制、定时、延时、报警、仿声、电子乐器等方面有广泛应用。

555 定时器的内部结构包括以下几个部分：1 个由 3 个阻值（5kΩ）相等的电阻组成的电阻分压器、2 个电压比较器 C_1 和 C_2、1 个基本 RS 触发器、1 个放电晶体管、1 个缓冲器。整个组件共有 8 个引线端。

习　　题

一、填空题（将正确答案填在空格中）

1．数字信号指________、________的信号。

2．用数字信号完成对数字量进行________和________的电路称为数字电路。

3．________是数字逻辑电路的基本单元。________是用来存储二进制数据的数字电路。从整体上看，数字电路可以分为________和________两大类。

4．数字电路按功能分为________和________两大类，按结构分为________和________。

5．当决定一件事情的各个条件________，这件事情才会发生，这样的因果关系称为与逻辑。

6．在决定一件事情的诸多条件中，只要具备其中________或________条件，这件事情就会发生，这种逻辑关系称为或逻辑。

7．在具有因果关系的某一事物中，当条件满足时，结果就________，当条件不满足时，结果就________，这样一种因果关系称为逻辑非关系。

8．________是构成各种实用触发器的基础。

9．由时钟脉冲控制的触发器称为________，又称为________，同步是指触发器状态的改变与时钟脉冲 *CP* 同步进行。同步触发器的触发方式有________和________两种。

10．555 定时器（时基电路）是一种用途广泛的________集成电路。内部有 3 个 5kΩ 的电阻组成的电阻分压器，故称 555。它可产生精确的时间延迟和振荡，可以构成________、________、________和________等多种应用电路。555 定时器在工业自动控制、定时、延时、报警、仿声、电子乐器等方面有广泛应用。

二、判断题（正确的在括号中打“√”，错误的在括号中打“×”）

1．触发器采用主从结构，所以无不确定状态，会发生多次翻转。（　）

2．非门又称为反相器，是实现逻辑翻转的门电路。（　）

3．用或非门可以实现 3 种基本的逻辑运算。（　）

4．晶体管饱和越深，关断时间越短。（　）

5．多谐振荡器是用来产生矩形波的自激振荡器，由于矩形波包含了基波和较多的谐振成分，因此称为多谐振荡器。（　）

6．多个三态门电路的输出可以直接并接，实现逻辑与。（　）

7．时钟触发器仅当有时钟脉冲作用时，输入信号才能对触发器的状态产生影响。（　）

8．同步 *RS* 触发器的结构简单，但有两个缺点：一是有不确定态，二是触发器在 *CP* 作用期间有可能发生空翻现象，从而失去同步的意义。所以它在实际应用中受到一定限制。（　）

9．时序图、状态转换图和状态转换表都可以用来描述同一个时序逻辑电路的逻辑功能，它们之间可以相互转换。（　）

10．逻辑变量的取值，1 比 0 大。（　）

三、选择题（选择正确答案的标号填入括号中）

1．要使 *JK* 触发器在时钟脉冲作用下实现输出，则输入端信号应为（　）。

A．$J=K=0$　B．$J=K=1$　C．$J=1$，$K=0$　D．$J=0$，$K=1$

2．以下不是时序逻辑电路的是（　）。

A．计数器　B．寄存器　C．译码器　D．触发器

3．某电路的输入波形 u_i 和输出波形 u_o 如图 9-28 所示，则该电路为（ ）。

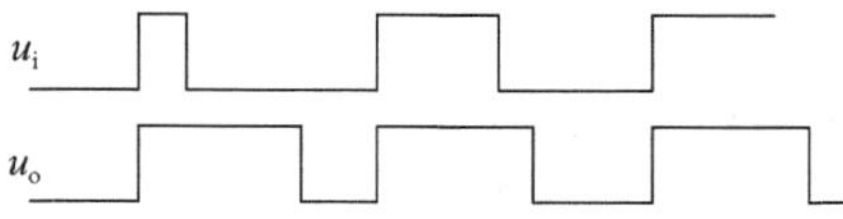

图 9-28 选择题 3 图

A．施密特触发器 B．反相器 C．单稳态触发器 D．*JK* 触发器

4．对于 *D* 触发器，欲使 $Q^{n+1}=Q^n$，应使输入 *D*=（ ）。

A．0 B．1 C．Q D．$\overline{Q}$

5．晶体管作为开关时的工作区域是（ ）。

A．饱和区+放大区 B．击穿区+截止区

C．放大区+击穿区 D．饱和区+截止区

6．以下各种电路结构的触发器中能构成移位寄存器的是（ ）。

A．基本 *RS* 触发器

B．同步 *RS* 触发器

C．主从结构触发器

D．都可以

7．施密特触发器常用于对脉冲波形进行（ ）。

A．定时 B．计数 C．整形 D．都可以

8．555 定时器构成的单稳态触发器的触发电压 u_I 应（ ）U_{CC}。

A．大于 B．小于 C．等于 D．任意

四、简答题

1．什么是数字信号？

2．简述二极管与门电路的工作原理。

3．简述二极管非门电路的工作原理。

4．简述基本 *RS* 触发器的工作原理。

5．简述 555 定时器的工作原理。

参 考 文 献

黄建华．2006．汽车电工电子技术[M]．西安：西安电子科技大学出版社．
贾宝会，张文．2011．汽车电工电子技术[M]．北京：机械工业出版社．
吕娜，张秀红，徐磊．2014．汽车电工电子技术基础[M]．北京：北京理工大学出版社．
马艳阳，侯艳红．2013．模拟电子技术项目化教程[M]．西安：西安电子科技大学出版社．
人力资源和社会保障部教材办公室．2011．电工基础[M]．北京：中国劳动社会保障出版社．
王宝根．2007．汽车电工电子技术应用[M]．上海：复旦大学出版社．
张惠荣，王国贞．2012．模拟电子技术项目式教程[M]．北京：机械工业出版社．
张玉萍．2008．汽车电工电子基础[M]．北京：北京邮电大学出版社．